教育裁判

裁判が投げかける学校経営・教育行政へのメッセージ

事例集

佐々木幸寿 著

学 文 社

はじめに

従来から裁判事例は、研究者、法曹関係者等によって、取り上げられてきた。特に、国家と教育の関係の在り方に関わるいわゆる「教育裁判」（勤務評定裁判、教科書裁判、旭川学力テスト裁判など）、そして学校現場で日常的に発生し、安全配慮義務などの枠組みで検討される学校事故を中心に教育関係裁判が整理されてきた。

しかし、現代においては、教育をめぐる状況は、刻々と変化しており、教師、学校管理職、行政関係者、政策担当者の裁判事例に対するニーズはこれらに限定されない広がりをもっている。また、学校運営、教育行政運営、政策立案においては、さまざまな法的な争点についての検討が必要とされている。

本書には、２００９年10月から２０２１年９月まで、約12年間にわたってその時々の時代的関心に応じて選択し、書きためてきた61の裁判事例を集録している。

裁判事例の選択の基準は、次のようなものであった。

・その時々に、社会的問題となっている事例、教育政策や教育行政の課題として対応が求められる事例であること**〈社会問題、政策・行政の課題への焦点化〉**

・具体的な教育紛争における法務実務について、できるだけ重要な法的争点を含む事案の検討を通して現実の動きを示そうとしたこと**〈法務実務における法的な争点の明確化〉**

・教育活動や学校経営など現実の運営にとって参考となる生徒指導、学校事故、教育経営、学務実務、教員人事、外国人児童生徒、保護者対応、個人情報など、実践上の必要性に対応するうえで注目すべき事案を検討したこと**〈教育現場、行政現場のニーズへの対応〉**

本書では、このような視点で、裁判事例を選択したうえで、次のような記述の仕方を採っている。はじめに、裁判の対応となった事案について裁判所の事実認定に基づいてその概要を記述する、そのうえで、裁判における法的争点を確認し、それについての裁判所の判断を概説した。そして、これらを踏まえて、教育関係者にとって裁判の事例から得られる視点や参考となる見方や考え方について解説した。

本書は、読者のさまざまなニーズに応じて活用できるものと思う。全体を通読して教育裁判事例の動向や法的状況の変化を知ること、自分が関心をもっている裁判領域や事案の法的争点を確認すること、実際の仕事や実務を進めるうえで確認すべき事案を選んで裁判の実態を理解することなど、それぞれのニーズにあった使い方が可能である。また、思い立った時、必要になった時に、随時、目を通すことができるように、是非、本書を身近に置いていただきたい。本書が、教育関係者にとって、有益な知見を提供するものとなることを期待している。

佐々木　幸寿

目　次

序　現代における教育裁判事例の意義

Ⅰ　教育関係者、行政職員の法令運用を支える裁判事例の理解

わが国においては、かつて、長期の自由民主党の政権の下で、官僚主導で法制度が形成され、法令が安定的に運用されてきた。しかし、1980年代以降に断続的に国の規制緩和の動きが進み、1999年の地方分権一括法成立を契機として中央集権的な行政の在り方が見直され、地方分権改革が進んだ。また、2009年の民主党による本格的な長期政権以降、政治主導が常態となり、その後の自由民主党の政権復帰後も、政権公約が確実に実施されるようになり、重要な法制度改革が頻繁に行われるようになってきている。教育に関する重要なものだけでも、教育基本法改正、地方教育行政の組織及び運営に関する法律改正（新教育委員会制度）、いじめ防止対策推進法制定などの法改正等の動きが見られ、また、子どもの権利条約や障害者の権利条約等を受けて、児童福祉法、障害者差別解消法などの重要な国内法の整備が急速に進められている。

学校の教師、学校管理職、教育委員会の指導主事や管理主事、行政職員は、その仕事を進めるうえで、これらの法令に根拠を要することは言を俟たない。教育関係法令を学ぶためには、二つの視点から学ぶことが不可欠である。一つは、憲法―法律―政令―府令・省令―告示・訓令・通達等という枠組みの中で、教育関係法令がどのように位置づけられ、法文上どのように規定されているのかということを、確認することが必要であるということである。近年、次々に改正される法律、新しく整備された法令についても、条文やそれに関する通知等を理解しておくことが求められる。しかし、条文を知っているだけでは、実際の教育活動や学校運営等に具体的に法令を生かしていくことはできない。教育関係法令を学ぶうえで、もう一つ重要なことが、法令が具体的な事案において、どのように解釈され、適用されていくのかということを知る必要があるということである。その際に参考となるのが、裁判事例であり、特に、判例（同種の裁判の先例としての意味をもつ法的判断）は重要である。

例えば、小学校の担任教師が、自分の子の入学式に参加するために、勤務校の入学式を、年次有給休暇をとって欠席するという事案が、マスコミで取り上げられたことがあった。このような事案に、教育委員会や校長はどのように対応すればよいのか。労働基準法第39条第5項は、「使用者は、前各項の規定による有給休暇を労働者

の請求する時季に与えなければならない。ただし、請求された時季に有給休暇を与えることが事業の正常な運営を妨げる場合においては、他の時季にこれを与えることができる。」と規定しているのみである。「与えなければならない」とは、承認しなければならないという意味であるのか、担任が入学式に不在であることは「事業の正常な運営を妨げる場合」といえるのか、その判断について教育委員会が一律に行い学校に指示できる性質のものであるのかなど、条文だけでは判断が難しい。このことについて、最高裁判所は、校長が年次有給休暇を承認しなかった事件についての裁判（昭和61年12月18日）において、校長が時期変更権を行使しないかぎり年次有給休暇の効果が発生すること（校長ができるのは時期を変更することだけ）、「事業の正常な運営を妨げる」か否かの判断は個別の学校を基準として判断すること、年次有給休暇の使用目的は労働者の自由であること等の判断を示している。教育委員会や学校は、労働基準法や通知だけでなく、この判例を基にして対応について判断していくことになる。

Ⅱ　教育裁判を確認することによって得られること

裁判事例の検討には、非常に時間の取られる砂を噛むような作業が求められる。しかし、裁判事例の検討なしでは、教育実践や教育経営、政策担当者にとっては、前提となる重要な規範やルールに関する情報を得ることができず、適切な政策、施策の立案、日常の学校運営における危機管理、安定した教育活動や教育実践の展開が困難となる。

それでは、教育裁判に事例の検討によって、具体的にどのようなことが可能となるのか。それは、第一には、教育実践、学校運営、行政施策の実施等において紛争化した事案の検討を通じて、何が法的争点となっているのかを明らかにできるということである。第二には、具体的な紛争の事案やその内容を、法的に承認された事実に従って検討することによって、現実に関係者がどのような紛争化のプロセスをたどったのかを客観的に確認することができるということである。そして、第三には、その時々に発生した法的紛争を逐次的に検討することによって、教育の現場、教育行政の現場がおかれている法的状況の実際、その変化を確認することができるということである。

このような教育裁判の検討の意義を考えれば、できるだけ、広い領域にわたって、より多く、より多様な事例が収集、検討されるべきであることは言を俟たない。裁判事例の検討によって蓄積された知見は、教師の教育指導や保護者への対応、学校管理職や教育委員会職員による学校運営・組織運営、危機管理上の対応、また、広く関係者にとって、長期的には、学校教育や教

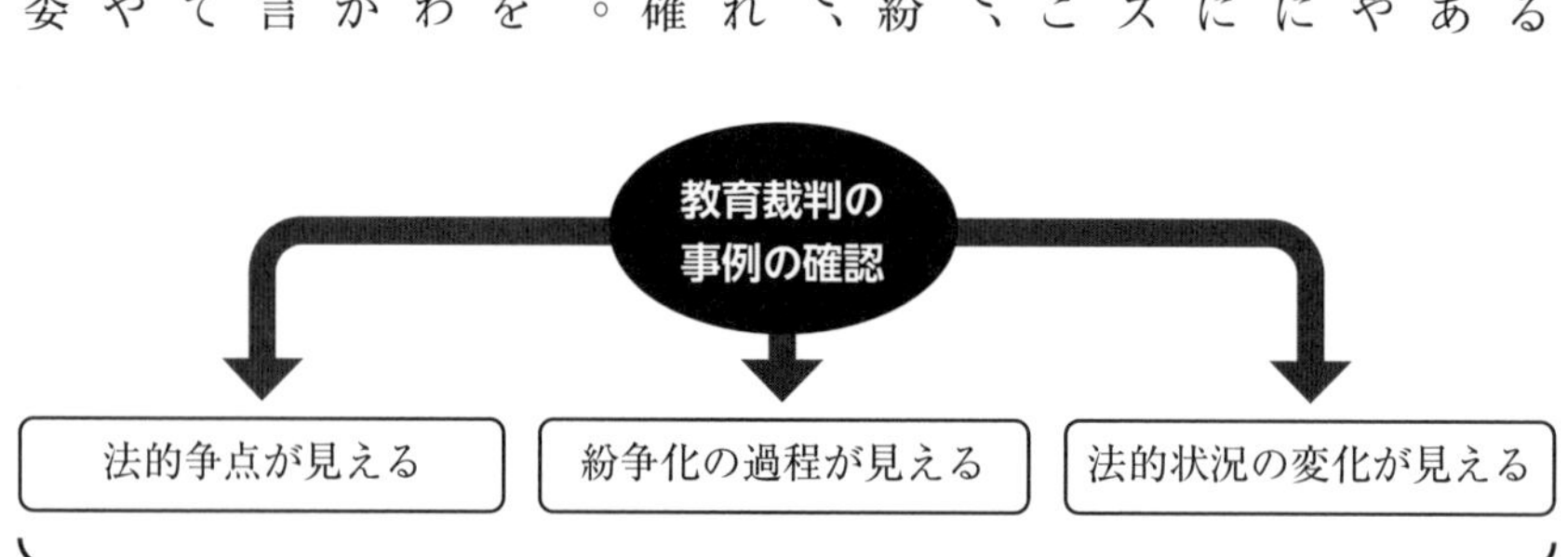

育行政をめぐる法的状況の変化を把握して施策展開に生かされることにつながっていくものと思われる。

Ⅲ 現代において裁判事例を検討することの意義

1 研究者による教育裁判の検討

「教育裁判」という場合には、教育や教育活動に関する裁判という意味（事実的な関わりの視点からの区分）として広義で捉える場合と、教育制度に特有の教育法の法論理が形成されていくような裁判（目的論的な視点からの区分）として特殊な視点から捉える場合がある[(1)]。後者について、兼子仁は「教育が良く行われることを助長するような、教育制度に特有な『教育法』の法論理が形成されていく」と述べており、さらに、後者の視点から、教育の自主性を守る機能を担う「自主性擁護的教育裁判」、教育の外的条件の確保の機能を担う「条件整備要求的教育裁判」、教育そのものを良くしていく機能を担う「教育是正的教育裁判」に分類している[(2)]。また、市川須美子は、この三種の教育裁判の１９８０年代以降における展開に言及し、「自主性擁護的教育裁判」については、文部科学省と日教組の組織的な対立のパターンから教育委員会や校長によって個別的に行われる訴訟パターンに変化しつつあること、「条件整備的教育裁判」については、学校事故裁判の動向等を例にとって、教育行政による条件整備を是正・回復する役割は、ほとんど機能不全に陥っていること、「教育是正的教育裁判」については、学校における管理強化等によって子どもの人権侵害が恒常化したことにより教育是正的教育裁判が、被害者である子ども、親、市民によって本格的に展開したこと、を指摘している。市川は、さらに、国家と教育の関係性の視点から、体罰裁判、いじめ裁判、校則裁判、学校教育措置訴訟、教育情報訴訟の観点から、領域ごとにその展開を確認している[(3)]。

このような「教育裁判」の分類やその見方は、教育関係法規の在り方を国家と教育の関係に焦点化して議論が展開されてきた当時に蓄積された知見を継承していると考えられる。これらに対して、森部英生は、教育裁判を広義の意味で捉えたうえで、「政策形成型」「管理是正型」「個別解決型」の三類型に分類している。「政策形成型」とは、訴訟を通じて、教育政策・行政について問題を提起し、世論形成等を通じて影響を及ぼそうとするもの（勤評裁判、学テ裁判、教科書裁判など）を意味し、「管理是正型」とは、第一義的には具体的な請求や科刑の実現を求めつつ、副次的に背景となる管理運営の問題の是正を志向するもの（学校事故、生徒懲戒、いじめ裁判など）、「個別解決型」とは、私的色彩を帯び、もっぱら侵害された権利・利益の回復に関心が向けられているもの（学習塾やスポーツクラブをめぐるトラブルなど）に区分している。これらの分類は、裁判研究を意義づける目的でなされており、今後の裁判研究にとって踏まえるべき重要な視点を提供している。

現代においては、子どもの健やかな成長・発達、教育課題の解決のためには、国家と教育の関係の枠組みに限定されず、学校、家庭、行政、ＮＰＯ、企業など多様な関係主体間の新しい関係の在り方が模索されている。また、現実に貧困、虐待の問題を抱えている子どもをめぐって教育、福祉、警察など行政領域を超えた関係者・関係機関の相互連携が重要な課題となっている。このような現代の子ども、教育、学校が置かれている状況を踏まえれば、国家と教育の関係を中心に教育裁判の意義を捉える考え方は多様な視点の一つとして位置づけ、これからの教育関係裁判の検討においては、その対象をより広く捉えたうえで、子どもの幸福と利益の実現、教育課題の解決を目的として、社会状況の変化の中で教育裁判の分析の枠組みを再構成していくことが求められているように思われる。

2　戦後の教育裁判の歴史と近年の動向

わが国においては、戦後の政治的、経済的状況等を反映して、教育行政施策や教育関係法令の動向と相当の関わりをもって教育裁判が展開してきたように思われる。行政施策の展開時期や教育関係法令の制定時期と教育裁判の訴訟の時期が必ずしも一致しないことから、明確に時期を区分することはできないが、論者によって一定の共通性があるように思われる[4]。例えば、森部英生は、憲法・教育基本法の制定当初の教育裁判の時期について区分したうえで、教育裁判の受理件数のピークの分析から、教育裁判の四つの画期を以下の区分で説明している。四つの画期とは、第一のピーク（1958年～1959年、勤評裁判）、第二のピーク（1968年～1970年、学園紛争裁判）、第三のピーク（1978年～1982年、学校事故裁判）、第四のピーク（1991年～1993年、教育裁判の多彩化）である[5]。

先行研究の区分を踏まえたうえで、筆者は、法的紛争の性質から、Ⅰ：教育法制転換期（法令の未整備、政治的混乱の時期）、Ⅱ：政治的な紛争期（左右の政治対立の時期）、Ⅲ：紛争の多様化期（人権侵害としての紛争の時期）に区分した。第Ⅰ期は、戦後の憲法、教育基本法の制定以降の教育法制の転換期として位置づけられる。学校教育法、教育委員会法などの基幹的法律が整備された時期である。この時期は、教育の勅令主義から法律主義に転換された時期で、基幹的な法令は整備されていたものの、教科書、職員会議等に関する規定が十分に整備されておらず、紛争の件数としては少ないものの、学界においては権利や権限の所在やその法解釈をめぐり論争が展開された時期といえる。第Ⅱ期は、いわゆる55年体制に代表される左右の政治対立が激化し、継続し、沈静化する時期までである。この時期、憲法、教育基本法を基盤としながらも、自由民主党の長期政権の下で、左右の政治対立を背景として、政策サイドとその対抗勢力との間で教育紛争が頻発した時期である。第Ⅲ期は、90年代以降の左右対立が沈静化し、その後、地方分権と規制緩和を核とした教育行政が展開した時期で、情報公開が進み、子ども、親、市民による体罰、いじめ問題など、学校や教育委員会等による教育人権の侵害を問題とした紛争が多様化した時期である[6]。

教育裁判の動向については、教育基本法が改正された2006年以降、それに対応してさまざまな法律が制定、改正されており、さらに政権交代を契機として政治主導でいじめ防止対策推進法などの法整備や改正の動きが急激に進み、また、子どもの権利条約や障害者の権利条約等を受けた国内法の整備などが進展し、教育法制は大きく変動している。その一方で教育裁判の動向については、このような時代的な変化を踏まえて、十分に整理されているとはいえない現状にある。本書が主に取り上げた裁判事例は、第Ⅲ期とは一部重なるものの、あらためて異なる時期として、その位置づけを検討する必要があるように思われる。

3　現代における教育裁判の検討の視点

教育裁判や教育判例研究は、従来、教育法学や憲法学を中心に展開してきたが、現在の状況における判例動向を分析する視点が、曖昧となっていることが、近年の判例の研究が進展しない背景にあるものと推測される。

また、近年の教育関係裁判においては、教育の自由、公務員の政治的行為の制限など、国家と教育の関係という教育制度に特有の法論理が引き続き重要な争点となっているが、今日の教育裁判においてはそれだけにとどまらない、新しい法的状況を踏まえた教育裁判の見方を探究していく必要があるものと思われる。

本書における61の事例をみていくと、今後の教育裁判や教育法、学校法の在り方を検討するうえで、次のような視点が、より重要な意義をもっていることが理解される。

・教師の自主研修や政治活動など、いわゆる「55年体制」における左右の政治対立の下で形成された行政解釈について、現代の文脈における見直しが必要とされていること。**〈社会状況の変化に伴う行政解釈等の見直しの視点〉**

・学校教育をめぐる法制においては、組織的、体系的な学習権保障の体系に加えて、個別的で、柔軟性のある学習権保障のための新しい枠組みが形成されてきているという視点が必要となっていること。**〈学習権の体系的保障の法制と個別的保障の法制という複眼的な視点〉**

・教師の自主研修の奨励、学校における寄付文化の醸成など、現代における教育実践、教育経営上のニーズに対応するための法解釈の工夫が求められていること。**〈現代における教育実践、教育経営ニーズを踏まえた法解釈の展開の視点〉**

・教育立法における政策基盤アプローチから権利基盤アプローチへの転換を踏まえた裁判の動向を明らかにし、両面から法的処理の在り方を考える視点が必要となっていること。**〈権利基盤アプローチを踏まえた法論理の創造の視点〉**

・いじめ防止対策推進法の「いじめの定義」の活動促進機能、障害者差別解消法における「合理的配慮」のコミュニケーション促進機能などの法律の新しい機能の創造に注目していく必要があること。**〈課題解決に向けた法令の新しい機能の創造の視点〉**

・現実の教育課題は、学校教育、社会教育、家庭教育などの教育の複数の領域にまたがるにとどまらず、教育、福祉、医療、警察の領域など、子どもの最善の利益を実現するための社会生活横断的な営みが求められるようになっていること。**〈子どもの最善の利益実現のための総合的、複合的な取組みの視点〉**

・運動会における組み体操、学習指導要領改訂に伴う武道必修化など、教育活動や教育課程の改善・工夫とともに、従来からの学校の教育活動における危険受忍法理の捉え直しが必要となっていること。**〈教育活動の改善を含む学校事故に関する法理の整理の視点〉**

・東日本大震災など、従来想定されていなかった災害等に対する事前対応など、危機管理における責任の在り方について見直しが必要となっていること。**〈想定外の状況における危機管理など新しい法的争点への対応の視点〉**

・子どもアドボカシー、修復的正義など、最近の教育紛争における新しい理念の導入の動きを踏まえた法解釈や立法の在り方を考える必要があること。**〈教育紛争の解決に向けて新しい理念を組み込む視点〉**

・教育上の紛争に弁護士が関与する状況が顕在化している現状を踏まえ、弁護士の関与が裁判の動向に影響を与えている点に注目していく必要があること。**〈弁護士の教育事案への関与の評価の視点〉**

・個人情報保護、著作権、プロバイダー対応など、ＩＣＴ技術の急激な発展を踏まえて学校等が効果的教育活動を、適確、適時に展開できるようにするための新しい法制の整備とそれに対応するための教師、行政などの法令運用能力が求められていること。**〈社会の変化に即応できる法的対応能力の向上の視点〉**

このような視点を踏まえれば、教育裁判事例の研究には、今日の時代的な要請に応えられる新しい知見を提供すべき役割が期待されているように思われる。研究者、法曹関係者、政策担当者は、この問題にどのように応えていくのか、重い宿題を課せられているといえる。

【注】

(1) 兼子仁は、前者を「教育関係裁判」、後者を「教育法裁判」と区別している(兼子仁・吉川元道『教育裁判』学陽書房、1980年、22-27頁)。「教育関係裁判」とは、「刑法・民法・行政法・労働法といった既存の法を教育ないし教育界にかかわる事件に適用するだけの裁判」「裁判事件の事実関係においてのみ教育の現実や思想に関わっている場合」と説明している。その一方で、「教育法裁判」とは、「子どもの学習権や教師の教育権といった教育制度だけに特有な『教育法』の法論理をめぐる争点をもつ裁判」と述べている。

(2) 兼子仁は、「教育法」を、①教育の自主性を守る「自主性ようご的教育法」、②教育の外的条件を整備する「条件整備的教育法」、③教育そのものを良くしていく「教育創造・是正的教育法」の三つの機能から区分し、教育裁判についてもそれに対応して①「自主性ようご的教育裁判・判例」、②「条件整備要求的教育裁判と救済判例」、③「教育是正的教育裁判・判例」に区分している(兼子仁・吉川基道、前掲書、28-32頁)。

(3) 市川須美子『学校教育裁判と教育法』三省堂、2007年

(4) 本山政雄らは、第1期：憲法・教育基本法制の成立以降、勤務評定裁判の成立まで、第Ⅱ期：勤務評定裁判の成立以降、教科書検定違憲訴訟成立まで、第Ⅲ期：教科書検定違憲訴訟成立以降、と三つに区分している(本山政雄・榊達雄・川口彰義・柴田順三・丹羽孝「教育裁判研究の方法について」『教育学研究』第37巻第2号、1970年、117-126頁)。

小川利夫らは、兼子仁(「戦後判例の概観―教育法学の見地から」『教育判例百選』(第3版、1992年)の整理を基に、1950年代までを「既存の行政法または労働法の法理論を教育関係事件に適用しただけにとどまっていた」と整理したうえで、1960年代(自主性擁護的な教育裁判・判例)、1970年代(条件整備要求的教育裁判と教育判例)、1980年代(教育是正的な教育裁判・判例)、1990年代(「教育の社会化」的な教育裁判・判例)に区分している(愛知大学教育判例研究会　小川利夫・安井俊夫編『教育裁判判例研究　現代日本の教育実践』亜紀書房、1995年、10-13頁)。伊藤進、織田博子は、1990年頃までの学校事故について裁判事例を整理している(伊藤進・織田博子『実務判例　解説学校事故』三省堂、1992年)。

(5) 森部英生『社会教育の裁判と判例』エイデル研究所、2006年、49-61頁。

(6) 近年、教育課題ごとに解説したものとして、梅野正信『教育管理職のための法常識講座―判決に学ぶ「いじめ」「体罰」「ネット」「虐待」「学級崩壊」への対応』(上越教育大学出版会、2015年)、坂田仰『裁判例で学ぶ 学校のリスクマネジメントハンドブック』(時事通信社、2018年)等があげられる。また、過去の判例の集録集として、斎藤一久編『重要教育判例集』(東京学芸大学出版会、2012年)がある。

【参考文献】

・兼子仁『教育法学と教育裁判』勁草書房、1969年。
・兼子仁・佐藤司『教育裁判判例集Ⅱ　一九六五―七二年』東京大学出版会、1973年。
・坂田仰・星野豊編著『学校教育の基本判例』学事出版、2004年。
・坂田仰・山口亨『教育紛争判例詳解―問われるスクール・コンプライアンス』2011年。
・元山健「教育をめぐる対立と裁判と法研究序説―教育裁判論研究を素材として」『奈良教育大学教育研究所紀要』第17巻、1981年、13-26頁。
・本山政雄・榊達雄・川口彰義・柴田順三『日本の教育裁判』勁草書房、1974年。

教育裁判事例・61選

1

飲酒運転（酒気帯び運転）による懲戒免職処分と自治体の判断基準

平成18年の福岡市職員の飲酒運転を受けて、多くの自治体が、飲酒運転に対して厳しい処分で対処する傾向を強めた。しかし、こうした厳罰化の傾向に対して、裁判における自治体側の敗訴という司法判断が、一考を迫っている。マスコミや世論の動向を反映して、厳罰化の動きが加速した感があるが、懲戒免職という重大な判断の基準はどうあるべきかという課題をあらためて投げかけている。

事案の概要

本件は、大阪市立高等学校の管理作業員であったXが、酒気帯び運転をしたとして警察に検挙され、これが地方公務員法第33条の信用失墜行為に当たるとして懲戒免職処分を受けたものである。これに対し、Xが大阪市教育委員会の処分は裁量権を逸脱濫用したものであるとして処分の取り消しを求めて提訴したものである。

1 原告の状況

原告Xは、平成13年に大阪市立学校の管理作業員として採用され、当時、二校目の高校に勤務していた。管理作業員とは、学校園内外の美化・清掃、施設・設備の維持管理及び補修、園芸、幼児・児童・生徒の安全に関わる業務、校務運営上必要な連絡・公文書運搬、学校園行事の準備及び片付け等の業務に従事している。原告は、懲戒処分を受けたことはなく、直前の勤務評定においては、校長から五段階のうち上から二番目の評価を得ていた。

原告Xは、平成19年11月、事件発生の前日、勤務を終えて午後10時頃に帰宅（定時制のため退出は遅い）。午前0時頃に友人から連絡があり、大阪市内に向かったが、帰りに電車がなくなることを考え、父親の自動車を借りて向かった。友人と飲酒後、午前3時頃に、代行運転業者に運転代行を依頼したところ、長時間待つことになるといわれ、友人が仕事の関係で帰宅を急いでいたことから、友人を送って帰宅することとした。午前3時20分頃に、警察官による検問を受け、酒気帯び運転で検挙された。

2　大阪市教育委員会の状況

大阪市教育委員会が平成18年11月に「教職員による飲酒運転の根絶について（通達）」を発し、飲酒運転を行った者は「懲戒免職を含む厳しい処分の対象となる」と記載していた。また、同年12月、平成19年7月にも類似の通知を発出している。

学校においては、教育委員会からの通達等を大職員室に掲示するとともに、職員集会において口頭で周知している。また、通達等を、全教職員分印刷して各自のレターケースに入れ、原告を含む全職員に配布していた。しかし、原告は、職員集会に参加するよう指示されておらず、また、事務長等から直接説明を受けたことはなかった。

3　告知、聴聞等の手続き

大阪市教育委員会は、校長の同席の下、担当係長他2名の係官が原告に対する事情聴取を行った。事情聴取は、校長が提出した調査メモを基に、事実を時系列で確認し、原告の心境や判断を問うという方法で行われた。大阪市教育委員会の担当者は、懲戒免職もあり得る旨を説明し、最後に何か補足したり、申し置くことはないかとの問いに、「特に何もない」という趣旨で「はい」と答えた。懲戒免職になっても仕方がないかとの問いかけに、「はい、はい」と答えた。また、大阪市教育委員会は、原告作成に係る顛末書を提出するように指示。原告は、校長、事務長の手直しを受けて「今回のことについては、いかなる処分もお受けします」と記載した顛末書を提出した。

判決の要旨

1　事案の主な争点

主な争点は、次の三点である。①原告に対して、教育委員会の飲酒運転に対する指針が周知されたか、②本件処分に際して適正手続が確保されたか、③本件処分について裁量権の逸脱濫用があったか、である。裁判所は、争点②については違法とは認められないとした。ここでは、争点①、③について裁判所の判断を紹介する（大阪地方裁判所判決平成21年7月1日）。

2　裁判所の判断

争点①について、教育委員会は指針等を発出しているが、当該学校では、原告が職員集会に参加しないこと、日常の職務で文書に親しむことの少ない原告に対し注意を喚起するような方法が採用されていないなどとして原告に周知されているとはいえないとした。

争点③については、まず、国家公務員法等は、懲戒処分について具体的な基準を設けていないから、懲戒権者には、行為の原因、動機、性質、態様、結果、影響等のほか、当該公務員の行為の前後における態度、懲戒処分等の処分歴、処分が他の公務員及び社会に与える影響等、諸般の事情を総合的に考慮して、懲戒処分をすべきかどうか、どのような処分を選択するのか判断するための裁量権を付与されているとしている。また、裁判所は懲戒権者と同一の立場で懲戒処分の軽重等を論ずるべきではなく、処分が社会通念上著しく妥当を欠き、裁量権を濫用したと認められる場合のみ違法であると判断すべきものであると述べている。こうした前提にたったうえで、本件の行為は人の生命、身体、財産に損害を与えていないこと、管理作業員は教員とは地位や職責が異なること、本件によって直接原告の業務や高校の業務に支障がでたり、管理作業員としての適格性に疑義が生じたものではないこと、職場の同僚との会合等に関係するものでなく、私的行為としてなされたこと、処分歴がなく、平素も真摯に職務を遂行していたという事実を確認し、これらを踏まえると「職員の身分を失わしめるという本件処分を科することは過酷というべきであって、重きに失し、社会的相当性を逸脱している」と判じている。

事案から考える視点

1　本件の背景となる状況

平成18年に福岡市で福岡市職員が飲酒運転をして他車に追突し海に転落させ、子ども3人が死亡するという痛ましい事件が起きた（危険運転致死傷と道交法違反で起訴）。この事件とその後のマスコミ報道等を契機として、飲酒運転に厳しい世論が形成され、平成19年9月には、道路交通法の改正によって飲酒運転の厳罰化が進んだ。自治体の中には、指針や通知の中で、飲酒運転に対して原則懲戒免職処分としたり、事故を伴わない酒気帯び運転だけで懲戒免職とする自治体も増えていった。

しかし、こうした動きに対して司法が、酒気帯び運転等で懲戒免職処分にするのは、過酷すぎるとの判断を示し、自治体が敗訴するケースが続いている（平成21年7月19日付『読売新聞』「『飲酒運転で懲戒免』自治体の敗訴続出」）。

人事院職員福祉局審査課は、平成20年3月17日の「懲戒処分の指針の改正について」において、酒気帯び運転に対する懲戒免職処分が重すぎるとして人事委員会により修正されたり、裁判で取り消されたりする事例が発生しているとして、人身事故や措置義務違反のない酒気帯び運転の取扱いについて「免職・停職・減給」を標準例として示している。

2　人事院の指針が示す懲戒処分の観点

それでは、自治体が懲戒処分について判断する際の基準として、どのような点に留意すべきなのであろうか。懲戒処分の手続と効果は法律に特別の定めがある場合を除き、条例で定めることとされ、どのような処分とするのかは、任命権者がその裁量によって決定している。

その一つの参考として、人事院事務総長の通知「懲戒処分の指針について」（平成20年4月1日一部改正）を見てみる。同指針は、懲戒処分の標準例を示したうえで、より重いものとすることが考えられる場合と、軽いものとすることが考えられる場合を例示している。

〈標準例より重くすることが考えられる例〉

・非違行為の動機若しくは態様が極めて悪質であるとき又は非違行為の結果が極めて重大であるとき
・非違行為を行った職員が管理又は監督の地位にあるなどその職責が特に高いとき
・非違行為の公務内外に及ぼす行為が特に大きいとき
・過去に類似の非違行為を行ったことを理由として懲戒処分を受けたことがあるとき
・処分の対象となり得る複数の異なる非違行為を行っていたとき

〈標準例より軽くすることが考えられる例〉

・職員が自らの非違行為が発覚する前に自主的に申し出たとき
・非違行為を行うに至った経緯その他の情状に特に酌量すべきものがあると認められるとき

本事案は、管理作業員に関する事案であるが、教諭に対する懲戒免職処分が取り消された事案（福岡高等裁判所判決平成21年8月5日）も報告されている。教育委員会は、懲戒免職処分が職員としての身分を失わせるだけでなく、家族を含めた関係者のその後の人生を大きく変えてしまう重大な効果をもつ処分であるという自覚をもち、一つ一つの事例に即して丁寧に懲戒処分の妥当性を判断する必要がある。

経営

教員の時間外勤務の法的な位置づけと学校設置者の安全配慮義務

給特法によって、公立の教育職員は、時間外勤務等による時間外手当の支給の適用が除外されている（その代償として、給料月額４％に相当する額の教職調整額を支給）。

近年、学校における教職員の勤務は、ますます多忙化しており、時間外や休日の勤務が常態化しているとの指摘もある。本事案は、法令の趣旨を逸脱した時間外勤務や休日出勤に対する割増賃金の支払い、設置者の生命や健康を確保するための安全配慮義務等が問題とされた事例である。

事案の概要

本件は、京都市立の小学校、中学校に勤務する教育職員9名が、京都市に対し、平成15年に改正される前の「国立及び公立の義務教育諸学校等の教育職員の給与等に関する特別措置法」（以下、給特法）及び関係条例で設定された例外的時間外以外の時間外勤務を違法な黙示の職務命令によって行わせ、また、健康保持のための安全配慮義務違反があったとして、国家賠償法第1条に基づいて損害賠償金の支払いと、給特法が予定する範囲を超える時間外勤務をしたとして労働基準法第37条またはワークアンドペイの原則に基づいて未払い賃金の支払い等を求めた事案である（京都地方裁判所判決平成20年4月23日）。

時間外勤務に関する法令上の規定

時間外勤務等について、給特法第11条は、公立学校の教育職員を正規の勤務時間を超えて勤務させる場合は、条例で定める場合に限ると規定した。これらの規定を受けて、教育職員の給与、勤務時間について、「職員の給与等に関する条例」（京都市条例）が定められていた。同条例では、時間外勤務手当、休日勤務手当の支給については義務教育諸学校等の教育職員（管理職員を除く）には適用しないと規定している。また時間外勤務については、「限定四項目」（①校外実習その他生徒の実習に関する業務、②修学旅行その他学校の行事に関する業務、③職員会議に関する業務、④非常災害の場合、児童又は生徒の指導に関し緊急の措置を必要とする場合その他やむを得ない場合に必要な業務）に従事する場合で、臨時または緊急にやむを得ない必要があるときを除き、原則として時間外勤務はさせないものとされている。

判決の要旨

1　事案の主な争点

本事案の主な争点は、①市側に、給特法及び条例の趣旨に反して原告らに違法に超過勤務をさせたという義務違反があるか、②市側に、原告らに対する安全配慮義務違反があるか、③労働基準法第37条もしくはワークアンドペイの原則に基づく時間外勤務手当の請求権があるか、の三点にある。

2　裁判所の判断

〈超過勤務における義務違反について〉

教員の職務は、その性質からして職員の自主性、自発性、創造性に期待する部分が大きく、学校休業期間の勤務実態、本来の職務とそれ以外の職務との区別の曖昧さ、時間管理の困難さ等の特殊性を有しており、給特法及び関係条例の立法趣旨、経緯等を踏まえると、教育職員が教育の趣旨を踏まえて自主的、自発的、創造的に正規の時間を超えて勤務した場合には、たとえその勤務時間が長時間に及んだとしても時間外勤務手当は支給されないものと判じている。

その一方、違法性が認定され得る場合として、「教育職員の当該時間外勤務が自主的、自発的、創造的になされたものではなく、校長等から時間外に強制的に特定の業務をすることを命じられたと評価できる場合、つまり、職員の自由意思を強く拘束するような状況でなされ、しかも、給特法7条、11条、本条例37条において時間外勤務を原則として禁止し、それを命じうる場合を限定した趣旨を没却するような場合には違法となる」との基準を示している。

これらの基準を示したうえで、校長から具体的な指示はなく、原告らの自由意思を極めて強く拘束するような形で行われたとは認められないとして、校長らの行為の違法性を否定している。

〈安全配慮義務違反について〉

判決は、最高裁判例（第三小法廷判決昭和50年2月25日）を示しながら、安全配慮義務の内容を確認している。つまり、「教育委員会や校長を通じて教育職員の健康の保持、確保の観点から労働時間を管理し、同管理の中でその勤務内容、態様が生命や健康を害するような状態であることを認識、予見した場合、またはそれを認識、予見でき得たような場合にはその事務の配分等を適正にする等して当該教育職員の勤務により健康を害しないように配慮（管理）すべき義務を負っていると解するのが相当というべきである」とし、「そのような場合で、教育職員が従事した職務の内容、勤務の実情等に照らして、週休日の振替等の配慮がなされず、時間外勤務が常態化していたとみられる場合は、本件勤務管理義務を尽くしていないものとして、国家賠償法上の責任が生じる余地がある」としている。

裁判所は、校長（教頭）が最後に学校を出ることによって教職員の労働状況を把握しており、校長が勤務時間内に処理できないことを認識しながら特定の業務を命じたとは認めがたいとして、8名について安全配慮義務違反の主張を否定した。その一方、1名については平日に午後8時頃まで勤務し、部活動のため土日に勤務している等の事実を踏まえ、包括的に評価しても配慮を欠くと評価せざるを得ないような常態化した時間外勤務が存在したことが推認でき、校長は同一職場で日々勤務していた以上、認識、予見できたから、事務の適正配分等の措置をとらなかったことは安全配慮義務違反があると判じた。

〈時間外勤務手当の請求について〉

本判決では、校長が特定の業務について時間外勤務を命じたとは認められないこと、勤務時間の内外を包括的に捉え教職調整額を支給することとした給特法の趣旨等を根拠に時間外勤務手当についてはその請求を棄却している。同様の請求は、愛知県(名古屋地方裁判所判決昭和63年1月29日)、北海道(札幌高等裁判所判決平成19年9月27日)でもなされたが、時間外勤務手当の請求は、いずれも認められていない。

しかし、これらの裁判においては、時間外勤務等が、教育職員の自由意思を極めて強く拘束する形でなされ、しかもそのような勤務が常態化しているなど、給特法等の趣旨を逸脱している場合には、時間外勤務手当の請求も排除されないことを指摘していることに留意する必要がある。

3 控訴審(大阪高裁)の判決

本事案は、控訴され、同年10月に控訴審判決がなされている(大阪高等裁判所判決平成21年10月1日)。大阪高裁は、小学校の研究発表校の担当者としての準備等により相当の時間外勤務のあった教員、中学校の生徒指導部長として放課後の指導や児童養護施設に入所した生徒の学習補充等によって長時間の時間外勤務が認められる教員の2名について、新たに市側に安全配慮義務違反があったとして、損害賠償請求を認めている(合計3名)。なお、原告、被告とも上告している。

事案から考える視点

1 教員の勤務実態と管理職のジレンマ

平成18年に実施された「教員勤務実態調査(小・中学校)報告書」によれば、教諭の勤務日の残業時間が1カ月平均約34時間となっており、過去の調査(昭和41年)と比較して、大幅な増加傾向にある。本来、勤務時間内に行われるべき業務を持ち帰っている様子が見られ、また中学校では部活動の指導が週休日においても長時間に及んでいる実態が報告されている。公立学校の多くで、職務命令に基づかない形で時間外勤務に従事している日常の実態があることが推測される。

その一方で学校管理職は、時間外勤務は教員の自主的、自発的なものであるとの前提で対応していることから、逆に時間外勤務を直接的に管理しにくいというジレンマに陥っているように思われる。

2 安全配慮義務責任と勤務実態の把握

公立学校の教育職員には、労働基準法第37条が適用除外となっており、日常的に時間外勤務の割増賃金支払いのための勤務時間計測を行っていないことから、それをもって学校管理職の側が、教職員の勤務実態を把握する必要がないという安易な考えに陥っていないであろうか。

最高裁(第三小法廷判決昭和50年2月25日)は、国は国家公務員が国もしくは上司の指示のもとに遂行する公務の管理に当って、公務員の生命及び健康等を危険から保護すべき義務(安全配慮義務)があると判示している。また、労働安全衛生法は、長時間労働者への医師による面接指導の実施をすべての事業場に義務づけている。同法により、学校管理職には労働時間の適正な把握が法的にも求められていることを確認する必要がある。

〈補録〉上告審は、教諭らの勤務時間外の事務は自主的なものであるとして、上司である校長に注意義務違反の過失があるとはいえないとした(最高裁判所第三小法廷判決平成23年7月12日。本書の[40]として掲載している)。

3

事故・事件

早朝（始業前）の教室における生徒間の受傷事故に対する学校等の責任

学校における教育活動中の事故については、学校や教師には、学校の教育活動により生じる危険性のある事故から、児童生徒の生命・安全を確保することが求められる。

しかし、児童生徒の学校事故は、早朝、休み時間、放課後など、必ずしも教師が、その場に立ち会っていない場合にもしばしば発生している。本事案は、始業前の早朝の教室における生徒間のトラブルにより発生した受傷事故に対する教師の安全配慮義務、保護者の監督義務等が問題とされた事例である。

事案の概要

本件は、公立中学校の早朝（始業前の時間帯）の教室において、同級生から箒（ほうき）を投げつけられ、それが原告Xの目に当たり、その結果、右目を損傷し、視力低下、視野欠損、続発性緑内障による視神経萎縮などの後遺症を負ったとして、原告が箒を投げた生徒Yに対してその不法行為による損害賠償請求を、Yの親権者である父母に対しては子に対する監督義務違反に対する損害賠償請求をしたものである。また、事故以前からYの問題行動を認識しながら十分な指導監督を行わず、保護者にも問題行動等について連絡・報告を怠るなど校長・担当教諭などの安全配慮義務違反があるとして、中学校を設置している町に対しては損害賠償を求めた事案である。本事案では、従来の判例等を踏まえた判決が行われており、学校における事故管理の在り方に参考になる視点を提供している（仙台地方裁判所判決平成20年7月31日、確定）。

事故当日は、当該中学校における第二学期の終業日であり、業務員が午前7時30分までに出勤し校門を開け、教員は8時15分までに出勤、生徒は8時25分までに登校する予定となっていた。事故発生時には校長の他、数人の教師、業務員が出勤していた。原告の生徒Xが7時30分頃に登校した際、教室には3、4名が登校していた。加害生徒Yは、原告に対し、悪口をいったり、足を軽く蹴る、腹部を殴るなどし、Xが「やめろ」と言ったがその後もちょっかいを出してきたため、XはYの体を押し返し、足を蹴った。その後、Yは、箒をロッカーから二本取り出し、原告Xの脇腹などを数回ついた。Xがそのうち一本を取り上げ、ゆっくりと一歩近づいてきたのに対し、Yはもう一本をやり投げのようにもって、約3メートルの距離から原告Xに投げ付けた。それが眼鏡をかけていたXの右目に当たり、受傷したものである。

被告Yは、平素からふざけた態度や言動をすることがあり、クラスの多くの生徒に対しちょっかいを出す、授業妨害をするなどしていた。これに対し教師はたまに呼び出して授業中の態度について指導する程度で、保護者に対して具体的な問題について十分な連絡をしなかったとされた。

判決の要旨

1 事案の主な争点

本事案の主な争点は、①始業前に発生した事故に対する学校・教師の安全配慮義務がどのように判断されるのか、②未成年者が責任能力を有する場合の親権者の監督責任がどのようなものであるのかという点にある。さらに、前者は、ⓐ始業前の事故に対する学校・教師の責任をどう見るのか、ⓑ学校・教師の安全配慮義務違反の基準はどうあるべきかという学校の教育活動に関わる重要な論点を含んでいる。

2 裁判所の判断

①始業前の事故における学校の責任

〈始業前の事故に対する責任〉

裁判所は、校長・教諭等は、学校教育法上、あるいは在学関係という生徒と学校との特殊な関係上生ずる一般的な安全配慮義務を負っており、この義務の範囲は、学校における教育活動及びこれと密接に関連する学校生活関係に限られるとした。

このように前提したうえで、始業前の事故について、学校は生徒の登校を受け入れる状況にあったこと、教師や生徒にとって教育活動の準備期間に相当する時間であること、さらに教室内で発生した事故であることなどを考慮し、「学校教育活動と質的、時間的に密接な関係を有する学校生活関係の中で生じたもの」と認めている。

同様のケースとして、休み時間内に、体育館内で遊んでいた最中に起きた事故について、学校教育活動との密接性、関連性を認めた裁判がある（甲府地方裁判所判決平成15年11月4日）。なお、「放課後」について争われた事件について、最高裁（第三小法廷判決昭和58年6月7日。第二小法廷判決昭和58年2月18日）は、許可を得た居残りや課外のクラブ活動を教育活動と密接に関わるものと解している（ただし、教師の立ち会い義務については危険発生を予測できる特段の事情がない限りその義務はないとしている）。

〈学校・教師の安全配慮義務違反の基準〉

次に、休み時間については、校長、教諭等は、一般的な安全配慮義務を負っていることを確認したうえで、その義務の内容はどのようなものであり、どのような場合に義務違反となるのかということを検討する。このことについては、裁判所は、「当該事故の発生した時間、場所、加害者と被害者の年齢、性格、能力、関係、学校側の指導体制、教師のおかれた教育活動状況などの諸般の事情を考慮して、何らかの事故が発生する危険性を具体的に予見することが可能である場合に限られる」としている。つまり、児童生徒の状況や活動の特性等の諸事情を総合的に勘案して、事故の発生が予見可能である場合に、安全配慮義務の責任が生ずるとしたのである。最高裁も同趣旨の判断を示している（最高裁判所第二小法廷判決昭和58年2月18日）。

②未成年者が責任能力を有する場合の親権者の監督責任について

親権者の未成年の子に対する監督義務責任については、未成年者が責任能力を有しない場合と、有する場合では異なっている。前者の責任能力を有しない場合には、民法第714条により保護者の監督責任が追及され、監督義務を果たしていることの立証責任は親権者が負うことになり、多くの場合、子の生活全般について親が損害賠償責任を負うことにつながっている。その一方で、責任能力を有する場合には、一般に最高裁判例によって、民法第709条によってその責任が問われることになる。ただし、最高裁は、未成年者が責任能力を有する場合であっても、監督義務者の義務違反と当該未成年者の不法行為によって生じた結果との間に相当因果関係を認めうるときは不法行為が成立するとしている（最高裁判所第二小法廷判決昭和49年3月22日）。本事案について、裁判所は、被告Yに責任能力が認められることを認定したうえで、Yの生活状況を把握し、その自己抑制力を高めるべく適切な指導を行う義務を怠った過失があり、それによって本件事故を生じさせたとし、前述の最高裁判例を踏襲した形で、民法第709条に基づく不法行為が成立すると判じている。

なお、責任能力の有無は、おおむね12歳前後で区分されるが、具体的には個別に当事者の状況や事案に照らして判断される。

責任能力が認められる場合の監督義務者の責任については、下級審では、被害者救済の観点から義務違反や相当因果関係をゆるやかに認める傾向があった。しかし、こうした傾向に対し、平成18年の最高裁判決は民法第709条による親の監督義務者の責任を否定する判断を示し、一石を投じている（最高裁判所第二小法廷判決平成18年2月24日）。最高裁は、あくまで監督義務者の義務違反は、具体的結果との相当因果関係によって判断されるべきことを示したものと考えられる（『判例タイムズ』1206号、177頁）。

事案から考える視点

学校事故が裁判化することは、学校側にとっては、自らの指導や対応の在り方を見直す機会となるが、その一方で短絡的に自由な活動を抑制したり、ルールや手続きを厳格化しようとする傾向を生み出すこともある。しかし、そのような対応は必ずしも、学校における教育活動の改善や適正な危機管理の効果をもたらさない。本事案や判例の検討から次のことを指摘したい。

第一には学校側には、一律の対応が求められているわけではなく、児童生徒の判断力や自律的能力、活動の特性等を具体的に判断して対応することが求められているということである。平素から児童生徒の状況などを理解し、指導を通して子どもの危険への対応能力を育むことも重要な側面であるといえる。

第二には、裁判所の判断を概括すれば、危険の発生についての「予見可能性」が、義務違反を認定するための要件となっており、予見不可能な突発的な事件、事故にまで責任を問うてはいないということである。自らの責任を回避することを考えるあまり、短絡的に施設の利用を禁止したり、本来の教育活動そのものを自粛することとならないように留意する必要がある。

第三には、単に学校の側の事情に留意するだけでなく、保護者に課されることになる重い法的な責任に配慮する必要があり、そのためにも保護者に対し児童生徒に関する適切な情報の提供を図る必要があるということである。

4

社会

インターネット上の掲示板（学校裏サイト）における生徒に対する誹謗中傷と掲示板の管理運営者の責任

携帯電話の普及やインターネット環境の整備に伴って、特定の児童生徒を対象にしたネット上での悪質ないじめや名誉毀損の事例が数多く報告されている。

学校側としても、そのような事例が発生した場合には、事態の深刻化を招かぬように迅速な対応が求められる。本事案は、インターネット上の掲示板で、中学生が誹謗中傷され、それに対して、学校側、保護者が、掲示板の管理運営者が迅速な対応をとらなかったとして慰謝料の支払い等を求めた事例である。

事案の概要

平成18年8月に、不特定多数の者が、匿名で、自由に書き込みができるようになっているA中学校名を冠したインターネット掲示板（いわゆる「学校裏サイト」）に、A中学校一年生のXを誹謗中傷する内容が書き込まれた。同年9月に、これに気づいたA中学校の教頭は、被告である同掲示板の管理運営者Yに対し、本件スレッドのタイトルを特定して、削除をメールで依頼したが、Yは削除の対象となるスレッドや書き込み、アドレスを正確に引用するように指摘し、その時点では削除を行わなかった。同年10月にこれに気づいた両親が、警察に相談したうえで、Yに対し、保護者であることを示したうえで、削除依頼の意思を伝えるとともに、本件スレッドの接続記録の保存を依頼すると、Yは、これに応じて接続記録保存のため本件スレッドを凍結した。原告の両親は、警察が接続記録を確保した後の、10月31日に、Yに対し改めて本件スレッドの削除を依頼し、Yは同日、スレッドを削除したものである。いわゆる「学校裏サイト」における誹謗中傷に対して学校側が削除を依頼したり、保護者が警察と連携をとりながら対応するなど、ネット上のいじめ等に対する危機管理の在り方に参考になる視点を提供している。（大阪地方裁判所判決平成20年5月23日）。

プロバイダ責任制限法とは

正式名称は、特定電気通信役務提供者の損害賠償責任の制限及び発信者情報の開示に関する法律（平成13年法律第137号）。インターネットのウェブページや電子掲示板などの不特定多数の者に受信されるような情報の流通によって名誉毀損などの権利の侵害があった場合には、プロバイダ等の協力がなければ、その被害の回復に実効性を確保することは難しい。そのために、プロバイダ等の管理者が、一定の条件の下に、不作為を理由に被害者に対する賠償責任を免れることや権利侵害の申し立てを受けて当該掲載情報の削除を行ったときに情報発信者からの賠償責任を免れること（同法第3条）、被害者がプロバイダ等に発信者情報（氏名、住所等）の開示請求する権利があること、被害者から請求があった場合のプロバイダ等の義務、発信者情報の提供を受けた者の義務等（同法第4条）などについて規定している。

なお、多数に宛て同時送信される電子メールは「特定電気通信」に含まれていない。

判決の要旨

1　事案の主な争点

本事案の争点は、大きく分けて、①プロバイダ責任制限法第3条第1項の要件の存否、②不法行為の成否、③原告の損害の三点である。ここでは、①及び②の争点について説明する。①については、掲示板への書き込みを削除しなかったことが原告の権利侵害にあたるのかということ、プロバイダ責任制限法第3条第1項各号の要件として、情報の流通に関する認識や権利侵害に関する認識があったのかということ等が主な争点となっている。②については、被告の管理義務違反の有無が問題とされた。

2　裁判所の判断

①プロバイダ責任制限法第3条第1項の要件等

〈権利侵害性〉

本スレッドでは、タイトルで原告の氏名及び学年が特定され、原告の容ぼう等を誹謗中傷する内容であった。したがって、本件スレッドが不特定多数が閲覧可能な状態にあることは、原告の権利侵害に該当するとした。なお、書き込みが全体として原告を擁護する傾向であったとしても権利侵害を否定する理由とならないとされたことを付言しておく。

〈情報流通の認識、権利侵害の認識〉

情報流通の認識については、被告は、教頭からの削除依頼のメールを受信した日には、本件スレッドの存在を認識したと認められるとしている。しかし、書き込みが行われた段階からスレッドの存在を認識していたと認められる証拠はないとした。

権利侵害の認識については、教頭からの削除依頼のメールに、本件スレッドのタイトルが正確に記載されており、検索によって当該スレッドの存在やその内容を確認することができたというべきで、削除対象アドレスの記載がなかったことが、被告に認識可能性がなかったとはいえないとした。また、保護者からのメールには保護者との記載のみをもって依頼に対応しており、教頭の立場が不明確であったことは重要であったとはいえないこと、掲示板のタイトルには中学校名が入っていたこと、そして本件スレッドの内容が実在の生徒であることを前提とした書き込みであること等によれば、教頭からの削除依頼の段階で、本件スレッドを確認することにより、原告の権利侵害を知ることができたとしている。

②不法行為の成否

本件掲示板は、被告が特定の学校の生徒が書き込むことを予定して運営していた掲示板であり、掲示板の匿名性を考慮すると当該学校の生徒同士が、実名をあげて誹謗中傷を行う等のトラブルが起こりうることは容易に想定できる。また閲覧者も学校の関係者が多いと考えられるから、被害がインターネット上にとどまらず、現実の学校生活にも及ぶことも容易に想定できる。したがって、本件掲示板を設置し、管理運営している被告Ｙは、前述のような被害の発生を防止するよう慎重に管理し、トラブルが発生した場合には、被害が拡大しないよう迅速に対処する管理義務を負っていた。

被告Ｙは、教頭からの削除依頼の段階で、権利侵害を認識できたにもかかわらず、これを放置したのであるから、管理義務違反が認められるとし、原告に対する不法行為を構成すると判じている。

なお、管理運営者が削除の基準や削除依頼の方法を定めているからといって、管理義務の程度、内容が限定されることにならないとしていることも付言しておく。

事案から考える視点

本事案は、掲示板への誹謗・中傷の書き込みの事例であったが、これ以外にも個人情報を無断で掲載したりするなどの事例（例えば、東京地方裁判所判決平成16年11月24日、『判例タイムズ』１２０５号、２６５頁）が裁判で争われており、学校側がこうした問題にどのように関わっていくのか本事案はいくつかの重要な示唆を与えている。

1　プロバイダ等の立場

第一には、この種の多くの裁判事例から、名誉毀損等によって被害を受けている者と、プロバイダや掲示板の管理者とは立場を異にしているということである。権利の侵害の認定においてプロバイダ等は情報発信者との関係から情報の削除や発信者情報の開示に慎重になる傾向が見られ、発生から解決までに相当の時間を要したり、速やかな対応を期待できない場合が少なくないということである。学校は、保護者と連携しながら、掲示板を管理するプロバイダ等に当該情報の削除を依頼することとなるが、依頼しても対応がなされない場合には、警察の担当課や法務省の人権擁護機関（全国の法務局・地方法務局）と連携した素早い対応が求められている。

2　学校側の理解と対応

第二には、学校側においてもプロバイダ責任制限法等に関する理解を深め、掲示板管理者等に対し法的にも適切に対応することの必要性が指摘されるということである。文部科学省「『ネット上のいじめ』に関する対応マニュアル・事例集（学校・教員向け）」（平成20年11月）など、関係機関等が、関係法令の解説や手引書を作成しており、学校側は、これらの資料を参照するなどして、法的な対応の在り方についても理解を深めることが必要であろう。

最高裁（第一小法廷決定平成22年3月15日）は、インターネット上で虚偽の内容の書き込みをしたことについて名誉毀損が成立するかどうかが争われた刑事裁判の上告審において、第一審で個人利用者によるネット上の書き込みについては名誉毀損の判断基準が緩やかになるとされた事案で、個人利用者によるネット上の表現行為でも成立判断はゆるやかにならないとする初めての判断を示した。ネットによる情報発信には、相応の責任が伴うものであり、内容が虚偽の場合には刑事責任が問われる可能性があることを確認したもので、安易なネットへの書き込みにより名誉毀損などが発生している現状に警鐘を鳴らしている。

5

経営

国歌斉唱におけるピアノ伴奏に関する職務命令と教員の思想・良心の自由

4月になると全国の小学校、中学校等で入学式が行われるが、国旗掲揚、国歌斉唱をめぐって、その実施に反対する立場をとる教職員との間で多くの法的な紛争が発生した。

本事案は、公立小学校において、音楽担当教員が国歌斉唱の際にピアノ伴奏を命じる校長の職務命令に従わなかったことを理由に懲戒処分を受けたもので、これに対し、処分を受けた教員が思想・良心の自由に反することなどを主張し、処分の取り消しを求めた事案における最高裁判決である。

事案の概要

平成11年4月に行われる市立A小学校の入学式において、校長は、式次第に「国歌斉唱」を入れて音楽専科のX教諭によるピアノ伴奏によって「君が代」を斉唱することとした。X教諭は、入学式前日の職員会議において、校長から国歌斉唱の際にピアノ伴奏を行うように指示されたが、自分の思想、信条上、また音楽教師としてこれに応じられない旨返答した。入学式当日の朝、校長はXに対しピアノ伴奏を行うよう命じたが、再び応じられないと返答した。入学式において、司会者が「国歌斉唱」と言った後、Xがピアノの前に座ったままピアノを弾く様子がなかったことから、校長はあらかじめ用意しておいた「君が代」の録音テープにより伴奏を行うよう指示し、国歌斉唱が行われた。

東京都教育委員会は、平成11年6月11日付でXが校長の職務命令に従わなかったことが地方公務員法第32条および第33条に違反するとして地方公務員法第29条第1項第1号ないし3号に基づき戒告処分を行った。

これに対しXは「君が代」は過去の日本の侵略と結びついており、これを公然と歌ったり、伴奏することはできないこと、子どもに「君が代」がアジア侵略で果たした役割等の歴史的事実を教えず、子どもの思想・良心の自由を実質的に保障する措置をとらないまま「君が代」を歌わせるという人権侵害に加担することはできないなどの思想及び良心の自由を有する等と主張し、校長の職務命令は、憲法第19条に違反し、前述の戒告処分は違法であるなどとして、処分の取り消しを求めた事案である。

第一審（東京地方裁判所判決平成15年12月3日）は、公務員はその職務の公共性に由来する内在的制約を受けることから、校長の職務命令が思想・良心の自由を制約するものであったとしても、受忍すべきものであり、当該職務命令は憲法第19条等に違反するとはいえないと判示し、Xの請求を棄却し、控訴審（東京高等裁判所判決平成16年7月7日）も同様に、Xの請求を棄却している。本件は、最高裁による上告審判決である（最高裁判所第三小法廷判決平成19年2月27日、『判例タイムズ』1236号、109頁）。

判決の要旨

1　事案の主な争点

裁判においては、Xの行為が地方公務員法第29条第1項第1号ないし3号に該当する事由があるかどうか、本件処分が適法かどうかについて争われたが、その中心的な争点は、本件の校長による職務命令が、憲法第19条（思想及び良心の自由）に違反するものであるのかどうかということにある。

2　最高裁の判断

最高裁は憲法第19条との関係から次のような判断を示している。第一には、内心と外部的行為の関係について、「君が代」が過去の日本のアジア侵略と結びつくものであり、これを公然と歌ったり伴奏したりすることができないこと、これらの歴史的事実を子どもに教えず、子どもの思想・良心の自由を実質的に保障する措置をとらないままに「君が代」を歌わせることはできないなどの思想・良心の自由を有するとの主張について、ピアノ伴奏の拒否は、一般的にXの歴史観ないし世界観と不可分に結びつくということはできず、Xに対しピアノ伴奏を求める職務命令が、直ちにその歴史観ないし世界観それ自体を否定するものと認めることはできないとしている。

第二には、職務命令の性格と内心の自由の関係について、入学式において「君が代」の斉唱が広く行われていることは周知の事実であり、音楽専科の教員がピアノ伴奏する行為は通常想定され期待されるものである。当該職務命令は音楽専科の教諭にピアノ伴奏を命ずるものであり、特定の思想を強制したり、特定の思想の有無を告白することを強制するものではなく、児童に対し一方的な思想や理念を教え込むことを強制するものとみることもできないとしている。

第三には、公務員の職務の性格と職務命令の合理性について、憲法第15条第2項（全体の奉仕者）と、地方公務員法第30条（職務専念義務）および第32条（法令等及び上司の職務上の命令に従う義務）との関係から、Xは小学校の音楽専科の教諭であり、法令や職務上の命令に従わなければならない立場にあること、学校教育法第18条第2号の小学校教育の目標、学校教育法第20条・同施行規則第25条に基づいて定められた小学校学習指導要領などから、入学式において音楽専科の教諭によるピアノ伴奏で国歌斉唱を行うことはこれらの規定の趣旨にかなうものであり、またA小学校では従来からピアノ伴奏で「君が代」斉唱が行われてきたことから考えて、当該職務命令は、その目的・内容において不合理であるとはいえないとしている。

最高裁は、これらの判断を示し、当該職

務命令は、Xの思想・良心の自由を侵すものとして憲法第19条に反するとはいえないと判じている。

事案から考える視点

1 国旗・国歌をめぐる判例の動向

学説では、教職員に対する国歌斉唱などの強制を憲法第19条に違反し得るものとして構成するものも少なくないが、公立学校における国旗・国歌をめぐる教職員と教育委員会の間の法的紛争（国歌斉唱等に反対し、式典を妨害した教職員に対する懲戒処分の適法性が争われた事例など）においては、多くの場合、教職員側の訴えが退けられており、憲法第19条との関係についてもその違法性は否定されている（なお、東京地裁判決平成18年9月21日は、入学式等における国旗掲揚・国歌斉唱の実施を求める通達や教育委員会の都立学校長らに対する指導は、教育基本法第10条第1項、憲法第19条に違反し、無効であると判じている）。

2 最高裁判決と憲法第19条

本判決によって、公立小学校の入学式などにおける国旗掲揚・国歌斉唱をめぐる問題について最高裁の一定の判断が示されたこととなり、この問題についての判例として、その後の法律実務、学校における教育活動にも相当の影響を与えると考えられる。また、「国旗及び国歌に関する法律」の制定に際して政府は、「教職員が国旗・国歌の指導に矛盾を感じ、思想・良心の自由を理由に指導を拒否することまでは保障されていない。公務員の身分を持つ以上、適切に執行する必要がある」（平成11年8月2日矢野重典教育助成局長）と説明している。

しかし、本事案において憲法第19条に関する最も重要な争点である内心と外形的行為の関係について、内心を制約する場合の判断基準は明確に示されていない。

最高裁判決は、Xの思想・良心の自由に関わる内心の領域と、ピアノ伴奏の強制という外部的行為を区分できるとの判断を前提にしたうえで、当該職務命令を前者に密接に関わるような外形的な行為の強制ではないと判断したものと考えられる。反対意見を述べた藤田裁判官は、多数意見を、外的な行為と憲法によって保障されるXの「思想及び良心」としてその中核に「君が代」に対する否定的評価という「歴史観ないし世界観」を据え、入学式における「君が代」のピアノ伴奏の拒否はその派生的ないし付随的行為として捉え、両者の関係から後者を強いることが直ちに前者を否定することになるような密接な関係は認められないという考えにたつものと解釈している。

学説上は、憲法第19条が保障する内容は、一定の世界観、主義、信条等に限定されるとする説（信条説）と、広く内心一般と解する説（内心説）がある。最高裁判決（多数意見）は、その判断基準について詳細を明らかにしていないが、第一審、第二審では、受忍限度を超えた場合、憲法第19条違反となるという論理を用いている。

本判決を受けて、教育行政実務においても、学校運営においても、単に、公務員であることを理由としていかなる制約も許されると即断してはならない。その制約がどのような基準によるべきであるのか、問題とされている具体的な事例に即して、自覚的に検討し、判断することが求められているといえる。

6

心臓疾患を有する地方公務員の公務中の死亡と公務災害の認定

医療技術の発達や疾病の早期発見等により、過去に重大な心臓疾患や脳血管疾患等を患いながらも、職場復帰を果たし、公務を通常どおりこなしている職員も少なくない。

本事案は、心臓疾患を有する教育委員会職員が公務として行われたバレーボール大会において急性心筋梗塞により死亡したが、それが公務外の災害であるとする処分を受けたことから、遺族がその取り消しを求めた事案である。

事案の概要

原告の父であるAは、町教育委員会の職員であった。Aは平成2年5月12日、町学校体育連盟・町教育委員会共催の親睦バレーボール大会に参加し、試合参加中に急性心筋梗塞を発症し、死亡したものである。

当初、大会運営の担当として参加していたが、町教育委員会チームにけが人が出たことから、20分間にわたり出場し、その際に、突如として呼吸困難に陥り、救急隊員により心臓マッサージなどの処置がなされたが、死亡するに至った。

Aは、昭和57年6月に病院において心筋梗塞の疑いがあると診断され、同年9月に別の病院での検査の結果、冠動脈のうち左回旋枝に閉塞が、右冠動脈及び左前下行枝には狭窄がそれぞれ認められるとされた。昭和58年3月には、他の病院でバイパス手術を受けた。昭和57年11月から休職していたが、昭和58年6月に復職した。

その後、昭和59年2月に再び急性心筋梗塞等の診断を受け入院したが6月に退院。その後、自宅待機をしていたが、同年9月に復職した。Aは、復職後、重い荷物を持つなどの力仕事に従事することは極力さけるようにしていたが、そのほかは通常どおり従事しており、勤務状況は良好で、病気により休暇を取得することはなかった。昭和62年6月には、大学医学部附属病院で検査を受けたが、その結果、狭心症状などは認められず、日常生活、事務労働、車の運転等の中程度の労働まで許容することができるとされていた。

原告は、地方公務員災害補償法に基づいて、Ａの死亡が公務によるものであるとの認定を請求したが、公務外の災害であると認定する旨の処分を受けたことから、その取り消しを求めて提訴したものである。

第一審（鹿児島地方裁判所判決平成12年４月21日）は、Ａの死亡と公務との間には相当因果関係があるとして、公務外と認定した処分を取り消したが、控訴審（福岡高等裁判所宮崎支部判決平成14年1月25日、『判例タイムズ』１２４５号、３１４頁）は、公務と死亡との関係について、相当因果関係、すなわち公務起因性を認めることができないとして、第一審判決を取り消し、原告の請求を棄却した。本件は、最高裁による上告審判決である（最高裁判所第二小法廷判決平成18年3月3日、『判例タイムズ』１２０７号、１３７頁）。

判決の要旨

1 事案の主な争点

地方公務員災害補償法第31条、第42条が定めるところの職員が「公務上死亡」した場合とは、職員が公務に基づく負傷及び疾病に起因して死亡した場合をいうが、判例によれば、負傷または疾病と公務との間には相当因果関係があることが必要であるとされている（最高裁判所第二小法廷判決昭和51年11月12日、『判例時報』８３７号、34頁）。

しかし、心・血管疾患や脳血管疾患等の場合には、一般的に、当該職員の遺伝的な体質や素因、年齢や平素の生活習慣などさまざまな要因が重なって、長期にわたって症状や条件が悪化して発症する傾向にあり、必ずしも公務だけが唯一あるいは有力な原因であると判断することが困難な場合が少なくなく、公務がこのような基礎疾患の形成に与えた影響を判断することは容易ではない。

2 最高裁の判断

地方公務員災害補償基金は、各支部長あて理事長通知「心・血管疾患及び脳血管疾患等の職務関連疾患の公務上災害の認定について」（平成13年12月12日地基補第２３９号、平成16年4月19日改正）の中で、「心・血管疾患及び脳血管疾患等が公務上の災害と認められる場合の要件」として、①発症前に、職務に関連してその発生状況を時間的、場所的に明確にし得る異常な出来事・突発的事態に遭遇したこと、②発症前に通常の日常の職務に比較して特に過重な職務に従事したこと、のいずれかに該当したことにより、医学経験則上、心・血管疾患及び脳血管疾患の発症の基礎となる高血圧症、血管病変などの病態を加齢、一般生活によるいわゆる自然的経過を早めて著しく増悪させ、当該疾患の発症原因とするに足る強度の精神的または肉体的な負荷を受けていたことが明らかに認められることが必要であるとしている。前者の「異常な出来事・突発的事態に遭遇したこと」としては、「心・血管疾患及び脳血管疾患の発症前に日常は肉体的労働を行わない職員が、勤務場所又はその施設等の火災等特別な事態が発生したことにより、特に過重な肉体的労働を必要とする職務を命じられ、当該職務を行っていた場合」等をあげている。

後者の「通常の日常の業務に比較して特に過重な職務に従事したこと」に当たる場合として、「発症前1週間程度から数週間程度にわたる、いわゆる不眠・不休又はそれに準ずる特に過重で長時間に及ぶ時間外勤務を行っていた場合」「発症前1か月程度にわたる、過重で長時間に及ぶ時間外勤務を行っていた場合」などがあげられている。

最高裁は、Aが昭和59年9月の復職後、力仕事を避けていたが、そのほかの職務には通常どおり従事し、勤務状況が良好であったことなどを根拠にして、Aの心臓疾患や確たる発症因子がなくてもその自然の経過により、心筋梗塞を発症させる寸前まで増悪していなかったと認める余地があるとした。

また、バレーボールの平均的な運動強度は通常は歩行と同程度であるが、スパイクなどの一時的な強度は相当高いものであり、ほかに心筋梗塞の確たる発症因子のあったことがうかがわれない本件においては、バレーボールに出場したことにより身体的な負荷は、Aの心臓疾患をその自然経過を超えて増悪させる要因となり得たとしている。

そのうえで、最高裁は、確たる発症因子がなくてもその自然の経過により心筋梗塞を発症させる寸前までは増悪していなかったかどうかについても十分に審理することなく、死亡と公務の相当因果関係を否定した原審の判断には、法令違反があるとして、原審を破棄し、差し戻した。

事案から考える視点

1 裁判例の動向

本事案は、最終的に死亡と公務との相当因果関係が認められた事例である。しかし、過去の裁判例を見ると、公務中に心臓疾患や脳疾患が発症しても、当該疾患が自然の経過によって増悪しその結果発症したにすぎない場合には、公務がある程度の影響を与えたとしても、当該公務と死亡との間には相当因果関係が認められていない。

最近の例として、東京地方裁判所判決（平成19年12月13日）があげられる（『判例タイムズ』1278号、198頁）。区立中学校の教頭が、創立50周年式典の司会をしている最中に、くも膜下出血を発症して死亡した事案がある。当該教頭の場合、兄弟姉妹にもくも膜下出血を発症した者がおり、本人も過去に、くも膜下出血を発症したが、その後も飲酒や喫煙を続けるなどの生活をしていた。裁判所は、発症前に従事していた公務は、過重とは認められず、また、本人の素因や生活習慣により形成された脳動脈瘤があり、再発の危険因子である生活習慣などを有していたとして、その請求を棄却している。発症前の職務の状況、基礎疾患がどの程度であったと認定されるのかが重要なポイントとなっている。

2 使用者側の留意点

本事案から使用者として留意すべき事項として次の二点が指摘される。第一には、本事案では控訴審と上告審で判断が分かれたのは、基本的に、基礎疾患の状況をどのように判断するのかが重要なポイントであった。つまり、基礎疾患が「確たる発症因子がなくてもその自然の経過により、心筋梗塞を発症させる寸前までは増悪していなかったかどうか」ということについての判断である。使用者は、心・血管疾患などの既往症のある職員については、その現状を的確に把握する必要があるといえる。

第二には、地方公務員災害補償基金の通知が示す「異常な出来事・突発的事態に遭遇したこと」と「通常の日常の職務に比較して特に過重な業務に従事したこと」に留意する必要があるということである。前者については、責任者として困難な対外折衝や重大な決断を迫られる業務に従事したり、人事異動による著しい職務内容の変化等の負担を、後者については、長時間、長期間にわたる休日勤務や時間外勤務が問題とされるところであり、基礎疾患を抱えた職員に対する適切な職務内容の割り振りや勤務時間の管理が求められているといえる。

7

社会

自治体の所有地を町内会に神社敷地として無償で使用させたことが憲法の政教分離原則に違反するとされた事例

国・地方自治体と宗教との関わりについては、教育の領域においても、憲法と宗教との関係から多くの訴訟が提起されてきた。

本事案は、いわゆる「砂川政教分離訴訟」（富平神社、空知太神社に関する二つ裁判）のうち、空知太神社について争われた裁判で、自治体が所有地を神社施設の敷地として無償で使用させたことが憲法第89条、第20条第1項後段に違反するとして提訴された住民訴訟の最高裁判決であり、地方自治体と宗教の関わりについて重要な示唆を与えている。

事案の概要

本件で問題となった北海道砂川市が所有する土地には、地域の集会施設等が建てられており、その一角に「空知太神社」の祠が設けられ、また、鳥居や地神宮も設置されている。神社の管理運営は、宗教法人ではなく、神社付近の住民らで構成される氏子集団が行い、神社関連建物は空知太地区の6町内会で組織される連合町内会が所有していた。

市は、連合町内会に対し、土地を建物、鳥居、地神宮の敷地として無償で利用に供していた。神社では、初詣、春祭り、秋祭りの祭事が行われ、初詣では砂川神社から提供されたおみくじを販売しており、代金は砂川神社に納めていた。祭りなどでは、砂川神社から宮司の派遣を受け、「空知太神社」「地神宮」などと書かれたのぼりが立てられていた。

なお、本件神社は、明治25年頃、地区住民らによって現在のA小学校に隣接する道有地に建てられたが、明治36年に校舎増築などのため隣接した土地を使用する必要が生じたため、住民Bが移転先の土地を提供し、神社が移設された。

昭和28年に、住民Bは砂川町に当該土地

の寄付を申し出て、町議会は、土地採納の議決および土地を祠等の施設のために無償で使用させるとの議決をし、その所有権を取得した等の経緯がある。

本事案は、住民が、市有地の無償使用は憲法の政教分離原則に反するとして、敷地の使用貸借契約を解除し、同施設の撤去および土地明渡請求をしないことが違法に財産の管理を怠るものであるとし、地方自治法第242条の2第1項第3号に基づき上記の怠る事実の違法確認を求めた事案である。

第一審、控訴審ともに本件利用提供行為は憲法の政教分離原則に違反するとして、請求を容認した。本件は最高裁の上告審判決である（最高裁判所大法廷判決平成22年1月20日、『判例タイムズ』1318号、57頁）。

判決の要旨

1 事案の主な争点

本裁判の争点は第一に、市が連合町内会に無償で神社等の敷地として市有地を提供していることは、憲法第89条、第20条第1項後段に違反していないかどうか、また、これが違法であるとされた場合、その基準として目的・効果基準が踏襲されるのかということである。

第二には、憲法に違反しているとされた場合、その違法性を解消するための他の合理的な手段がないのかということについて裁判所が職権により検討すべきであるのかというところにある。

2 最高裁の判断

最高裁は、本件物件などは、宗教施設としての性格が明確であり、その行事も宗教的なものとして行われていると認定している。

そのうえで、砂川市が、連合町内会に無償で、神社等の敷地として使用させている行為は、市が特定の宗教上の組織との間にのみ意識的に特別のかかわり合いをもつものであり、一般人に対し市が特定の宗教に特別の便宜を与えているという印象をもたらすものであって、わが国の社会的、文化的諸条件に照らして相当と認められる限度を越え、憲法第20条第3項にいう宗教的活動に当たり、同項に違反し、憲法第20条第1項後段及び憲法第89条の政教分離原則の精神に明らかに違反しているとしている。

また、本件においては、当事者は、本件の違法性を解消するためのほかの手段が存在するか否かの主張をしておらず、控訴審もそのような手段の有無について釈明権を行使していない。

最高裁は、このことについて、神社物件を直ちに撤去することは、神社敷地として使用することを前提に土地を借り受けている町内会の信頼を害するとともに、地域住民らによって守り伝えられてきた宗教的活動を著しく困難なものにし、氏子集団の構成員の信教の自由に重大な不利益を及ぼすことは自明であるとし、原審は、神社物件の撤去及び土地明渡請求をしないことを違法に財産管理を怠るものと認定する以上は、その違法性を解消するための合理的で現実的な手段が存在するか否かについて適切に審理判断するか、当事者に対し釈明権を行使する必要があったとして（最高裁は有償譲渡、有償貸与等で違憲性を解消できると例示している）、その違法性を認定し、原判決を破棄し審理を尽くさせるために、原審に差し戻すこととした。

なお、本判決を受け、その後、砂川市は宗教施設のある敷地を有償貸与する方針を発表し違憲状態を解消するとしている（平成22年4月21日付『朝日新聞』）。

事案から考える視点

1 本件最高裁判決の意義の重要性

本件の最高裁判決の最大の争点は、従来の最高裁判例が採用してきた目的効果基準（「津地鎮祭訴訟判決」最高裁判所大法廷判決昭和52年7月13日）を維持するのかどうかということにある。

目的効果基準とは、憲法上の政教分離原則は、国家と宗教とのかかわり合いを全く許さないとするものではなく、宗教とのかかわり合いをもたらす行為の目的及び効果にかんがみ、そのかかわり合いがわが国の社会的、文化的諸条件に照らし相当とされる限度を超える場合に、はじめてこれを許さないとするものである。

本件は、愛媛玉串料判決以来、二度目の大法廷の違憲判決（第三小法廷から大法廷に回付された）であり、前者が第20条第3項を中心に判断されているのに対し、本件は、第89条を中心に判断されている。

本件においても、最高裁は、政教分離規定は、信教の自由そのものを直接保障するものではなく、国家と宗教の分離を制度として保障することにより、間接的に信教の自由を保障するものであるとし、政教分離規定を制度的保障として捉えることについて変更はない。

最も注目されたのは、本判決では、目的・効果基準に直接的には言及せず、当該宗教的施設の性格、一般人の評価など、諸般の事情を考慮し、社会通念に照らして総合的に判断すべきものとしている点にある。本件の最高裁判決の見方は意見の分かれるところである。政教分離原則の基本的な判断の基準は維持していると考えられるが、今後、目的・効果基準を単純に適用するのではなく、事案によっては今回示した基準を適用する可能性も示唆されている（「特集・砂川政教分離訴訟最高裁大法廷判決」『ジュリスト』1399号、56-89頁）。

政教分離原則に関わる最高裁の判例を見ると、津地鎮祭判決は合憲とされ、愛媛玉串料判決では違憲、本件では違憲とされている。これらの判断の共通点は、いずれも多数意見は、国家と宗教の関わりを全く許さないとするものではなく、関わり合いがわが国の社会的、文化的諸条件に照らし相当とされる限度を超える時に違憲とされるという論理である。

その一方で、合憲、違憲の判断の違いを生んだ最も大きなポイントは、それぞれの事案の宗教的性格の違いにある。地鎮祭が、建築儀礼として、一般的に行われ、その宗教性がすでに相当に弱いものであるのに対し、玉串料、そして本件の神社施設の利用は、その場所、作法、形態等においても宗教色が強いものであった。

2　教育現場への示唆

本判決は、教育機関やその施設を所管する地方自治体にも多くの示唆を与えている。

第一には、多くの地方自治体でも公有地が宗教施設として利用されている例が少なくないと推測され（藤田裁判官補足意見）、教育関係施設においても自覚的に点検する必要があるということである。

第二には、最高裁は「一般人」の目を基準として判断しているという点である。本件では、地域住民が本件の利用提供行為の憲法適合性について問題提起したり、市議会において取り上げられたという事情はうかがわれないとされたが、最高裁は「地域住民や関係者」ではなく、「一般人」を基準として違憲と判断しているのである。

第三には、あくまで争点は事案の宗教色にあり、そのポイントは「宗教性」と「世俗性」についての判断にあるということである。宗教施設であっても文化財として世俗的意義を有する場合や、ひな祭りや七夕のように宗教的な起源を有するものの習俗と見なされる場合は政教分離原則が適用されない。教育現場から、いたずらに宗教的なものを排除するということにならぬように、当該事案について諸般の事情を考慮し、社会通念に照らして総合的に判断することが求められているといえる。

8

保護者

別居している夫婦の一方が、他方に対して、人身保護法等に基づいて、子どもの引渡しを請求した事例

わが国においても、離婚する夫婦が増加しており、その子の監護をめぐり、子どもが難しい立場に置かれる場合も少なくない。

本事案は、別居中の夫婦において、子どもを自分の実家に連れ帰り生活をはじめた夫とその両親に対して、妻が、人身保護法、人身保護規則に基づいて、二人の子どもの引渡しを求めた事案である。

事案の概要

当該夫婦は、昭和63年に婚姻し、同年7月、翌年7月に子どもが出生した。その後、夫婦関係は、次第に円満を欠くようになり、平成4年8月に夫Yは、二人の子どもを連れて親戚の墓参に行き、帰途そのまま、Yの両親の住む実家で生活するようになった。

妻Xは、同年9月に、その母とともに、Yの実家を訪ね、子どもの引渡しを求めた。Yがこれを拒否したため、Xは子どもたちを連れ出したが、追いかけてきたYやその母と、路上で子どもたちの奪い合いとなり、結局、子どもたちは、Yらによってその実家に連れ戻された。

Xは、平成4年9月頃、家庭裁判所に対し、Yとの離婚を求める調停を申し立てたが、親権者の決定などについて協議が進まず、調停は不調に終わった。

Yの子どもに対する監護状況は、生活環境、健康状況も良好で、午後6時には帰宅し、子どもたちと一緒に食事をとるようにするなど愛情ある態度で接している。Xは、県営住宅に居住し、子どもが幼稚園に通うまでは育児に専念するとしており、経済的に十分な自活能力があるとはいえないが、

近くに住む両親が援助を約束している。

原審（神戸地方裁判所判決平成5年3月22日）は、3、4歳の幼児は、母親がその監護・養育をする適格性、育児能力等に著しく欠けるなど特段の事情がない限り、父親よりも母親の下で監護・養育されるのが適切であり、子の幸福に適うとする前提に立ったうえで、①両者の愛情、監護意欲、居住環境の点で大差はなく、Yが仕事のため子どもと接触する時間がないのに対し、Xは幼稚園に通うまで育児に専念する意向であることからすれば、Xの下で監護・養育される方がその幸福に適する、②経済的な面で、Xは自活能力が幾分劣るが両親の援助が約束されており遜色はないとして、Xの人身保護請求を容認した。これに対し、Yとその両親は、Xが監護、養育するのは不適当であるとする「特段の事情」を否定したのは、法令の解釈適用を誤ったものであるとして上告したものであり、本件は最高裁による上告審判決である（第三小法廷判決平成5年10月19日、『判例タイムズ』832号、83頁）。

判決の要旨

1 事案の主な争点

本裁判の主な争点は①人身保護法により、共同親権に服する幼児の引渡しを請求する場合に、その監護・拘束が人身保護規則第4条にいう顕著な違法性があるというための要件とは何かということ、②本件のYによる子どもの監護（拘束）が、実態としてその条件に当てはまるのか、ということにある。

2 最高裁の判断

争点①（拘束の顕著な違法性を認定するための要件）について、最高裁は、過去の最高裁の判例（最高裁判所第一小法廷判決昭和43年7月4日）をひいて、夫婦の一方が、他方に対し、人身保護法に基づいて共同親権の下にある幼児の引渡しを請求する場合には、夫婦のいずれに監護させるのが、子どもの幸福に適するのかということを主眼として、子どもの拘束状態の当不当を定め、その請求の諾否を決めるべきであるとした。

そのうえで、幼児に対する監護・拘束が権限なしにされていることが顕著である（人身保護規則第4条）ということを認定するためには、引渡しを請求する側に監護されることが子どもの幸福に適することが明白であることを要する（換言すれば、拘束している者が幼児を監護することが子どもの幸福に反することが明白であること）とした。

争点②（本件のYによる監護がその条件に当てはまるのかということ）について、原審が両者の愛情、監護意欲、居住環境に大差がないとしていることから判断すれば、妻による監護が子どもの幸福に適することが明白であるとはいえない（また、夫による監護がその幸福に反することが明白であるともいえない）とした。結局、単に、3、4歳の幼児にとって父親よりも母親の下で監護・養育されるのが適当であるという考えによって、本件拘束に顕著な違法性があるとしたと指摘している。

最高裁は、このような判断を基に、原審は、人身保護法第2条、人身保護規則第4条の解釈・適用を誤り違法であるとして、破棄し、また、子どもの法廷への出頭を確保する必要があるとし、原審に差し戻した。

本判決の意義は、人身保護規則のいう拘束の顕著な違法性を認めるためには、明白性の要件が求められることを、あらためて明らかにした点にある。

事案から考える視点

1 形式的な判例の適用の問題

本事案は、地裁と最高裁の判断が異なった事例である。可部恒雄裁判官は、その補足意見の中で、昭和43年の最高裁判決に言及し、「夫婦のいずれに監護せしめるのが子の幸福に適するのかを主眼として」拘束の当不当を定め、請求の諾否を決すべきであるとした点のみが注目され、「拘束の違法性が顕著であること」(拘束者による監護が幼児の幸福に反することが明白であること)の要件は、実務上注意を惹くことがなかったと指摘している。

このことは、原審が、昭和43年の最高裁判決の「夫婦のいずれに監護せしめるのが子の幸福に適するのかを主眼として」を形式的に適用し、明白性の要件への配慮が十分でなかったことを指摘したものであると考えられる。

2　幼児の監護に対する一般的理解

ここまで、基本的に、法令の解釈・適用の問題を中心に述べてきたが、当事者にとっては、父親、母親のいずれが監護者としてふさわしいのかという問題として把握される。

本判決は、幼児にとっては父親よりも母親にその監護を委ねるのがその子の幸福につながるとの一般的な考え方について、具体的状況に即して検討することの必要性を提起したものとなっている。

最高裁の法令の解釈・適用についての判断の基礎には、母親の生活状況や子どもに対する監護能力に対する評価がある。原審が、母親の生活については飲酒の機会、量ともに多かったが、養育に支障を来す状況にないとし、子どもを引き取ることになれば、自戒して監護・養育に当たるのを期待できると判断しているのに対し、最高裁は、判決の中で母親のアルコール漬けの生活に触れるなど、母親の生活習慣、養育態度に、相当の問題があるという認識を基に判断したものと推測される。

3　家庭裁判所の役割の再確認

本来、人身保護制度は、法律上正当な手続によらないで、身体の自由を拘束されている者について、司法裁判により迅速に自由を回復させるための非常応急的な制度である。そのため、その請求には、拘束が無権限でなされ、その手続等が著しく法律に違反し、また、これらの事実が顕著であることなど厳しい要件が求められている。幼児の引渡し請求においても、裁判所は、同制度を適用してきたが、本来的に、親権者による子どもの拘束の問題には、同制度はなじまない側面を有しているといえる。

この点について、本最高裁判決における前述の補足意見は、家事審判法に言及している。同法第15条の3、家事審判規則第52条の2は、子の監護者の指定その他の子の監護に関する審判の申立てがあった場合に、家庭裁判所は、申立てにより必要な保全処分を命ずることができる旨が規定されている。

同法改正時の最高裁事務総局の資料は「子の監護をめぐる紛争の処理は科学的な調査機構を有する家庭裁判所の審判手続により行うことが望ましく、この度、本案審判の先取りとして子の引渡しの仮処分を命ずることが可能となったことから、この種の問題の解決に相当の威力を発揮するものと期待している」としている。

親の監護・養育者としての適格性の判断には、相当に専門的な調査・分析による検討が求められ、本来的には、そのような能力を備えた家庭裁判所が担うべき事柄である。この種の事案は、基本的に、通常の場合は家庭裁判所による調停・審判で、子どもに急迫の危険が考えられる場合は家庭裁判所による審判前の保全処分の申立てで対応すべきとの最高裁の意向がうかがわれる。

〈補録〉家事事件手続法が平成25年1月に施行されたことに伴い、家事審判法、家事審判規則は廃止されている。

9

外国人

外国人生徒の公立中学校（義務教育）における就学義務と教育を受ける権利が問題とされた事例

わが国の憲法、教育基本法は、義務教育について「国民は」と規定しており、外国人の子どもの義務教育を受ける権利がどのように位置づけられるのかということが重要な論点となっている。

本事案は、特別永住資格を有する韓国籍の親子が、公立中学校を退学したことについて、校長が外国人には義務教育学校への就学義務が存在しない旨発言し、また、退学届を受理したことが原告の義務教育を受ける権利などを侵害するものであるとして国家賠償法に基づき損害賠償等を求めた事例である。

事案の概要

原告である生徒Xは、特別永住資格を有する在日韓国人四世であり、同じく原告である母親も同様に在日韓国人三世である。Xは公立A中学校に在籍していたが、不登校となり、母親は学校に対して始業から終業まで不登校指導のための教室の開設を求めていた。

学校側は年間を通じた教室開設は人的物的に無理であるなどと説明したが母親の理解が得られなかった。母親は、学校との話し合いの中で、学校をやめさせたい旨を述べ、それに対して校長Yは、外国籍生徒については義務教育学校への就学義務はなく、退学の意思表示がなされた場合には、除籍扱いになる（除籍発言）など、退学できる旨の内容の発言を行った。

その後、Yの説得などにより退学の意思を撤回したが、2年生になって再び退学させたいと申し出、退学届を提出し、校長はこれを受理した。その後、翌年校長がZへ代わった後に、XはA中学校に復学した。しかし、Xは再び不登校となり、また、他市に引っ越すことになったことから、再び退学を申し出た。校長Zは、退学ではなく、転学の手続を採用するように説得したが、結局退学届を提出し、受理された。なお、Xは、その後、転居先の公立中学校を卒業している。

その後、原告（Xら）はA中学校を設置する京都市を被告として、校長が原告には義務教育学校への就学義務が存在しない旨の発言をし、母親が提出した退学届を受理した行為などが原告の義務教育を受ける権利を侵害する違法行為又は在学関係に基づく信義則上の義務違反にあたるなどと主張して、国家賠償法第1条又は債務不履行に基づき、慰藉料等の支払いを求めたものである（大阪地方裁判所判決平成20年9月26日、『判例タイムズ』1295号、198頁）。

判決の要旨

1 事案の主な争点

本裁判上の争点は、被告の国家賠償法第1条における責任の有無にあるが、中核はその前提として原告の教育上の権利義務についての判断にある。

第一には憲法第26条2項、教育基本法第5条等が定める就学義務が外国人にも及ぶのかということ、第二には義務教育を受ける権利は外国籍の子どもにも保障されるのかということ、第三には外国人に保障される教育を受ける権利の内容とはどのようなものであるのかということにある。

2 裁判所の判断

第一の争点（就学義務が外国人に及ぶのか）について、裁判所は、外国人の人権享有主体性について、「憲法第3章の基本的人権の保障は、権利の性格上日本国民を対象にしていると解されているものを除き、我が国に在留する外国人に対しても等しく及ぶと解すべきである」（最高裁判所大法廷判決昭和53年10月4日）とし、それは外国人の権利についてだけでなく、その義務についても及ぶとしている。しかし、そのうえで、憲法第26条第2項前段によって保護者に課せられた子を就学させる義務は、その性質上、「日本国民にのみに課せられたものであって、外国籍の子どもの保護者に課せられた義務ということはできない」としている。

その理由としては、言語（国語）や歴史の問題を考えれば、わが国の民族固有の教育内容を排除できないから、外国籍の子どもにわが国の教育を押しつけることができないことをあげている。

なお、世界人権宣言第26条、社会権規約第13条、子どもの権利条約第28条等が初等教育を義務的なものとすべき旨を規定していることについて、これらの条約は、直接的に国内法的効力を認められないこと、条約上の「初等教育」がわが国の小学校教育を意味し、中学校が該当しないことは明白であるとしている（控訴審判決では、これらの規定は、直接的に国内法的効力を認められているとは言い難いうえ、その趣旨は、外国人に就学義務を課し初等教育を強制するというのではなく、希望する場合に就学機会を保障することを求めたものと解している）。

第二の争点（義務教育を受ける権利は外国籍の子どもにも保障されるのか）について、教育基本法、学校教育法等は外国人の就学を明確に排除しているわけではないこと、世界人権宣言第26条第1項、社会権規約第13条第2項（b）、子どもの権利条約第28条第1項（b）は、すべての者に対して、中等教育学校等の機会を与えるべき旨が規定されていること、永住を許可された在日韓国人は「日本国に居住する大韓民国国民の法的地位及び待遇に関する日本国と大韓民国との間の協定」および同協定の実施に伴い発出された文部事務次官通達（昭和40年12月25日付文初財第464号）により、永住を許可された者の保護者が希望する場合には、入学、授業料等、日本人と同様の取扱いをすることとされていること、市立学校外国人教育方針等の規定・通達等、そして現に原告Xが当該中学に在籍していたことなどから、「引き続きA中学校に在籍し続け、あるいは、転学に当たっては指導要録等の引継ぎを受けるなどして、卒業の際には卒業認定を受けるべき法的利益を有していたと認めるのが相当である」と判じている。（ただし、裁判所は憲法第26条の教育を受ける権利が外国人に及ぶかという問題については判断していないことに注意する必要がある。）

　第三の争点（外国人に保障される教育を受ける権利の内容とは何か）については、前述の通り、「引き続きA中学校に在籍し続け、あるいは、転学に当たっては指導要録等の引継ぎを受けるなどして、卒業の際には卒業認定を受けるべき法的利益」とし、本事案に関わって具体的には母親による退学届の提出がXの意に反していないものであるか否か、Xが退学と転学の違いおよび退学によって被る不利益について十分理解しているか否かを直接確認すべき義務を負っていたとしている。

　裁判所は、このような判断を基に、Y校長の除籍発言の違法性とZ校長の退学届の受理の違法性（Y校長の退学届の受理は時効成立）を否定しているが、退学届の受理に当たり、生徒Xに直接その意思の確認及び退学・転学等に対する説明をしなかったことは、Xの法的利益を侵害するもので違法であるとし慰藉料30万円を相当とし、その余の請求は棄却した。なお、本件はその後、控訴されている。

　大阪高等裁判所判決（平成21年7月31日）は、基本的に原判決を踏襲しているが、第三の争点については、未成年者は親権者の監護養育権に服さねばならず、子にどのような教育を受けさせるかは母親の裁量に委ねられているとしたうえで、母親の判断は保護者としての合理的な裁量の範囲内のものと考えられ、このような場合にもXに意見を聴取すべきとすることは、親権者の固有の教育的判断に不当に容喙（当事者でないものが、差し出口をすること）する怖れもあることから、生徒に意見を聴取すべき義務はなかったとして校長の違法性を否定し、原判決から被告敗訴部分を取り消し、原告の請求を棄却している。

事案から考える視点

　裁判所は、憲法、教育基本法が国民に課しているその子を義務教育学校に就学させる義務については、外国人には適用されないとしている。

　しかしその一方で、教育基本法、学校教育法、関係条約の規定、日韓協定及び通達、現実の在学関係などを根拠として、退学等は可能であるものの、中学校に在学し続け、転学書類を引継ぐなどして、卒業に際して卒業認定を受けるべき法的利益を有しているとしている。

　また、裁判所は「子女を教育すべき責務は、親が本来有している性質のものであり、その責務は、外国人であるからといって免れるものではない」としている。その趣旨は、義務教育制度は、普通教育が民主的な国家・社会の存立、繁栄のために必要であるという社会の側からの要請によるだけでなく、子どもの人格の完成に必要欠くべからざるものという認識を基にして、親の本来有している教育をすべき責務を全うさせるという考えによるものである（最高裁判所大法廷判決昭和39年2月26日）としている。

　これらのことは、学校側は、単に、外国人には就学義務が適用されないという判断に基づいて対応するだけでは不十分であることを意味している。外国人も一定の法的利益を有しており、義務教育の機会をできる限り保障すべきとされていることを確認する必要がある。制度を運用する教育委員会、学校の側にもその役割を果たすことが求められているといえる。

10

教員間での性的な内容を含む誹謗中傷が、不法行為と認定された事例

男女雇用機会均等法の制定・改正によって、事業主は、セクシュアル・ハラスメント防止のために、その方針の明確化・周知啓発、相談体制の整備、そしてそれに迅速かつ適切に対応することが求められるようになり、わが国においても、セクシュアル・ハラスメントに関する訴訟が見られるようになった。

本事案は、中学校の男性教諭が、同僚の女性教諭に対する性的な内容を含む誹謗中傷を行ったとして、その不法行為の認定と損害賠償を求めた事例の控訴審判決である。

事案の概要

本件の原告Xは、公立中学校に勤務する女性教諭で、英語を担当しており、被告Yは、同じ中学校に勤務する男性教諭で、同様に英語を担当していた。原告の主張によれば、平成5年から6年にかけて、被告Yは、原告Xを陥れるために、両者の共通の恩師であり、関西の中高生英語教育界において中心的な立場にあるAに対し、Xが身勝手であること、校長との交渉で女性として立場を利用した等の発言によってXを誹謗中傷したとされている。

また、Yは、臨時教員Bに対し、Xは他人に仕事を振ってくる、信用できないなどと誹謗するなどしたとされている。また、同校の英語指導助手（以下、「ＡＬＴ」）であるCに対し、Xと仕事するのは難しい、他のＡＬＴに好かれていないなどと話し、さらに、その後も、職員室において、Xが生徒につらくあたるのは性的に不満があるからだなどと語り、誹謗中傷を繰り返したと主張した。

原告Xは、被告Yが原告の英語力、英語教育学会における活躍、生徒の信望などをねたみ、上記の発言に及んだものであり、原告の人格権、名誉および信用を侵害、毀損し、精神的に損害を与えたとして、民法第709条の不法行為責任により損害賠償請求を求めたものである（大阪高等裁判所判決平成10年12月22日）。

第一審は、原告の主張をほぼ認め、被告Yに損害賠償を命じたが、控訴審（本裁判）では原告の主張する事実を一部認めず、損害賠償を減額した。その後、本件は上告されたが、棄却・不受理（確定）とされている（最高裁判所第二小法廷決定平成11年6月11日）。

判決の要旨

1 事案の主な争点

本裁判の主な争点は、第一には原告と被告の間に争いのある被告Yの発言について、恩師A、臨時教員B、ALTのCに対する発言等が事実であったのかどうかの事実認定と、その違法性についてであり、第二には、性的な誹謗中傷（セクシュアル・ハラスメント）を、原告Xのどのような権利の侵害として構成するのかということにある。

2 裁判所の判断

第一の争点（事実の認定と違法性の認定）は、本事案に限らず、密室で行われることの多いセクシュアル・ハラスメント裁判では、常に重大な争点となってきた。本事案については、第一審（大阪地方裁判所判決平成9年9月25日、『判例タイムズ』995号、203頁）は、ほぼ原告の主張に沿って事実認定を行ったが、控訴審では、関係者からの明確な証言の得られなかった部分については、原告の側が「不法行為の内容（要素）となる言葉を特定すべきであり、被控訴人が請求原因として具体的に主張していない言葉、あるいは主張している言葉の趣旨、範囲を超えて、不法行為の内容をなす言葉を認定することは、許されない」とした。AとBに対する発言については、被告の側の「自認の限度で認める他ない」として原告Xの主張の核心部分がほとんど受け入れられず、その一方で、C（ALT）への発言については、Cの供述が明確に得られたことから原告の主張する事実が認められている。

この結果、A、Bに対する発言は、発言自体が違法性を有するとはいえず、かつ虚偽であると認めることもできないとしてその違法性を否定し、その一方で、Cへの発言については、同僚教師として許される限度を超えており、それ自体違法であるとし、さらに性的侮辱としてXの人格権を侵害する違法行為であると判じている。

第二の争点（セクシュアル・ハラスメントの権利侵害構成）については、判決は「性的侮辱として被控訴人の人格権を侵害する違法行為であることは多言を要しない」として、原告Xの人格権に対する侵害として構成している。なお、人格権の内容としては、一般的に他の裁判では、「性的自由、性的自己決定権」（名古屋高等裁判所金沢支部判決平成8年10月30日）をその内容として示している（最高裁判所第二小法廷判決平成11年7月16日、上告棄却・確定）。

先行事例に見るセクシュアル・ハラスメント

セクシュアル・ハラスメントについては、実質的な先例となったのは、いわゆる「福岡セクハラ事件」（福岡地方裁判所判決平成4年4月16日、『判例時報』1426号、49頁）である。上司により異性関係についての噂を流布されたこと等について、人格権の侵害であるとして不法行為を認定し、さらに会社の使用者責任を認めたものである。本判決の意義は、何といっても、セクシュアル・ハラスメントを包括的な人格権の侵害と捉え、保護すべき権利性のあるものとして位置づけたことである。

セクシュアル・ハラスメントの法理は、アメリカの公民権法第7編に規定されている雇用上の性差別に関する判例によって形成されてきたものである。アメリカにおいては、法的に救済されるセクシュアル・ハラスメントの形態としては、「代償型・対価型」(Quid Pro Quo Sexual Harassment)、「環境型」(Hostile Work Environment Sexual Harassment) に区分されている。つまり、前者のように、解雇、配置転換など不利益と引き替えに性的行為を要求するなど直接的な利害関係をもたらすものだけではなく、後者のような性的な言動を繰り返すことによって、職場の環境を悪化させ、相手にとって不快な状況をもたらす行為等を含むものとして理解されている。

前述の「福岡セクハラ事件」においては、直接セクシュアル・ハラスメントという言葉は用いていないが、基本的に、「環境型」のセクシュアル・ハラスメントを認めたものであり、その後の裁判によっても、セクシュアル・ハラスメントは、これらの枠組みで理解されている。

わが国においては、セクシュアル・ハラスメントは、刑事上の責任（強制わいせつ、侮辱罪、名誉毀損）が問われるほか、民事上の法的構成としては、加害者の不法行為責任（民法第709条）、使用者の不法行為責任（民法第44条第1項、第715条）の問題として扱われている。

事案から考える視点

1　事実認定の困難さ

本事案でも重要な争点となったが、セクシュアル・ハラスメントでは、密室で行われるなど、その事柄の性格上、第三者の証言が得にくいこともあって、事実認定の困難さが指摘される。本事案では、明確な証言の得られないことを理由に、被害者にとって厳しい事実認定となっている。

多くの裁判では、両者の主張を客観的な資料や関係者の証言、主張の一貫性や状況との整合性等を基に、供述等の信憑性を判断している。近年の裁判例を見ると、他の職員や友人の証言の他、供述の具体性や一般性、性被害に関する専門家の証言等を主張の裏付けとして活用するなどの工夫が蓄積されてきている。

2　セクシュアル・ハラスメントと違法性

セクシュアル・ハラスメントは、相手に不快な感情を与えるものを意味するが、これらの性的な言動がすべて違法となるものではない。裁判上、損害賠償責任を負うのかどうかという法律問題としては、違法性を判断するための基準がどのようなものであるのかということが問われる。本事案の判決では、「許される限度を超えており」「違法行為であることは多言を要しない」などの抽象的な説示にとどまっている。

セクシュアル・ハラスメントの違法性の判断基準には、特定の決定的な基準があるわけではないが、前述したいわゆる「金沢セクハラ事件」（名古屋高等裁判所金沢支部判決平成8年10月30日、上告棄却・確定）では、「その行為の態様、行為者である男性の職務上の地位、年齢、被害女性の年齢、婚姻歴の有無、両者のそれまでの関係、当該言動の行われた場所、その言動の反復・継続性、被害女性の対応等を総合的にみて、それが社会的見地から不相当とされる程度のものである場合には、性的自由ないし性的自己決定権等の人格権を侵害するものとして違法となる」と説明している。侵害された権利の被害の大きさ、侵害行為の悪質性等を総合的に判断するということである。

このことは、学校において、教師―児童・生徒・学生という権力関係の下で行われる場合には、その違法性はより強いものと判断されることを意味している。

11 子どもらの発する騒音に対し、近隣住民が騒音の発出を止めることを求めた事例

社会

学校などにおける児童生徒の活動に伴って、ブラスバンドの演奏、校内放送、運動会での子どもたちの発する歓声などについて、近隣住民から騒音であるとの苦情が学校に寄せられるということは、多くの学校で見られる問題である。

本事案は、市の指定管理者が管理する「こども文化センター」において、子どもらが発する声や物音が、騒音であるとして、近隣の住民が、一定限度を超える騒音が住民に及ばないよう求める旨の仮処分を申し立てた事例である。

事案の概要

本件の対象となったのは、Y市が昭和56年6月に設置したこども文化センターという施設である。同施設の目的は、Y市こども文化センター条例によれば、「児童に健全な遊びを与えて、その健康を増進するとともに情操を豊かにし、もって児童の健全育成を図る」ことにある。設置した当時、周辺には住宅はほとんどなく、緑の多い地域であった。Y市は、同施設に地方自治法第244条の2第3項に基づいて指定管理者制度を導入し、財団法人Zが本施設を管理している。

本施設は、年末年始を除き毎日開館し、午前9時30分から午後9時まで（日曜日・祝祭日は午後6時まで）使用されている。当初は、日曜日、月曜日、祝祭日は休館日であったが、平成9年9月からは月曜日も開館するようになり、平成15年4月からは休館日が廃止された。利用状況は、平成20年度の子どもの年間利用者数が3万6460人となっており、指定管理者であるZが管理する55館の中で第1位となっている。

一方、同施設に隣接する住宅に住む夫婦X1、X2（X1は会社員、X2は専業主婦）は、平成8年7月に当該住居の土地を購入し、同

年11月に住宅を新築し、同年12月に入居している。同施設の利用形態や利用実態については、夫妻の居住の前後を通じて特に変わってはいない。

夫妻は、平成9年頃から、Y市に対し、手紙や電子メールなどで、同施設の利用者が発する騒音について苦情を申し立ててきた。市は、これに対し必要と思われる措置をとり、その内容について夫妻に回答するなどしてきた。具体的には、平成18年7月には、夫X1から、「滑り台が撤去されれば、夫妻の問題は解決し、その他の施設の本件施設の利用に伴う児童らの声は仕方ないと考えている。本施設の利用禁止ということは考えていない」旨の電子メールがY市に送付されたことを受け、Y市は、こども文化センター運営協議会の了承を得て、指定管理者Zに滑り台の撤去を要請し、同年9月に滑り台が撤去されていた。また、指定管理者Zは、夫妻の要請を基に、プレイパークの利用を制限するなどした。

しかし、夫妻は、平成20年5月頃から再び、市長、担当課長、同施設館長らに文書、電子メール等で苦情を申し立てるようになった。これを受けて、夫妻と指定管理者の間で話し合いが行われたが、利用者団体との調整を図るべきとの立場をとる指定管理者Zと、あくまで具体的な措置を要求する夫妻との間で、議論は平行線をたどった。さらに、夫妻は、平成20年10月に市議会に陳情書を提出している（市議会は一度審議したが、その後審議されていない）。

本件は、夫妻が、利用者である子どもらの発する声や物音は騒音であり、夫妻に精神的損害を与えているとして、人格権に基づき、Y市と指定管理者Zに対し、一定限度を超える騒音を夫妻側に到達させてはならない旨の仮処分を申し立てた事案である（横浜地方裁判所川崎支部決定平成22年5月21日、却下（確定）、『判例タイムズ』1338号、136頁参照）。

判決の要旨

1 事案の主な争点

本事案の主な裁判上の主な争点は、①供用の差止め請求を容認すべき違法性があるかどうかを判断する場合に考慮すべき要素とは何かということ、②それらの要素に基づいて、本件の対象となっている施設が発生させている騒音が、受忍限度を超えていると判断されるのかということにある。

2 裁判所の判断

争点①（供用の差止め請求を容認すべき違法性を判断する場合に考慮すべき要素）については、最高裁の判例（最高裁判所第二小法廷判決平成7年7月7日）を引用して、営造物の供用が第三者に対する違法な権利侵害・法益侵害となり、その設置管理者において賠償義務を負うかどうかの判断に当たっては、①侵害行為の態様と侵害行為の程度、②被侵害行為の性質と内容、③侵害行為のもつ公共性ないし公益上の必要性の内容と程度を比較検討するほか、④侵害行為の開始とその後の継続の経過及び状況、⑤その間にとられた被害の防止措置の有無・内容・効果等の諸事情を総合的に考察してこれを決すべきであるとし、また、差止め請求を許容すべき違法性があるかどうかについて考慮すべき要素は、損害賠償を許容すべき要素とほぼ共通すると判じている。

争点②（本件の騒音が受忍限度を超えているのか）については、騒音の規制基準と考えられるY市公害防止等生活環境の保全に関する条例及び同条例施行規則によれば、同施設についての改善命令の発出の要件は「規制基準を超える騒音を出す場合で、当該指定外事業所に係る事業に伴って公害が生じているとき」とされており、規制基準は、当該夫妻の住宅する地域においては「午前8時から午後6時まで50デシベル、午前6時から午前8時まで及び午後6時から午後11時まで45デシベル、午後11時から午前6時まで40デシベル」とされている。

裁判所は、実際に騒音を測定した結果に基づいて、ほとんど連日午前8時から午後6時までの間、条例の規制基準である50デシベルを超えることが頻繁であり、夫妻に精神的苦痛を与えていることは否定できないとしながらも、前述の争点の第一の受忍限度の考慮要素について、以下のような判断を示している。

（ア）50デシベル台とは静かな事務室程度であり、子どもの声を騒音と感じるか否かは主観的要素が多いこと、（イ）夫妻の主張は、単なる精神的不快感を示すにすぎないともいえるし、精神的苦痛についてはこれを認めるに足る客観的な疎明資料がないこと、（ウ）同施設の目的が、子どもたちが遊ぶための機会を設けてその健全な育成を図り、自主性・創造性・協調性を養うことにあること、（エ）Y市は、夫妻の要求に応じて滑り台を撤去したり、プレイパークの利用について申し合わせをしたりするなどしており対応が不誠実であったとは言い難いこと。つまり、（ア）は侵害行為の態様と侵害行為の程度、（イ）は被侵害行為の性質と内容、（ウ）は施設の公共性・公益上の必要性、（エ）はこれまでにとられた被害の防止措置の有無・内容に該当する。

裁判所は、こうした要素を総合的に考察して、受忍限度を超えているとは認め難いとした（裁判所は、併せて、夫妻が同施設が設置された15年後に隣接地に居住するに至っているという事情も指摘している）。

事案から考える視点

裁判所は、本件についていくつかの考慮すべき要素を提示した。学校の管理運営に関連して、二つの点を指摘しておきたい。

1 受忍限度と公共性・公益性

本事案では、条例による規制基準を超える騒音が測定されながら、受忍限度を超えているとはされなかった。その主要な理由として、裁判所は「公共性ないし公益性上の必要性の内容と程度」をあげていることを指摘したい。

騒音が規制基準を超えていながらも受忍限度を超えていないと判断した理由として、公共性、公益性は重要な観点であると考えられる。学校は、楽器の音、部活動のかけ声、校内放送、運動会での歓声など「騒音」に溢れている。学校における教育活動は、通常、一定の公共性、公益性を備えているものと考えられるが、単に慣例として行われていたり、必ずしも教育上の意義が明確でない場合もあろう。近隣からの苦情が予想される活動については、当該活動や事業の教育上の意義や役割を明確にしておくことが求められる。

2 自治体等の誠実な対応の必要性

また、裁判所は、「その間にとられた被害の防止措置の有無・内容・効果等」を考慮すべき要素としてあげている。本事案では、Y市等は、一方的に夫妻の要求を拒否したのではなく、夫妻の要請に基づいて、施設や運用の改善を図ったり、また、夫妻が施設の運営方法の決定を行う運営協議会に参加することを支援するという提案を行うなど、誠実に対応した経緯が判断の要素の一つとなっていることに留意する必要がある。

12

経営

通信表修正に関する職務命令違反、通信表を持ち出した守秘義務違反が問題とされた事例

校長が、教諭による児童生徒の学習評価について変更を命ずることは、どの程度許されるのか。また、教員の守秘義務の内容とはどのようなものであるのか。

本事案は、通信表所見欄の修正を命じた校長の職務命令に従わなかったこと、また、校長に無断で通信表を校外に持ち出したことを理由に懲戒処分を受けたことについて、教員が処分の取り消し等を求めた事例である。

事案の概要

公立小学校の教諭であった原告Xは2年生の担任であった。平成17年9月8日に、同校の教頭は、校長の指示に基づき、朝の打ち合わせ会において、学級担任全員に対し、通信表の下書きを提出するように求めた。同月29日の職員会議において下書きの提出期限は10月3日、下書きの添削を踏まえた通信表原本の提出は同月5日とされた。

Xは、担任している児童21名の通信表について清書した原本を作成した旨報告したのみで、下書きを提出しなかった。そこで、校長らは10月4日にXに対し、通信表の下書きを提出するよう指示する文書を交付した。Xは、同日中に、教務主任へ、通信表の原本とそのコピーを提出した。校長らは、それらを点検し、同月5日に、修正を求める部分や内容について文書を作成しXの机上に置いた。

また、6日に校長らは、修正した通信表を教頭に提出するよう指示した文書を作成し、Xの机上に置くとともに、校長室でXに、下書きの提出および修正の指示に従うよう指導した。これに対しXは、修正の必要がないことを説明したうえで、最終的に

は1名の児童の通信表を書き直し、もう1名の児童の通信表には、「暈かす」にルビ（ぼかす）をふって、教頭に提出した。校長らは、修正が不十分であるとし、再度修正を指示した文書をXの机上に置いたが、Xは従わなかった。校長は、自ら修正し、認印を押した通信表を児童に交付した。

Xは、同年10月5日に、校長らの許可を得ずに、本件通信表を校外に持ち出し、コピーを作成し、児童の氏名等を消さないまま、県教職員組合の書記長に交付した。同書記長は、県教育委員会の教職員課を訪れ、そのコピーを同課職員に示したものである。県教育委員会は、Xに対する懲戒処分の是非を検討するため、教育事務所長、町教育委員会教育長らを立会人として、Xに対し事情聴取を行った。

県教育委員会は、平成18年6月に、通信表を作成するに当たり、下書きの提出、記載内容の変更を求める職務命令に従わなかったこと（懲戒事由1）、そして、無断で通信表のコピーを校外に持ち出したこと（懲戒事由2）を理由として、地方公務員法第29条第1項第1号及び第2号並びに県費負担教職員の任免、分限及び懲戒に関する条例に基づいて懲戒処分（戒告）を行ったものである。

Xはこれを不服として、県人事委員会に対し不服申立てを行ったが、平成20年3月不服申立てを棄却する裁決を受けたため、同年9月に提訴したものである（仙台地方裁判所判決平成23年1月20日）。

判決の要旨

1 事案の主な争点

本裁判の主な争点は、①原告が校長により発せられた通信表の下書きの提出及び記載内容の修正を求める職務命令に従わなかったことが懲戒事由に該当するのかということ、②原告が、校長らに無断で通信表のコピーを持ち出したことが守秘義務違反に該当するのか、ということにある。

2 裁判所の判断

争点①について、裁判所は、校長は、児童の教育について最終的な責任を負い、個々の教師の教育指導についても、その職務の遂行が法令や学校において定める教育方針に反しないよう総括的に監督するとともに、その権限を行使するために必要かつ相当な範囲で職務命令を発することができるとしたが、その一方で、校長の職務命令が無制限に認められるわけではなく、教師の教育の自由との関係において制約される場合があるとしている。そのうえで、本件の職務命令を、ア：国語的な使用に照らして誤りや不適切を指摘するもの、イ：記載内容が保護者に伝わりにくい表記、表現の修正を求めるもの、ウ：その他、に区分してその適否を検討している。

職務命令の内容を示すと、アに関しては、「台詞」「訊く」等が常用漢字でないことを理由に、ルビを振るか、常用漢字に修正するように、イに関しては、水族館における校外実習での子どもの様子について、鮫の稚魚を「握り締める」と記載したところ、「さわる、触れる」に修正するように、ウに関しては、「理解を深めたようです」との記載を「理解を深めました」とするよう修正を求めている。裁判所は、これらについて、子どもの学習権を充足するという目的に照らして合理的な手段、方法であるとはいえないとした。

争点②に関しては、原告は、通信表のコピーを無断で持ち出したことについて、民法上の緊急避難（民法第720条第2項）もしくは正当な権利行使であるとして違法性が阻却されると主張したが、侵害される利益は、児童がみだりに通信表の記載内容を他人に知られないという第三者の利益であると考えられるから、緊急避難の成立する余地はないとした。また、正当防衛（民法

第720条第1項）の点からは、原告が県教職員組合の書記長に通信表のコピーを交付する緊急性、必要性はないとしている。さらに記載部分の全部をコピーした点について、違法な権利侵害に対抗する手段として、必要な限度を超えて不相当なものであるとした。

裁判所は、懲戒処分の適否を審査するに当たっては、懲戒事由と認められる行為の原因、動機、性質、結果などの諸般の事情に照らして、社会通念上著しく妥当性を欠き、裁量権を濫用したと認められる場合に限り違法であると判断されるとした（最高裁第三小法廷判決昭和52年12月20日を引用）。

そのうえで、争点①については裁量権の濫用にあたる可能性も否定できないとしたが、争点②について、通信表に記載された情報（特に成績の評価等）は、プライバシーとして保護する必要が高く、信頼関係が損なわれ、健全な成長発達を阻害することにもつながり得るから、守秘義務違反の性質及び結果は重大であるとした。そして、「戒告」が最も軽い処分であると考えれば、本件処分は適法であると判じたものである。

事案から考える視点

1　教師の教育の自由と管理職の職務命令

本件において、裁判所は、一般的な公務員関係と区別して、教師は、教育の本質に照らしてその自主性が尊重されるべきであるとの立場を明らかにしている。つまり、「通信表所見欄に児童の学習状況や生活状況を記載する権利ないし自由」は、不当な上司の職務命令や公権力の行使から法的に保護されるべきものであるとの考えである。そして、当該職務命令は「子供の学習権を充足するという目的に照らして合理的な手段、方法であると認めるに足りない」としているのである。

しかし、その一方で職務命令については、「行政の統一性、能率性と公務員関係の秩序維持の見地から、職務命令は、一応適法の推定を受け、受命公務員を拘束する力を有する」（東京高等裁判所判決昭和59年5月8日）とする考え方も有力である。

2　教師の守秘義務と生徒のプライバシー

地方公務員法上の「職務上知り得た秘密」（同法第34条）とは、当該職員の「職務に関する秘密」を意味するだけでなく、職務に伴って知り得たすべての秘密を意味する広い概念である。

守秘義務が課される理由は、ⓐ公務の公正、民主的、効率的な運営の確保という側面と、ⓑ行政の保有する個人情報の保護の側面からの要請によるものである。本事案では、後者の側面から、生徒の成績等の情報は、保護する必要性が特に高いとされているが、実務においては前者の側面にも留意する必要がある。

なお、公務員の守秘義務違反は、懲戒処分の対象となっているだけでなく、刑事罰の対象ともなっている。平成22年に発生した尖閣列島沖での中国船衝突事件における映像流出事件において公務員の守秘義務が問題となった。このことについては、刑事罰をもって禁止するには国家機関が形式的に「秘」扱の指定をしただけ（形式秘）では足りず、①一般的に知られていない事項であり、②実質的にも秘密として保護するに値するもの（実質秘）とされていることを付言しておく（最高裁判所第二小法廷判決昭和52年12月19日。『判例タイムズ』357号、214頁）。

〈補録〉映像をインターネット上に流出させた元海上保安官は、起訴猶予処分となった。

13

筋ジストロフィーの生徒の公立高校への入学不許可が問題とされた事例

障害のある生徒が、特別支援学校ではなく、多くの仲間とともに、高等学校で学びたいという希望をもったときに、依然として高校入試は大きな壁である。

本事案は、筋ジストロフィーの生徒が、高等学校の全課程を履修する見込みがないとして高等学校入学者選抜で不合格とされたことについて、不合格処分の取消し等を求めた事案である。

事案の概要

原告Xは、公立中学校3年生であった平成3年3月に、兵庫県尼崎市立Z高等学校への入学を志願し、学力検査（いわゆる入学試験）を受けた。しかし、調査書の学力評定、学力検査の合計点においては、受験者中上位の10％以内に入っていたが、進行性の筋ジストロフィーであったため、高等学校の全課程を修了する見込みがないと判定され、入学不許可の処分を受けたものである。

入学者の選抜を行う合否判定委員会では、判定資料A（調査書中、学習の評価の記録中の第3学年の国語、社会、数学、理科、英語の5教科の評定及び、音楽、技術、保健体育、技術・家庭の4教科の評定を一定の割合で総和し、500点満点で処理したもの）、判定資料B（調査書中、各教科の学習の評定の記録以外の諸記録を総合したもので、「身体の記録」も含まれる）、判定資料C（学力検査における国語、社会、数学、理科、英語の5教科の得点の総和で500点満点）の三つの判定資料によって、入学者の選抜を行っていた。

合否判定にあたっては、調査書の学力評定（判定資料A）と学力検査の成績（判定資料C）の比重が同等になるようにして合否を判定する。その際に本件で問題となっている判定資料Bは参考として用い、総合判定になるよう留意するものとされ、また、特別活動、部活動等の記録において顕著な内容がある場合には各高等学校の特性に応じ、特別に取り扱ってもよいとされていた。

合否判定委員会では、Xについて、判定資料Aと判定資料Cの合計点では合格ラインに達していたものの、判定資料Bや診断書、校医の意見、原告の疾病の特性、障害の程度、学校の受け入れ態勢等を教育的見地から総合判断した結果、全員一致でXの身体的状況が高等学校の全課程を無事に履修する見通しがないものとして不合格と判定したものである。

これに対し、原告Xは、この不合格の処分は、身体的障害を唯一の理由としたものであり、憲法第26条第1項及び第14条、教育基本法第3条第1項などに違反し違法であるとして、その取消しを求めるとともに、国家賠償法第1条第1項に基づき、尼崎市に対し、慰謝料の支払いを求めたものである（神戸地方裁判所判決平成4年3月13日、『判例タイムズ』780号、141頁）。

判決の要旨

1 事案の主な争点

裁判上の主な争点は、不合格とした学校側の処分が、校長の有する入学許否を判定する裁量権の範囲内にあるのかどうかということにある。換言すれば、不合格の判定の前提となった、原告の身体状況等が高等学校の全課程を修了する見通しがないといえるものであるという認定が、裁量権の逸脱・濫用にあるのかという問題として提起される。

2 裁判所の判断

平成3年度について、兵庫県教育委員会は、文部省初等中等教育局長通知（昭和59年7月20日文初高283号）にのっとり、「平成3年度兵庫県公立高等学校入学者選抜要綱」（以下「要綱」）を定めており、Z高等学校の入学者選抜は、この要綱に基づいて実施された。

はじめに、校長の入学許可の判定における裁量権について述べる。裁判所は、法令、文部省通知等に特に具体的な定めがないことから、入学許否の処分、入学選抜の方法について校長の裁量的判断に任されているとした。判定資料Bを判定に用いることについても、法令に特に規定がないこと、文部省通知で学習評定以外を積極的に活用すべきことに言及しており、要綱でも判定資料Bを参考資料として用い総合判定となるよう留意するとしていることをあげて、合否判定の資料としての扱いは校長の裁量に委ねられているとしている。

しかし、そのうえで、次のような場合には、違法となる場合があると指摘している。つまり、憲法その他の法令から導き出される諸原則に反する場合には違法となること、また、要綱自体は手続きに関する内部的準則に過ぎないからそれに反する手続きによって入学許否の処分を行っても直ちに違法となるものではないが、それに著しく違反する場合には裁量権の逸脱・濫用として違法となること、そして、処分が事実誤認に基づいたり、その内容が社会通念に照らして著しく不合理であった場合にも、裁量権の逸脱・濫用として違法となるとしている。

次に、原告の身体状況等が高等学校の全課程を修了する見通しがないとした校長の認定が裁量権を逸脱・濫用するものであるのかということについて述べる。裁判所は、この判断が事実に基づかない場合は、もちろんであり、前提となる事実を評価するに際して、教育的裁量の側面だけを重視し、日常経験的、医学的な側面を軽視するなど評価過程に著しい不合理がある場合にも、事実誤認があるということができるとした。

そのうえで、裁判所は、①原告は、中学校では、母親の介護、学校側の施設の改善や教室の割り当ての配慮などによって、無事に3年間の課程を修めていること、②過去にZ高等学校は、筋ジストロフィーの生徒を受け入れた実績があり、学校側の配慮や教員、生徒の協力を得て無事に卒業していること、また、そのため、車いすのための設備が備わっているなど必要最小限度の受け入れ態勢が整っていること、③筋ジストロフィー症の専門の臨床医により、高等学校3年間の就学が可能であるとの診断書があることなどを総合すれば、原告が、高等学校の全課程を履修することは十分可能であるとしている。

裁判所は、これらを基に、学校側の判断は、その判断の前提となる事実又は評価において重大な誤りをしたもので、校長に裁量権の逸脱又は濫用があったとし、処分の違法性を認めている。また、国家賠償法第1条第1項により、違法な処分による精神的苦痛に対する慰謝料100万円の支払いを命じている（一部認容・確定）。

事案から考える視点

1 障害者受け入れに対する学校の意識

憲法第26条は、すべての国民に能力に応じてひとしく教育を受ける権利を保障しており、憲法第14条や教育基本法を基にすれば、障害のある児童生徒であっても、独立した人格の主体として、健常児と同様に、学習し発達する権利が保障されている。

障害のある児童生徒のすべてが高等学校で教育を受けるべきであるとの考えに立つものではないが、本件のように、本人が高等学校への進学を強く希望し、実態としても入学できる学力や条件を備えている場合に、障害があるということだけを理由にその機会が奪われることはあってはならない。

その一方で、障害のある生徒を高等学校へ受け入れることについては、十分な施設設備の整備、人的配置が確保されない場合には、学校側は、事故等の発生と、その責任が問われることをおそれ、また、教職員の負担が過重となることから、受け入れに慎重になることは十分に予想される。

裁判では、校長の裁量権の濫用・逸脱の問題として論じられるのであるが、この背景には、施設設備、人的配置などの裏付けの問題がある。障害者に対する学校側の意識や自覚を問うだけでは、本質的な問題の解決にならないことを改めて指摘しておきたい。

2 権利保障のための個別具体的改善を

高等学校の入学者選抜は、その教育を受けるに足る能力、適性等を判定して行うものであることは変わりはないが、この事件の後に発出された文部事務次官通知「高等学校の入学者選抜について」（平成5年2月22日文初高第243号）では、「身体に障害のある生徒については、単に障害があることのみをもって高等学校入学者選抜において不合理な取扱いがなされることがないよう、選抜方法上の工夫など適切な配慮を行うこと」とされた。

さらに、文部省初中局長通知（平成9年11月28日文初高第243号）では、「障害のある者については、障害の種類や程度等に応じて適切な評価が可能となるよう、学力検査の実施に際して一層の配慮を行うとともに、選抜方法の多様化や評価尺度の多元化を図ること」と、一歩進めた対応を求めている。学力検査を実施する教育委員会、学校の側には、障害のある一人一人について、その学習権を保障するために、どのような対応ができるのか、具体的に検討することが求められている。

14 柔道の部活動中の事故により、顧問教諭の注意義務違反が問われた事例

平成24年度から、中学校の保健体育では武道が必修化された。柔道を取り入れる学校も少なくないと思われるが、学校管理下での柔道による死亡・障害事故も数多く報告されており、学校側として十分な対策をとることが求められる。

本事案は、高校の部活動による事故で、遷延（せんえん）性意識障害、植物症状態となったことについて、部の顧問教諭らが生徒に対する注意義務違反があったとして、損害賠償を求められた事例である。

事案の概要

原告である埼玉県立A高等学校の1年生の女子生徒Xは、平成14年4月に高校入学する以前に柔道経験はなく、初心者であった。柔道部には、はじめマネージャーとして入部したが、その後、選手として活動するようになった。柔道部では、平日の放課後及び土曜日に1日2時間の練習を行っていた。

Xは、7月27日から31日まで県下11校の高校等が参加する夏期合同合宿に参加しており、柔道部の顧問教諭であるY1教諭とY2教諭も合宿に参加し、Y1教諭は、部員とともに宿泊していたが、Y2教諭は自宅から通っており夜間は不在であった。

Xは、合宿の最終日の立ち技乱取り練習に参加し、Y2教諭に投げられて背中から落ちた後、自力で立ち上がることができなくなった。その後、意識不明の状態に陥ったため、Y2教諭は救急車を呼び、病院に搬送した。急性硬膜下血腫と診断され、手術を受けたが、術後、遷延性意識障害になり、植物症状態となって、平成17年11月28日に改善する見込みが著しく低く、症状固定と診断された。

原告側は、顧問教諭らには、生徒に対す

る注意義務違反、校長には教諭らに対する監督義務違反があるとして、学校設置者である埼玉県を相手に、国家賠償法第1条第1項に基づき損害賠償を求めたものである。

第一審は、教諭らの合宿以前の指導及び合宿に参加させたことについての過失、合宿中の健康管理についての過失、柔道部内の健康管理体制についての過失等を否定し、原告の請求を棄却した（さいたま地方裁判所判決平成20年3月26日）。原告は、判決を不服として控訴したものであり、本稿は、その控訴審判決である（東京高等裁判所判決平成21年12月17日、確定。『判例時報』2097号、37頁）。

判決の要旨

1　事案の主な争点

裁判上の主な争点は、教諭らの注意義務違反である。

具体的には、第一には、指導に当たる者に求められる注意義務の内容とはどのようなものであるのかということ、つまり、事前の指導、合宿中の健康管理、部内の健康管理はどのような責任が求められるかということである。第二には、28日の時点ですでに頭部を打撲したことやその後の状況からXの頭蓋内に軽度の急性硬膜下血腫が発生しており、それにより重大な結果が生ずることを、教諭らが予見できたのかどうかということにある。

2　裁判所の判断

裁判所は、まず、最高裁判例（最高裁判所第二小法廷判決平成18年3月13日）を引いて、教育活動の一環として行われる学校の課外のクラブ活動（部活動）は、担当教諭は、できる限り生徒の安全に関わる事故の危険性を予見し、その予見に基づいて事故の発生を未然に防止する措置をとり、部活動中の生徒を保護すべき注意義務があることを確認している。

そのうえで、さらに、柔道における注意義務の内容についても、同様に最高裁判例（最高裁判所第一小法廷判決平成9年9月4日）を引いて、柔道の練習には本来的に危険が内在しているから、柔道の指導にあたる者は、柔道の試合または練習によって生ずるおそれのある危険から生徒を保護するために常に安全面に十分な配慮をし、事故の発生を未然に防止すべき一般的な注意義務を負うことを確認している。

こうした前提のうえで、裁判所は、第一の争点について、文部省が示した『学校体育実技指導資料第二集　柔道指導の手引き』（昭和57年刊。その後、改訂されている）に準拠した指導等が求められるとしている。

柔道の指導内容は、中学校、高等学校とともに、技能に関する内容と態度に関する内容で構成されており、そのうち、技能に関する内容は、基本動作、対人的技能、試合で構成される。

柔道の学習過程では、一般的に、基本動作、特に受け身を学習し、次いで、相手を制するための対人的技能を身に付け、自由練習や試合に発展させることが重視される。しかし、初心者を対象とした場合には、基本動作や対人的技能を学習した後で、その技能の習得の程度に応じた試合を計画することが基本的動作や対人的技能を効果的に学習するうえからも、けがの防止の面からも望ましいとしている。

つまり、柔道の特性を踏まえるとともに、生徒の技能習得の程度に応じて適切に工夫することが重要であるとしているのである。また、女子の指導にあたっては、男女の体力差が大きく、筋力の弱い女子の場合、投げられた時のための受け身を十分に練習させることが重要であるとしている。

なお、判決文では、『柔道指導ハンドブック（第5版）』（昭和62年刊）における柔道における事故防止の留意点について引用していることを付言しておく。

第二の争点については、前提となる事実認定が重要な争点となっていた。意識不明となる前の段階で、Xが頭部に障害を抱えていたことを教諭側が認識していたかどうかということである。このことについて、控訴審は、次のように事実関係を整理している。

つまり、すでにXは28日の乱取り中に頭部を打撲し、頭痛があり、嘔吐していた（28日の段階で、架橋静脈に比較的小さな裂け目が生じ、軽度の急性硬膜下血腫を発症したことにより頭痛、悪心の症状を呈した）。29日には頭痛、体調不良を訴え、教諭らは、その報告を受けていた。30日には朝食を食べて嘔吐し、昼食を食べたが、夕食は食欲がなくあまり食べることができなかった。31日には頭痛が続いて休んでいたが、その後、Y2教諭と立ち乱取り練習を行い、体落としで投げられたことにより、伸展した状態にあった架橋静脈が破裂し、重篤な急性硬膜下血腫を発症した、と事実を整理している。

このような事実認定を基に、教諭らの予見可能性について、教諭らは、頭部の打撲があり、頭痛、悪心の訴え、嘔吐の事実を把握していたのであるから、軽度の病変が生じている可能性を容易に認識することが可能であり、これによって重大な結果が生じることも予見可能であったとした。直ちに練習をやめさせて医師の診察を受けさせるべきであったとしているのである。

事案から考える視点

1 課外の活動と正課の活動

本事案では、第一審と第二審で、裁判所の判断が逆転しているが、本事案に限らず、柔道事故において、裁判所は、その判断に苦労している様子がうかがえる。この背景には、相手の防御を崩して攻撃を行うという柔道の特質がある。死亡、重度障害などの被害の救済を図ることを追求すれば、その一方で、柔道を担う教諭の指導が萎縮する、ひいては学校教育における柔道自体が成立しなくなるおそれがあるからである。裁判官にとっても、判断の難しい領域である。

本事案は、課外活動である部活動に関するものであるが、判例によれば、課外の活動が本来生徒の自主性を尊重するものであり、「何らかの事故の発生する危険性を具体的に予見することが可能であるような特段の事情のある場合は格別、そうでない限り、顧問の教諭としては、個々の活動に常時立ち会い、監督すべき義務までを負うものではない」（最高裁判所第二小法廷判決昭和58年2月18日）とされている。しかし、柔道の場合には、事故の発生する危険性が高いことから、乱取りなどの活動は、「特段の事情」にあたると考えられ、高い水準の責任が求められる。

また、学習指導要領改訂により正課として柔道等が必修となったことから、保健体育の担当教諭には、常時立ち会って監督することはもとより、より高い水準の注意責任義務が求められると考えられる。

2 習熟への配慮、指導プロセスの確保等

過去の裁判事例では、技能の習熟の程度の低い生徒に対する指導において学校側の責任が認められる傾向にあり、本事案でも被害生徒の習熟の程度が問題とされた。中学校において必修として行われる柔道では、素人である生徒には、事前に受け身の指導を十分に行うなど指導プロセスを確保し、大きな事故となる危険性の高い技は十分な管理の下に行い、生徒に異変が窺われる場合には医師の診断を仰ぐなどの対応が求められる。

また、必修化に伴い、女子の指導についても、その体力の実態に応じた指導が求められる。

15

事故・事件

校庭開放中に幼児が事故で死亡した事件において設置管理者の責任が問われた事例

付近に適当な公園や空き地がないとき、広々とした学校の校庭は、地域住民や子どもたちにとって、貴重な空間である。しかし、開放中の校庭で事故が起きた場合には、学校や自治体の責任が問われることがある。

本事案は、保護者に連れられて、中学校の校庭で遊んでいた幼児が、倒れたテニスコートの審判台の下敷きとなって死亡した事件で、学校設置者が審判台の設置管理に瑕疵（かし）（欠点のあること）があったとして、損害賠償を求められた事例である。

事案の概要

Y町立Z中学校の校庭は、一般人の出入りを妨げる門扉などは設けておらず、近所の子どもや家族連れなどの遊び場として利用されていた。

5歳の幼児Aの保護者Xは、昭和56年8月14日の午後4時過ぎに、弟や甥、子のAを連れて、Z中学校に赴き、弟や甥らとテニスコートでテニスをしていた。Aは、その間、球拾いや校庭を走り回るなどして遊んでいたが、午後4時30分頃、テニスコートに置かれていた審判台に昇り、座席の鉄パイプを握って後部から降りようとした際、審判台が倒れたため、仰向けのまま審判台の下敷きになった。Aは、後頭部を地面に強打し、直ちにXらによって病院に運ばれたが、脳挫傷により死亡したものである。審判台は、その重心が特に後部に偏っていたわけではなく、審判台が設置されてから20年余の間、人身事故が発生したことはなかった。校庭の土は、通常の校庭の状態であった。

Xは、町に対し、審判台の設置・管理に瑕疵があったとして国家賠償法第2条第1項に基づいて損害賠償を求めたものである。

第一審は、審判台は、本来の使い方で使用した場合の安全性にとどまらず、子どもが審判台に昇って遊ぶことも予測できたのだから、転倒しない程度に安定したものを設置するか、使用時以外は片付けるなどの措置を講ずるべきであり、その設置管理に瑕疵があったとし（Xの側にもテニスに熱中し、子どもの監視監督を怠る過失があったとしている）、町側の責任を認め、Xの請求を一部認容した（仙台地方裁判所判決昭和59年9月18日）。

第二審判も、基本的に、第一審を支持し、Yの設置管理に問題があるとした（仙台高等裁判所判決昭和60年11月20日）。この事件は、その後、最高裁に上告され、本事案は、その上告審判決である（最高裁判所第三小法廷判決平成5年3月30日、破棄自判。『判例タイムズ』856号、197頁）。

判決の要旨

1　事案の主な争点

国家賠償法第2条は、公の施設・設備等の設置・管理に瑕疵があったために他人に損害が生じた場合には、国及び地方公共団体は賠償の責任に任ずると規定している。公務員の加害行為に基づく損害賠償責任について規定した国家賠償法第1条は、その責任が認められるためには、公務員に「故意又は過失」（過失責任）があることが必要とされる。

その一方、本事案で問題となっている同法第2条に定める営造物の設置・管理の瑕疵は、無過失責任であるとされている。しかし、この無過失責任とは、相手に損害が生ずれば、すべて責任を負うという結果責任を意味するものではない。第2条でいう瑕疵とは、「通常有すべき安全性を欠いていること」（最高裁判所第一小法廷判決昭和45年8月20日。『判例タイムズ』252号、135頁）をいうとされている。

本事案の第一の争点は、このことに関わって、テニスコートの審判台が、通常有すべき安全性とはどのようなものであるのかということにある。つまり、「本来の用法」において安全が確保されればよいのか、それとも幼児が審判台をジャングルジムのようにして遊ぶなどのことまで想定することを含んで安全性が確保されることが求められるのかという点である。

第二には、第一の争点に関わって、学校設置者等が負うべき責任の限度とはどのように理解されるのかということである。換言すれば、校庭の利用者の側の責任は、どうであるのかということである。

2　裁判所の判断

最高裁判所は、まず判例（最高裁判所第三小法廷判決昭和53年7月4日等）を引いて、通常有すべき安全性を欠くか否かの判断は、「当該営造物の構造、本来の用法、場所的環境及び利用状況等諸般の事情を総合考慮して、具体的、個別的に判断すべきである」ことを確認している。

そのうえで、第一の争点について、「本来の用法に従った使用を前提とした上で」、危険発生の可能性があるか否かを判断すべきであるとした。つまり、審判台を本来の用法に従って使用する限り転倒の危険性のある構造ではなく、過去20年余において中学校の生徒が使用して全く事故がなかったことは、それを裏付けているとしているのである。

第二の争点について、最高裁判所は、設置管理者の負うべき責任とは、本来の用法において安全であるという限度において負うべきものであるとしている。つまり、これを超えて通常予測し得ない異常な方法で使用しないという注意義務は、利用者である一般市民の側が負うものであり、幼児が異常な行動に出ないように注意する義務は、第一次的にその保護者にあると指摘している。

このような判断の下に、最高裁判所は、本事件は、審判台の安全性に起因するものではなく、幼児Aの異常な行動に原因があったとして、国家賠償法第2条第1項による町側の責任を否定し、Xの請求を棄却している。

事案から考える視点

1 学校開放への最高裁判決の示唆

本事案で、最高裁は、第一審・第二審の判断は、解釈適用を誤っているとして破棄しているが、その判決の中で、単に営造物の設置・管理の瑕疵についての判断の問題を指摘するだけでなく、その背景となる学校開放の在り方について次のように述べている。「公立学校の校庭が開放されて一般の利用に供されている場合、幼児を含む一般市民の校庭内における安全につき、校庭内の設備等の設置管理者に全面的に責任があるとするのは当を得ないことで有り、幼児がいかなる行動に出ても不測の結果が生じないようにせよというのは、設置管理者に不能を強いるものといわなければならず、これを余りに強調するとすれば、かえって校庭は一般市民に対して全く閉ざされ、都会地においては幼児は危険な路上で遊ぶことを余儀なくされる結果ともなろう」と述べているのである。最高裁判所は、学校側、市区町村の側が、学校開放に伴う責任を回避しようとするあまり、学校を一般市民から無用に閉ざしてしまわないかという危惧を示しているのである。学校、自治体の側は、この指摘を、もう一度確認してもらいたい。

2 校庭開放における学校・自治体の責任

しかしながら、その一方で、本判決は学校・自治体の側の責任をすべて免罪したものと理解してはならない。国家賠償法第2条の規定は、原則的に無過失責任であり、本来の用法に従っても危険性が認められる場合、設置管理者として危険性が通常予測し得たものについては、責任が問われることとなる。最高裁は、児童公園で遊んでいた3歳の幼児が、隣接したプールの金網を超えてプールに入り、溺死した事件について、プールが児童公園に隣接し、金網が幼児でも容易に超えられる構造であったこと、また、幼児のそのような行動が予測可能であったとして設置管理者の責任を認めている（最高裁判所第一小法廷判決昭和56年7月16日。『判例タイムズ』452号、93頁）。「当該営造物の構造、本来の用法、場所的環境及び利用状況等諸般の事情を総合考慮して、具体的、個別的に判断」されるものであることをあらためて指摘しておきたい。学校、自治体としては、一つ一つの構造物、設備等について、その安全性を丁寧に確認することが求められていることに変わりはないのである。

3 自治体の開放の努力と利用者の責任

各学校においては、一般に、不審者への対応の必要から、児童生徒が登校する授業日においては、校舎、校庭への一般市民の立ち入りを制限している。

しかし、その一方で、「校庭開放に関する規則」等を整備し、校庭の開放に努めている学校も少なくない。開放を行う施設や時間帯を限定したり、施設管理や利用者の指導、事故防止等に従事する「学校開放指導員」を任用するなどして、安全を確保しながら学校開放を推進している自治体もある。ただ、一旦事故が発生すると、設置管理者の責任が問題とされる傾向にあることも事実である。利用者の側も相応の責任を負うものであることを、地域住民や保護者とともに確認するうえでも、学校開放に関する規程の在り方を十分に検討する必要がある。

16

経営

学校行事で受け取った祝い金が、市への寄附に当たらず、その支出は校長の裁量に委ねられているとされた事例

本事案の第一審では、学校行事で受け取った祝い金は市の収入に当たるとして、校長が市の会計に計上せずに支出したことについて、校長に対する不当利得返還請求を一部認めた。しかし、第二審は、第一審の判断をくつがえし、祝い金は公金に当たらず、その支出は校長の裁量に委ねられるとし、その後、最高裁が上告審として受理せず、確定している。

本事案は、祝い金の慣行の是非の問題にとどまらず、寄付文化の醸成など重要な視点を含んでいると思われる。

事案の概要

F市は、平成15年度から祝い金の収受を廃止したが、それまで、市立A中学校では、学校行事に参加者が持参した祝い金を、市に対する寄附金として取り扱わず、校長がそれらの祝い金を受領し、管理し、その裁量によって支出していた。

具体的には、A中学校のY校長は、平成14年4月に入学式祝い金として、9月には体育祭祝い金として、平成15年3月には、卒業式祝い金として、合計37万2千円余を受領した。校長は、前年度からの繰越金と一括して57万8千円余を管理し、備品の購入、協議会等の費用、茶菓子代、学年運営費、卒業証書代書料、樹木剪定業務代金などに充てていたものである。

これに対し、住民である原告Xは、校長Yは、祝い金を市の会計に計上しないまま支出し、市に損害を与えたとして、主位的に、地方自治法第242条の2第1項第4号ただし書により、市に対して校長に賠償の命令をすることを、予備的に、地方自治法第242条の2第1項第4号本文により、市に対して校長に不当利得返還の請求をすることを求めて住民訴訟を提起した。

これに対して、F市側は、祝い金は、公金

たる寄附金ではなく、学校長に対する社会的儀礼金である旨主張したものである。

第一審では、祝い金は、会計上、A中学校に対する寄附金に当たり、市の収入とすべきものであるとし、また、祝い金受領後に、その金品をいかなる目的に使用しているかは、祝い金の性格を左右するものではないとした。また、校長は、法令の規定により祝い金を管理・使用していたものではなく、事実上保管・使用したにすぎないので、地方自治法第242条の2第1項第4号ただし書により賠償命令の対象となる者には当たらないとした。その一方で、祝い金は、民法第703条の規定する「他人の財産」に当たり、本来市の財産である祝い金を支出に充てたことにより、市の財産である祝い金から、それに相当する額の利益を得たとして、社会通念に照らして、支出の一部（8万8千円余）が損失に当たるとして、市が校長に対して不当利得返還請求をすべきことを認めている（千葉地方裁判所判決平成20年1月25日。『判例タイムズ』1281号、213頁）。

第二審（本裁判）では、祝い金を市に対する寄附金と認めることはできないとして、第一審判決の市側の敗訴部分を取り消している（東京高等裁判所判決平成20年6月25日）。この事案はその後、最高裁の上告不受理の決定により確定している（平成21年5月26日決定）。

判決の要旨

1 事案の主な争点

本事案の最大の争点は、第一には、学校が地域住民や保護者等から受領した祝い金が、公金に繰り入れるべき寄附金に当たるのかどうか、第二には、公金でないとすれば、法的にどのような性格のものとして捉えられるのかということである。

第二の争点は、当然に、その結果、校長による保管・使用の在り方にも影響を与えることになる。

2 裁判所の判断

第一の争点について、裁判所は、①祝い金が、入学式等の参加者から校長である個人に交付され、その金額も、一人3千円または5千円であったこと、②祝い金を拠出した者の意思は、その使途を、授業、教師間の交流、その他学校運営をより適切に行うために必要な経費として支出してほしいというものであること、③祝い金の使途は、学校運営に資するものに限定されるならば、何がA中学校の学校運営に資するのかについての判断は、校長の職にある者の裁量に委ねる趣旨であったとし、これらを市の一般会計に計上して、その予算として市議会の承認等の手続を経て支出されるべきものとする趣旨を含むものではなく、結論として、本件の祝い金を、市への寄附金と解することはできないと判じている。つまり、祝い金の公金としての性格を否定しているのである。

なお、裁判所は、Xが援用した裁判事例（浦和地方裁判所判決昭和53年3月6日）では浄水場の落成式の祝い金を公金と判断したことに触れて、受領主体、使途の限定状況等をあげ、本事案と性質が異なると指摘し、公金に当たるかどうかは事例に即して判断する必要があることを示唆している。

第二の争点について、祝い金が公金としての性格を有しないとすれば、祝い金はどのような法的性格を有するのであろうか。第二審は、このことについて、祝い金は、①受領主体は校長の職にある個人であり、②受け取った金銭は、当該中学校の運営に資する使途に使用すべき負担を付した贈与と解するとしている。つまり、祝い金を贈った者の意思や、校長の管理の下に学校関連に支出されてきたという経過から考えれば、中学校の運営に資する使途に用いるとの目的の下に、校長の職にあるものを受託者として金銭の使用を託した信託類似の契約と評されるとしているのである。このような解釈を基に、その使途については、校長が遊興費等の私的目的に使用すれば、受託義務違反として、拠出者に対して責任を負うことになるが、市の公金を減少させたということはできない（使途の違反は、拠出者に対する債務不履行に当たるとしても、市に対する不当利得とはならない）としている。

事案から考える視点

1　祝い金の慣行と受け取り廃止の流れ

一般社会において、祝賀的な行事に際して、招待された来賓の側が、儀礼的に祝い金を持参する慣行は、わが国において広く行われている。現在でも、地域によっては、学校行事に祝い金を持参する慣行があるところもあろう。こうした慣行について、本事案を契機に、F市では、平成15年度に祝い金の収受を廃止している。近年、教育委員会が学校に対して一律に祝い金を受け取らないように指導したり、校長会の申し合わせとして受け取らないとするなど収受を廃止する傾向にあるように思われる。

しかし、本事案における裁判所の判断を前提にすれば、教育委員会、学校による祝い金の受け取りを廃止するという判断と、祝い金の受領・使用についての法的な判断とは、必ずしも共通の前提に立つものではない。祝い金の受け取りの問題は、祝い金の慣行の是非の次元で議論される傾向にあるが、個々の学校が篤志を受け取ることの意味と課題を、改めて検討課題として提起している。

2　学校予算確保について自治体の責任

現状において、多くの学校では、十分な学校予算（公金）が確保できないことから、ＰＴＡ、同窓会等の協力・支援を得て、教育活動を展開している。

財政状況の悪化した多くの自治体では、学校予算の確保も厳しい状況にあり、公金によって賄われるのは最低限のものに限定される傾向にある。議会の議決によって予算化される公金で、学校運営に必要なものがすべて提供できるとは限らない。保護者の私費負担をなくしたり、私的な金銭を学校が受領しないことは理想ではあるが、それを担保するためには、設置者である自治体が十分な学校予算を確保することが必要であることをあらためて、指摘しておきたい。

3　義援金等の活用と寄附文化の醸成

社会においては、母校愛、郷土愛から、自分の身近な学校に篤志を寄せたいという者も少なくないであろう。東日本大震災においても、被災した学校に対して、多くの義援金が寄せられている。これらの義援金を寄せた方々の意思は、深刻な被害を受けた個々の学校への支援である。被災地の学校では、同窓会等の団体・組織を受け取りの窓口とするなどの工夫を行っている。祝い金ついても、教育委員会によっては提供者の了解を得てＰＴＡの寄附として処理するなどの例示を示しているところもある。

個々の学校への篤志を、単に受け取らないという形式的な対応で終わらせるのではなく、人々の善意を積極的に活用する方策もさらに検討されるべきではないかと思われる。法的な枠組みの中で、どのように寄付文化の醸成を図るのか重要な課題である。

17

勤務場所外研修の申し出〜校長が承認を与えなかった措置に裁量権の濫用はないとされた事例〜

教育公務員特例法は、本属長の承認を得て勤務場所外で研修できるとする制度を規定している。この制度については、いわゆる「自宅研修」との批判から、近年は、勤務場所外研修そのものが認められにくくなっているといわれている。

本事案は、最高裁が、この問題に一定の判断を示した重要判例であり、その論点を確認しておきたい。

事案の概要

県立高等学校のX教諭が、定期考査期間中に勤務場所を離れて自主的な研修を行うとして、Y校長（本属長）に対して、教育公務員特例法第20条第2項（現在の第22条第2項）に基づいて研修の承認を求めたが、Y校長は、承認をしなかった。これに対して、X教諭は、勤務場所外での研修を行うために出勤しなかったため、当該部分に相当する給与を減額されたものである。本件は原告Xが、慰謝料等の支払いを求めた請求訴訟である（最高裁第三小法廷判決平成5年11月2日。『判例タイムズ』870号、94頁）。

X教諭の勤務校では、従来から、教務部が定期考査の監督割り当てを行う際に、各教員の採点日の希望を調査して、日程調整を行い、採点日には、出勤の扱いとしたうえで、自宅等において自主的な研究や試験の採点を行うことを暗黙で認めてきたものである。Y校長も、同校に赴任した当初は、教育公務員特例法第20条第2項（当時）の勤務場所外研修において校長の承認を与える形を整えて、自宅における研修（採点等）を認めていた。しかし、その後、Y校長は、教諭等の勤務時間や勤務場所外研修の適正化を図るために、昭和61年度4月に、考査期間中を含めて授業日においては原則として、研修がその日でなければ行えないような緊急かつ重要な内容であるなどの特段の事情がない限り、承認しない方針であることを教諭等に伝えた。

しかし、X教諭は、これに納得せず、定期考査期間中に、自分の担当する科目の試験がなく、試験監督割り当てのない日に、研修の承認を願い出たが、Y校長は、これを承認しなかったものである。

第一審（神戸地方裁判所判決平成2年11月16日）、第二審（大阪高等裁判所判決平成3年12月5日）ともに、A教諭の請求を棄却したために、上告したものである。

判決の要旨

1 事案の主な争点

本事案の最大の争点は、第一には、教育公務員特例法第20条第2項は、教育公務員に対し、勤務時間内に勤務場所を離れて自主的な研修を行う具体的な権利を保障したものであるのか（自主的職務研修説）、それとも、校外における自主的な研修は、職務とは認められず、校長の承認によって職務専念義務免除によって勤務場所外での研修を認めるとしたもの（職専免研修説）であるのかということにある。

第二には、「授業に支障のない限り」「本属長の承認を受けて」における校長の判断権限はどのようなものであるのか、つまり、校長には、研修の承認に当たって、校務への支障や研修内容等を踏まえて、実質的にその承認の判断を行えるのか（自由裁量説）、それとも、文字通り授業への支障だけを確認する制約された裁量（羈束裁量説）であるのかということにある。

2 裁判所の判断

最高裁による本裁判では、非常に簡潔にX教諭が研修を行うことにより、定期考査やその他の校務の円滑な執行に支障が生じるおそれがないとはいえないこと、また、当該研修を予定された日に、予定された時間に行わなければならないという特別な必要があったとも認められないとして、Y校長は裁量権を逸脱、濫用したものとはいえないとしている。ここでは、原判決に違法はないとしていることから、控訴審判決の論旨を見ていくことにする。

第一の争点について、教育公務員特例法第19条、第20条第1項（当時）は、研修に対する努力義務を、理念的、職業倫理的観点から抽象的に規定し、任命権者にも職務命令によるものばかりではなく、教員の自発的、自主的な研修をできる限りに与えるべき一般的、抽象的義務を定めたものと解したうえで、教員に対して、自主的研修を行う具体的な権利を付与したものではないとしている。

第二の争点について、校長は、授業の支障について単に予定された授業時間の有無のみでなく、授業に関連する教育課程の編成、学校運営上の校務分担に伴う各種業務等について、当該学校の具体的教育目的、個別的教育状況に照らして実質的に支障を及ぼすのか否かの見地から総合的に判断しなければならないとしている。校長には、この意味での裁量判断権を付与していると解しており、「授業に支障のない限り」「本属長の承認を受けて」という要件に制約されているものの、実質的に校長の自由裁量説を採用しているといえる。。

最高裁は、こうした原審（控訴審）に所論の違法はないとして、校長が本件研修について、教育公務員特例法第20条第2項（当時）に基づいて承認を与えなかった措置は、その裁量権を逸脱、濫用したものとはいえないとした。

事案から考える視点

1 研修承認の判断基準

本事案では、最高裁は、「本件各研修を

行うことにより、各研修予定日に実施される定期考査やその他の校務の円滑な執行に支障が生じるおそれがないとはいえない」こと、「本件各研修を各研修予定日の勤務時間内に勤務場所を離れて行うべき特別の必要があったとも認めがたい」ことを、校長に裁量権の逸脱・濫用がなかったことの根拠として提示している。前者は、学校側の必要性、後者は、教諭側の研修の必要性について判断したものである。このことは、授業をはじめとした校務運営上の支障の状況や、勤務場所を離れて自主的な研修を行うべき必要性を校長の重要な判断の基準として示しているのである。

2　職務として行われる自主的な研修

本事案では、校長の裁量権の逸脱・濫用の問題として論じられているために見えにくいが、教育経営上、「職務として行われる自主研修」の取扱いが重要な争点となる。

教員の研修については、「職務として」・「職務外として」という区分と、「義務的な研修」・「自主的な研修」の区分が、相互に対応するものとして混同して議論されているように思われる。換言すれば、①「自主的な研修」「義務的な研修」はともに、教員にとって欠くべからざる研修ではないのかという疑問、②「自主的な研修」は必ず「職務外として」行われなければならず、「職務として」行うことが一切禁止されているのかという疑問として提起される。

教育公務員特例法等が、教員に対し勤務として自主的な研修を行う具体的権利を付与しているのかどうかの議論は別としても（勤務としての研修の許諾権限を、教育委員会、校長等の服務監督者が留保しているとしても）、公務員特例法についての従来の行政解釈の変更状況（文部次官通達昭和24年2月5日初学四六・甲第二三号証、昭和33年9月13日文部省初中局長の岩手県宛回答甲第二二号証では、勤務として見なしていたが、昭和39年の行政実例（12月18日初中局長回答）で変更され、その後、職専免による研修とされたという経緯がある）を踏まえると、職務として自主的研修を行うことを一律に禁止しているとする解釈は、左右の政治対立が終わりつつある現状を踏まえると、改めて、検討を要する問題のように思われる。

3　新しい時代の教員研修を

教育公務員特例法第20条第2項（当時）についての行政解釈の変更は左右の政治対立が深刻となった60年代になされたという経緯がある。

従来、国や教育委員会が実施する行政研修とは教員にとって義務的な研修であり、その一方で組合教研のような研修は、同法にいう研修には値しないものであるかのような理解がなされてきたが、最高裁（第三小法廷判決平成18年2月7日。『判例タイムズ』１２１３号、１０６頁）は、組合教研の研修性を認めるに至っている。

時代は明らかに変わりつつある。行政研修にも、選択的な研修や、民間・個人を活用したものなどが積極的に取り入れられつつある。教員個々が自主的、自発的に企画した研修を、行政の研修体系の中に取り入れるなどの本質的な工夫が必要とされているように思われる。また、それを可能とする法解釈はどうあればよいのか本音で議論すべき時期がきているように思われる。

18

地域本部による私塾を活用した特別講習について、学校施設使用の取扱いが問題となった事例（和田中夜スペ訴訟）

任意団体である杉並区立和田中学校の地域本部が、私塾を活用して、いわゆる「夜スペシャル」といわれる特別講習を実施した。この際に、学校施設の目的外使用、使用料免除の取扱いが問題となった。本事案は、「和田中夜スペ訴訟」の控訴審判決である。

公立学校での進学対策を意識した課外学習は、すでに高等学校で行われてきたが、和田中の取組みを機に、公立中学校にも広まりつつある。

事案の概要

杉並区立和田中学校では、平成15年4月に民間人校長が着任し、学力向上等を目的として、任意団体である和田中学校地域本部（以下「地域本部」という）を実施主体として、私塾から講師の派遣を受け、希望者を対象として有料の特別補習事業「夜スペシャル」をはじめた。地域本部は講習を学校で実施するため、学校施設の目的外使用許可を求める申請を行い、これに対し杉並区教育委員会は、平成20年1月24日に、その使用を許可し、また、その使用料を免除する処分を行った。なお、法令上、地方自治法第２３８条の4第7項は、行政財産はその用途又は目的を妨げない限度においてその使用を許可することができると規定しており、さらに学校教育法第１３７条は、学校教育上支障のない限り学校施設を社会教育その他公共のために利用させることができると規定している。これらの法律を根拠に、区教育委員会は、区教育財産管理規則、区立学校施設使用料条例等に基づいて、使用許可、使用料免除の処分を行ったものである。

これに対して、杉並区の住民らが、地方自治法第２４２条の2第１項に基づく住民訴訟として、区教育委員会が行った学校施設の目的外使用に係る使用許可処分、使用料免除処分について、これらが公益性・公共性のない地域本部に対する要件を欠く処分であり、違法、無効に当たるとして、使用料免除処分の無効確認、使用許可処分についての無効確認、そして、区長、区教育長、和田中学校長、区教育委員会職員による当該怠る事実の違法確認、さらに区長に対し、当時の区長ら関係者に対して損害賠償請求をすることを求めた事案である。第一審は、使用料免除処分の無効確認の訴えのうち杉並区に対するものを除いて、すべて不適法であるとして却下し、杉並区に対する使用料免除処分の無効確認の請求については、裁量権の範囲を逸脱し、又はこれを濫用したものとはいえないとして請求を棄却した（東京地方裁判所判決平成22年３年30日。『判例タイムズ』１３７０号、１２６–１６８頁）。

しかし、原告の住民らは、これに納得せず、不服として控訴したものである。本裁判は、その控訴審判決である（東京高等裁判所判決平成24年3月12日）。控訴審判決は、基本的に第一審を維持し、住民らの控訴をすべて棄却した（住民らは、控訴審判決を不服として、上告した）。

判決の要旨

1　事案の主な争点

住民らは、義務教育学校が私塾による有料の補習を実施することの是非を問題としたかったものと推測される。しかし、原告に具体的な訴えの利益がないことから、訴訟法上、提訴することが認められる住民訴訟として提起されている。住民訴訟の対象は、財務会計上の行為としての財産管理行為又はその怠る事実でなければならないため、裁判においては、学校施設を目的外に使用させること、その使用料を免除することの是非が争われた。主な争点は次のとおりである。

第一には、住民らの学校施設の目的外使用許可処分や使用料免除処分の無効であることの確認等を求める訴えは、住民訴訟の対象となるのかどうかということである。また、使用料免除処分の無効確認については住民訴訟の対象となるとしても、対象となる使用許可の期間が終了しても訴えの利益は失われないのかということにある。

第二には、任意団体である和田中学校の地域本部が私塾から講師派遣を受けて有料で実施する講習が学校施設を利用させるに際し、学校施設の使用料に関する条例の要件に該当するかどうかの判断については、区教育委員会に裁量権が認められているが、その裁量権の行使に逸脱や濫用はなかったのかということにある。

2　裁判所の判断

第一の争点について、住民訴訟の対象になるのは、地方自治法第２４２条第1項に定める事項である公金支出、財産の取得・管理・処分、契約の締結・履行、債務その他の義務の負担、公金の賦課・徴収を怠る事実、財産の管理を怠る事実に限定されている。つまり、財務会計上の事項に限定されており、一般的な行政上の行為や怠る事実は、住民訴訟の対象とならないとして（最高裁判所第一小法廷判決平成２年4月12日）、区教育委員会が区教育財産管理規則に基づいて行う学校施設の目的外使用処分は、住民訴訟の対象とならないとして不適法としている。その一方で、区立学校施設使用料条例に基づいて行った使用料免除処分については、財務会計上の行為としての性格を認め、さらに当該使用料許可の期間が経過しても、訴えの利益は失われないとした。

第二の争点について、行政処分が無効であるというためには、当該処分に重大かつ明白な瑕疵がなければならない（最高裁判所大法廷判決昭和31年7月18日等）。つまり、区立学校施設使用料条例第4条の「特別の事由」、同条例施行規則第9条第1項の「区教育委員会が特に必要と認めたとき」の処分要件に該当する事実が存在するとした区教育委員会の認定は、政策的観点から裁量権が認められているため、処分の無効には、その判断が裁量権を逸脱又は濫用したことが明白であり、その違法が重大かつ明白な瑕疵に当たることを要するのである。裁判所は、住民らの主張する事実関係（地域本部の公共性・公益性等）を検討したうえで、その判断は社会通念上著しく妥当性を欠くものとは認めがたく、裁量権の逸脱・濫用があったとはいえないとした。

事案から考える視点

1 都教育委員会からの疑義への対応

和田中学校が、「夜スペシャル」を計画した当初、東京都教育委員会から公立学校における教育の機会均等、学校施設利用の公共性、教職員の兼業・兼職の観点から疑義が提起された。これに対して区教育委員会は、①「夜スペシャル」を地域本部が運営主体として行う「学校の教育活動外」として位置づけ、実施に当たりすべての生徒への学習機会の提供に努めるとともに、費用負担が困難な世帯には軽減措置を講じ、実施には責任を持って保護者等に説明して理解を得ること、②学校施設の利点については、公共性が認められる学校支援活動であり、その費用は実費相当の範囲内で営利性のないものであり、学校施設利用についても適正な手続をとること、③教員の兼業・兼職については、教材は連携先の私塾が開発し、教員は地域本部と連携しながら相談に応じることとし、兼業・兼職の手続は必要に応じて適正に行うとして、都教育委員会の指摘を踏まえた改善を図っている。

2 地域本部の在り方

本事案では、地域本部の位置づけが問題となった。区教育委員会はその位置づけを検討して「学校支援本部支援要綱」を策定し、学校支援本部が満たすべき要件を定めるとともに、学校支援本部に対し設置および活動に対する財政支援や、学校長が学校教育に支障のない範囲で認めることのできる学校施設・設備の利用上の支援を行うものとし、学校支援本部が区教育委員会から支援を受けようとするときは、学校支援本部の規約、活動計画書、予算計画書、協定書を区教育委員会に提出し、区教育委員会は、その内容を審査して、適当と認めたときに支援を行うこととした。これらの検討を受けて、当該地域本部の側も、地域本部規約を策定している。また、和田中学校との間では、協定書が締結され、中学校の求めに応じて生徒を対象にした支援活動を行うこと等が約定されるなど、地域本部を公共性を有する組織として位置づける工夫がなされている。

3 学校教育との明確な区分の必要性

今回の対応の最も重要なポイントは、特別補習事業と学校の教育活動との区分である。公共性を有する任意団体である地域本部を運営主体とすることで、「夜スペシャル」を学校の正規の教育活動外として位置づけている。これによって、活動の自主性が確保されるとともに、区教育委員会からの支援や学校施設の活用が可能となっているのである。なお、法的には、社会教育法上の「社会教育関係団体」として位置づけることも可能であり、また、他の教育委員会では、教育委員会の委託事業として実施しているところもある。それぞれの形態の長所短所を検討したうえで、法的な整理を行っておく必要があると思われる。

〈補録〉本件は、上告棄却、上告審不受理により、控訴審判決が確定している（最高裁判所第一小法廷決定平成26年4月17日）。

19

経営

国家公務員の「政治的行為」が無罪とされた事例

従来、最高裁の猿払（さるふつ）事件判決以来、国家公務員法の政治的行為は国家公務員法により職種等を問わず一律禁止されているものとして受け取られてきた。

しかし、平成24年12月の最高裁判決は、管理的職にない公務員を無罪とした。これは、一見すると「一律禁止」の原則を破るものとも見える。本判決は、今後の公務員の政治活動の在り方に影響を与えるものと考えられる。

事案の概要

平成15年11月の衆議院総選挙に際して、社会保険事務所に年金審査官として勤務していたYは、政党の機関誌号外および同党を支持する無署名の文書を、東京都内に所在する居宅や事務所等の郵便受けに配布した。これが、国家公務員法第110条第1項第19号（平成19年法律第108号による改正前のもの）、第102条1項、人事院規則14-7（政治的行為）6項7号、13号（5項3号）（以下、これらの規定を合わせて「本件罰則規定」という）に当たるとして起訴されたものである。

Yは、国民年金業務課で、相談室付係長として相談業務を担当していた。具体的な業務は、年金受給の可否や年金請求等の相談を受け、年金記録等を調査したうえで、回答し、必要な手続を取るように促すというもので、全く裁量の余地のないものであった。また、Yは年金支給の可否の決定や年金額を変更したりする権限はなく、専門職として、相談業務を担当していただけで、人事や監督に関する権限も与えられていなかった。

第一審（東京地裁判決平成18年6月29日）は、本件罰則規定は、憲法第21条第1項（表

現の自由）、第31条（法律の定める正当な手続の保障）等に違反せず合憲であるとして、Yを有罪とした。

これに対し、第二審（東京高裁判決平成22年3月29日）は、裁量の余地のない業務を担当し、管理職でもないYが、休日に、勤務先やその職務と関係なく、勤務先の所在地や管轄区域から離れた自己の居住地の周辺で、公務員であることを明らかにせず、他人の居宅の郵便受等に無言で、機関誌等を配布したにとどまるものと認定し、本件罰則規定の保護法益である国の行政の中立性、国民の信頼を侵害する危険性は認められないから、本事案に本件罰則規定を適用することは、憲法第21条1項および第31条に違反するとして、第一審を破棄し、無罪とした。

本事例は、これに対する上告審判決（最高裁第二小法廷判決平成24年12月7日）である。

判決の要旨

1　事案の主な争点

本事案における裁判上の争点は、第一には、国家公務員法第１０２条1項で「職員は、政党又は政治的目的のために、寄附金その他の利益を求め、若しくは受領し、又は何らの方法を以てするを問わず、これらの行為に関与し、あるいは選挙権の行使を除く外、人事院規則で定める政治的行為をしてはならない」と規定されているが、同条及び人事院規則14-7で禁止されている「政治的行為」とはどのようなものであるのかということにある。

第二には、本事案のような配布行為が、本件罰則規定の構成要件に該当するのかどうかという点にあり、その判断基準とは何かということにある。

2　裁判所の判断

第一の国家公務員法第１０２条1項で禁止されている「政治的行為」について、同条同項の趣旨は、公務員の職務の遂行の政治的中立性を保持することによって、行政の中立的運営を確保し、これに対する国民の信頼を維持することにあることは、従来から通説となっている。他方、憲法第21条1項は、表現の自由として国民に政治活動の自由を保障しており、特に精神的自由は立憲民主政の政治過程において不可欠の基本的な人権であり、民主主義社会を基礎付ける重要な人権であることから、その制約は必要やむを得ない限度に限定されるべきものとされてきた。最高裁は、これらの趣旨や本件罰則規定が刑罰法規の構成要件となることを考慮し（国家公務員法第１０２条1項違反については、同法第１１０条1項19号で刑罰が科せられることとされている）、ここで禁止されている「政治的行為」とは、「公務員の職務の遂行の政治的中立性を損なうおそれが、観念的なものにとどまらず、現実的に起こり得るものとして実質的に認められるものを指し、同項はそのような行為の類型の具体的な定めを人事院規則に委任したものと解する」と判じており、禁止の対象とされているのは、「公務員の職務遂行の政治的中立性を損なうおそれが実質的に認められる政治的行為に限定されている」という限定的な判断を示した。

第二の争点は、端的には、「政治的中立性を損なうおそれが実質的に認められるかどうか」の判断基準はどのようなものかということを意味している。最高裁は、諸般の事情を総合して判断するとしながらも、①管理的地位になく、②その職務の内容や権限に裁量の余地のない公務員によって、③職務と全く無関係に、④公務員によって組織される団体の活動としての性格もなく行われたものであり、⑤公務員による行為と認識し得る態様で行われたものでもない、ということを理由として、政治的中立性を損なうおそれの実質性を否定し、本件罰則規定の構成要件に該当しないとした。

これらの判断を基にして、最高裁は、被告人Yを無罪としている。

事案から考える視点

本事案は、国家公務員の政治的行為に関する事例である。教育公務員は、地方公務員（都道府県立学校、市町村立学校の教員）であっても、国家公務員の例によって政治的行為の制約を受けており、本事案は、教育公務員にとっても、非常に重要な意味を持っている。

1　何が禁止されているのか

政治的中立性を損なうおそれが「実質的」であるかどうかについては、諸般の事情を総合して判断するとされているとはいえ、判決に示された前述の①～⑤の観点は、それを判断する重要な基準であることを意味している。

特に、本事案とほぼ同様の事案（同日に最高裁判決がなされた事案）で、厚生労働省の「筆頭課長補佐」については「有罪」とされている。つまり、①の「管理的地位にあるかどうか」が判断の大きな分かれ目となっているのである。

また、本判決は、最高裁判例（昭和49年11月6日の最高裁猿払事件判決）の変更ではないかとの指摘に対して、猿払事件とは、内容を異にする事案であるとしている。つまり、猿払事件では被告人の行為は「労働組合協議会の構成員である職員団体の活動の一環として行われ」「その行為の態様から見ても当該地区において公務員が特定政党の候補者を国政選挙において積極的に支援する行為であることが一般人に容易に認識されるようなものであった」と指摘しており、④公務員組織の団体としての活動かどうか、⑤公務員の行動と認識し得るかどうかも重要な視点であることが示唆されている。

2　保護法益としての「国民の信頼」

多くの方々から寄せられる疑問に、チラシやビラ配布程度のことがなぜ厳しく規制されるのかという声がある。ここで注意してほしいのは、公務員の政治的行為を制限する法令の目的は、①「行政の中立的運営」と、②これに対する「国民の信頼」にあるということである。①の公務員の職務が政治的思惑によって左右されてはならないということは、憲法第15条2項「すべて公務員は、全体の奉仕者であって、一部の奉仕者ではない」という条文を引くまでもなく容易に理解できるであろう。しかし、このことに加え、②行政は中立で偏りなく行われているという国民の信頼を確保することもその目的とされているということである。つまり、私的にも限度を超えて政治的行為をする公務員は、職務上もそのようなことをしかねないという国民の不信を招かぬように配慮する必要があるということである。

3　国民の法意識の変化

最高裁は本事案を判例変更ではないと説明している。その一方で多くの論者は、法理論は別としても、事実上、公務員の政治活動の一律禁止の原則を変更するものと受け止めている。

最高裁が本事案のような判決を行った背景には、「国民の信頼」の背景にある国民の法意識が変化しているという認識があるものと思われる。猿払事件の頃と異なり、民主主義が相当程度成熟定着し、左右のイデオロギー対立が解消しつつある現状を踏まえて、政治活動の一律禁止は国民意識から乖離（かいり）しているという認識があったのではないかと推測される。

20 肢体不自由のある生徒の中学校への就学が認められた事例

学務

従来、いったん就学校指定がなされると、障害のある児童生徒が小学校、中学校への就学を希望しても認められない傾向にあった。しかし、平成18年には学校教育法等の改正により特別支援学校制度が創設されるなど、特別支援教育は大きな転機を迎えた。本事案は、新制度がスタートした後の就学指定（認定就学者）に関する事例として、裁判所がどのような判断を示すか注目された。

事案の概要

申立人Xは、脳性麻痺（まひ）による四肢機能の障害があり、車いすを利用して生活しており、定期的に通院するほか、自宅で毎日、約2時間のリハビリを行っている。就学前には、私立幼稚園に通い、その後、認定就学者として町立小学校に入学した。小学校はXの入学前にスロープ、多目的トイレを設置し、また、Xのために特別支援学級を設けるとともに介助員2名を雇用した。Xは、小学校においては特別支援学級の担任教員や介助員の補助を受けながら、教室移動が必要な科目を含めてすべての授業を普通学級の児童とともに受け、クラブ活動、委員会活動、運動会、修学旅行等の学校行事にも参加した（一方、給食、衣服の着脱、排泄（はいせつ）、移動には介助が必要であった）。

Xおよび保護者は、小学校卒業後も、地元のA中学校に就学したいと考えていたが、Y町教育委員会は、当該中学校は「階段が多く、申立人及び介助員の命の保証ができない」旨の回答をするなどした。Y町教育委員会は、Xは、学校教育法施行令第5条第1項の肢体不自由者に当たるとしたうえで、認定就学者には該当しないと判断して奈良県教育委員会に対し特別支援学校に就学させるべき旨を通知し、その結果、奈良県教育委員会は、B養護学校を就学先として通知したものである。Xは、平成21年4月1日以降も、B養護学校には通学せず、同校教員による自宅での訪問授業を受けている。

その後、Xは、同年4月28日に、Y町教育委員会を被告として、就学すべき中学校としてA中学校を指定することの義務付けを求める訴えを提起したものである。本事例は、これに対する決定（奈良地方裁判所決定平成21年6月26日）である。

なお、平成16年の行政事件訴訟法改正により仮の義務付けが導入され、早期の損害回復の救済手段が整備された。同法第37条の5第1項は「義務付けの訴えの提起があつた場合において、その義務付けの訴えに係る処分又は裁決がされないことにより生ずる償うことのできない損害を避けるため緊急の必要があり、かつ、本案について理由があるとみえるときは、裁判所は、申立てにより、決定をもつて、仮に行政庁がその処分又は裁決をすべき旨を命ずることができる」としている。

判決の要旨

1　事案の主な争点

本事案における裁判上の主な争点は、①就学すべき中学校を指定する行為の法的性格がどのようなものであり、児童生徒に当事者適格が認められるのかということ。②本事案が仮の義務付けの件である「理由があるとみえるとき」（行政事件訴訟法第37条の5第1項）に該当するのかということ。③同様に、本事案が「償うことのできない損害を避けるため緊急の必要」があるとき（同法同条）に該当するのかということにある。

2　裁判所の判断

争点①について、裁判所はY町教育委員会が就学校を指定する行為は、生徒に対しては在学関係という公法上の法律関係を形成するとともに、保護者に対しては就学させる義務を生じさせるものであることから、抗告訴訟の対象となる行政処分に該当するとした。就学指定に処分性があることは、判例、学説ともに確立しているといえる。

争点②本事案の核心に当たる。Xは肢体不自由者（学校教育法第75条、同施行令第5条第1項）に当たることから、認定就学者に当たらなければ特別支援学校に就学することとなる。そのため町教育委員会の認定就学者該当性についての判断の是非がポイントとなる。法令上、認定就学者に該当するか否かの判断は、当該市町村教育委員会が行うこととされ（同施行令第6条第3項）、教育委員会には一定限度の裁量の余地が認められると解されることから、その裁量権の逸脱、濫用があるかどうかが問題となる。

この点について、裁判所は、ⓐXや保護者が中学校への進学を強く希望していること、ⓑ中学校の校舎は階段や段差が多く、エレベーターを設置する財政的措置が困難であるとしながらも、小学校同様に介助員雇用は可能であり、教室を下の階に変更することも可能であるなどの理由により、現状の施設を前提としてもXの就学は可能であると考えられること、ⓒXのための特別支援学級の設置やそれに伴う教員加配や特別支援教育支援員等による対応が考えられ、また、本来、個々の教員には特別支援教育に関する専門性の向上が求められており、肢体不自由者を受け入れた経験がないことが、教員の配置に欠けることの理由にならないこと、さらに、Xは学力面での専門的な指導は必要なく、現在在勤する教員によっても対応可能であること、ⓓXや保護者は、小学校での経験を踏まえ、中学校の普通学級で学ぶことで障害を克服し、心身ともに成長して、身体機能や学力を向上させたいと希望しており、養護学校の規模やカリキュラム等に照らすと、養護学校に就学することがXの教育上のニーズに応じた適切な教育を施すという観点から相当であるとは考えられない、としている。

以上のことにより、教育委員会の判断は著しく妥当性を欠き、特別支援教育の理念を没却するものとして、裁量権を逸脱または濫用し違法であり「本案について理由があるとみえるとき」に当たるとしている。

争点③については、中学校は3年間しかないのに、失われた期間がすでに3カ月に及んでおり、「償うことのできない損害を避けるため緊急の必要」があるときに該当すると認めている。

事案から考える視点

1 認定就学者の判断の視点

認定就学者に該当するかどうかの判断について、ⓐ当該生徒・保護者の意向、ⓑ中学校の施設・設備の整備状況、ⓒ指導面での専門性の高い教員が配置されているか否か、ⓓ当該生徒の障害の内容・程度等に応じた安全上の配慮や適切な指導の必要性の有無・程度などを総合的に考慮するとしている。これらの視点は、平成14年の学校教育法施行令の改正（認定就学者制度の導入）後、平成18年の学校教育法等の改正（特別支援学校制度の創設）、平成19年の同施行令の改正（保護者の意見聴取の義務付け）等の趣旨を踏まえたものとなっていることに留意する必要がある。

2 特別支援教育の理念の重視

教育委員会の判断が、裁量権を逸脱濫用しているかどうかの基準として「事実に対する評価が合理性を欠くなど著しく妥当性を欠き、特別支援教育の理念を没却するような場合」という基準が示されている。裁判所は、「事実及び理由」の中で、文部科学省通知「特別支援教育の推進について」（平成19年4月1日）に掲げた特別支援教育の理念を援用するなど、事実を評価する基準として、通知等に示された特別支援教育の理念を重視していることがうかがえる。

3 個別のケースにより異なる判断

本事案は、全体的に特別支援教育の理念を重視している印象を与えるが、その論理は障害のある児童生徒すべてが小学校、中学校へ就学すべきとしているものではなく、あくまで一人一人の教育的ニーズ、個別の諸条件等を総合的に判断してその是非が決まるとしていることに留意する必要がある。

本事案の特徴としては、Xは小学校時代は認定就学者として認められており大きな支障なく学校生活を送ることができたという実績があること、さらにXには知的障害や精神障害等は認められず教員による補助は肢体機能を補うことに限定されているという個別の事情があることも、判断に影響していると考えられるのである。

4 重い教育委員会の判断と国の責任

裁判所は、就学先が事実上決まらないことによる児童生徒の学習、成長発達上の不利益を「償うことのできない損害」と認めている。教育委員会側には、自らがその判断を誤れば児童生徒の人生に甚大な影響を与えかねないことを理解し、より精緻で慎重な判断をすることが求められる。

一方、市区町村の側にすれば、現実には財政問題が対応の制約となっていることも否定できないであろう。「認定就学者」の判断は地方に委ねられているが、義務教育としての全国的な教育の機会均等を確保することは、国の責任であることを忘れてはならない（教育基本法第5条第3項、第16条第2項）。

〈補録〉平成25年9月に学校教育法施行令が改正・施行され、障害の状況、本人の教育ニーズ、本人・保護者の意見、専門的見地からの意見、学校や地域の状況等を踏まえた総合的な観点から就学先を決定する仕組み（認定特別支援学校就学者の制度）へ変更されている。

21

保護者

教師が保護者に対し名誉毀損等による慰謝料を請求した事例

学校や教師は、日常的に保護者からの要求や苦情に対応することが求められているが、一部では過剰で理不尽な要求をする保護者の問題がマスコミ等で取り沙汰されている。

本事案は、教師が、連絡帳に繰り返し苦情を書き込むなどした保護者に対し名誉毀損等による慰謝料を要求して提訴したものである。教師が、保護者を訴えるという異例の裁判として注目された。

事案の概要

原告Xは、平成22年当時、公立小学校において児童Aの在籍する3年生の学級担任をしていた。児童Aと他の児童とのトラブルへのX教諭の対応などをめぐって、児童Aの両親Y、Z（本事案の被告）は、児童や保護者と担任との連絡のために使用されていた連絡帳に、43回にわたって苦情を書き込むなどした。その内容は、X教諭が児童Aの答案を故意に書き換えて不正解とする嫌がらせをしたなどとしたほか、「悪魔のような先生です」などの記述がなされた。また、被告らは、教育委員会を訪れX教諭の対応について文書を提出したほか、警察署を訪れて暴行を働いた（認定事実によれば、原告が食器がきれいになっていないことを知らせるために、背中を二度、とんとんと叩いたものであった）として被害申告をするなどしたものである（『判例時報』２１８１号、１１３頁）。

原告Xは、これらの行為が原告の名誉を毀損するなどし、精神的損害を被ったと主張し、慰謝料５００万円の支払いを求めて提訴した。教師が、担任する児童の保護者を訴えるという異例の事案であり、また、マスコミが大きく取り上げるなどしたことから、裁判の動向が注目された。

判決の要旨

1 事案の主な争点

保護者のクレーム対応などは学校や教育委員会内で話し合い等によって解決されるべきものであり、そもそも裁判によっては解決ができない性質のものであるとの主張がある。本件の第一の争点は、このことについて、原告の訴えが訴訟の対象となり得るのかどうか（訴えの利益があるかどうか）という点にある。判例通説によれば、法律上の争訟であるためには、当事者間の具体的な権利義務ないし法律関係に関する紛争であって、法令の適用により終局的な解決が可能なものである必要がある。第二の争点としては、連絡帳への書き込み等が名誉毀損ないし侮辱に当たるのかということにある。具体的には、連絡帳への書き込み等が原告の社会的評価を低下させるものであるのか、それが、公然性を有するのか（不特定または多数の者に伝播する可能性があるのか）という観点から判断される。

2 裁判所の判断

第一の争点（訴えの利益）は、保護者のクレームなどが訴えとして成立するのかということに関わる重要な争点である。この点について裁判所は、問題となった書き込み等は、学校や市教育委員会が児童や保護者を交えて、話し合いによって解決されることが望ましいことであるとしながらも、本件は、「教育内容そのものの問題ではなく、被告らの行為による名誉毀損等を問題とするものであって、これについて、訴訟により一定の結論を出すことや、本案判決により紛争を解決することができないとはいえない」として、訴えの利益を欠くものではないとした。

第二の争点（名誉毀損ないし侮辱の成否）については、名誉とは、社会から受ける客観的な評価（社会的名誉）であり、名誉毀損とは、この客観的な評価を低下させる行為をいうことを確認し（最高裁判所第三小法廷判決平成9年5月27日）、そのうえで連絡帳への書き込みが社会的評価を低下させるものであるのかについて検討を行っている。裁判所は、児童Aのテストの解答を消して不正解にするなどは、職務上許されないものであることは明らかで、原告Xが、故意にこのような行為をしたと指摘することが、社会的評価を低下させることは、明らかであるとしている（名誉毀損となるためには、事実の摘示が必要とされるのかどうかという争点があるが、本稿では省略する）。しかし、名誉毀損が成立するためには、さらに、事実の摘示が「公然と」行われることが必要である。裁判所は、不特定または多数の者に伝播する可能性がある場合には、公然性を有するものと解すべきとしたうえで、書き込み等は、職務上知り得た秘密として関係者は守秘義務を負うことになるから、みだりに伝播するとは考えにくいとして、「公然」と名誉を毀損したとはいえないとして名誉毀損の成立は認められないと判じている。

なお、民法上、侮辱が公然となされたことは不法行為成立の必須の要件ではないとしたうえで「悪魔のような先生」などは、原告Xに対する反感を強める中で、ひどい先生と同種の表現として使用したものと見ることができ、原告Xの人格的価値に対する社会的評価を低下させるものと見ることはできないとして、侮辱の成立は認められないとしている。また、裁判所は、被告らの市教育委員会での言動による名誉毀損の成立、警察署に対する被害届提出による不法行為の成立についても否定している（さいたま地裁熊谷支部判決平成25年2月28日）。

事案から考える視点

1 保護者のクレームの訴訟化

通常、保護者が学校や教師に対して苦情を述べたり話し合いを求めることは、保障されなければならず、学校・教師と保護者の問題も、話し合いで解決されるのが望ましいことは、裁判所が指摘するまでもない。しかし、本事案では、限度を超えた保護者の苦情等が訴訟の対象となるのかということが重要な問題となった。訴訟要件としての訴えの利益には、①請求が判決の対象となり得るのか（権利保護の資格の問題）と、②判決が紛争解決に適するのか（権利保護の利益の問題）がある。このことについて、原告Xは、名誉毀損を理由とする人格権の侵害という視点から、民法上の不法行為としてこの問題を構成することによって、訴訟としての要件（訴えの利益）が認められている。本判決を前提とすれば、今後も同種の事件について、保護者の行為を民法上の不法行為として構成することにより提訴できる可能性があることを意味している。

2 不法行為（名誉毀損）という構成

裁判所は被告らの行為の一部について、「原告Xの社会的評価を低下させるものであることは、あまりにも明らかである」と指摘して被告らの行為に問題があることを認めているのであるが、名誉毀損の要件である「公然性」を欠くことなどから、不法行為の成立を否定した。判決は、全体を概括して「以上のとおり、被告らの行為には、配慮に欠ける点や不注意な点が、多々存在し、原告Xが、被告らの行為を問題にすることは理解できる」としながらも「もっとも、不法行為の成立に関しては、いずれもその要件を満たさないというほかな（い）」と述べている。

このことは、原告Xにとっては、保護者による苦情等を民法上の不法行為として構成することで、保護者の問題行為を訴訟化できるという点で意味があったといえる。しかし、訴訟対象として認められても、名誉毀損などによる不法行為の要件に該当しない場合には請求が認められないという法論理の壁に直面したことを意味している。

3 第三者機関の活用

本事案では、原告Xの請求は認められなかったが、被告YZの側も、裁判という公の場で教師と対決することでマスコミの報道の対象になるなど、結果として相当の社会的犠牲を払うこととなったことは想像に難くない。

また、いったん裁判となれば、教育委員会、学校、教師、保護者の関係者は、当事者となることから、話し合いによる解決の動きも事実上停止してしまうことが考えられる。

最終的に、当該児童がどうなったのか非常に気になるところである。判決後、被告である父親は、このような問題を解決する第三者機関をつくってほしいと訴えたと報道されている（平成25年3月1日付『朝日新聞』）。いじめによる自殺などでは、当事者である学校や教育委員会から中立的な立場にある第三者調査委員会を設置する事例も見られる。いじめ防止対策推進法は、その第30条で地方公共団体の長が、附属機関を設けて調査を行うことができるとされている。今後の学校内外の他の紛争においても、紛争を調整する組織等の設置、活用について研究を進める必要があろう。

22

社会

公立図書館の司書が、不法に著作物を廃棄したとして、著作者が損害賠償を求めた事例

過去に『はだしのゲン』の学校図書館における閉架措置が問題となる事件が大きく報道されたことがある。図書館の所蔵する図書や資料の廃棄や閲覧制限などの取扱いにおいては、どのような点に配慮すべきなのだろうか。

本事案は、公立図書館の司書が、個人的な評価や好みによって特定の図書を廃棄したことに対して、著作者が人格的利益を侵害されたとして損害賠償を求めた事案である。

事案の概要

平成13年8月に、Y市の公立図書館に勤務していた司書Aは、X会やそれに賛同する者（「Xら」という）及びその著書に対して、否定的な評価と反感を持っており、Aは独断で、Xらの執筆、または編集にかかる書籍107冊を、コンピュータの蔵書リストから除籍して廃棄したものである。Y市では図書館条例に基づいて図書館を設置し、図書館資料を除籍する際の基準として、所在不明、回収不能となったもの、汚損・破損が著しく補修が不可能なもの、内容が古くなり、資料的価値がなくなったものなどを除籍対象とする除籍基準を定めていた。Aは、この基準に該当しないにもかかわらず、当該書籍を廃棄したものである。

その後、新聞報道によって本事件が発覚し、AはY市教育委員会から減給処分を受けた。廃棄された書籍は、教育委員会職員からの寄附で補填されるなどしている。

著書を廃棄されたXらは、Y市に対し、国家賠償法第1条に基づいて、慰謝料の支払いを求めて提訴したものである。

第一審（東京地方裁判所判決平成15年9月9日）、第二審（東京高等裁判所判決平成16年3月3日）ともに、定められた手続によら

ず、個人的な信条から図書を廃棄するAの行為は公立公民館の運営上許されない行為であるとしながらも、廃棄された図書の著作者は、著作物が図書館に収蔵、閲覧に供されることにつき何らの法的権利利益を有するものでないとしてXらの請求を棄却した。これに対してXらは、判決を不服として、上告したものである。本事案は、その上告審判決（最高裁判所第一小法廷判決平成17年7月14日。『判例タイムズ』1191号、220頁頁）である。

判決の要旨

1 事案の主な争点

個人の思想・信条等によって独断で図書を廃棄するようなAの行為は、図書館の設置者との関係においては、違法となることは、第一審、第二審ともに認めているといえる。しかし、著作者との関係においては、国家賠償法第1条第1項によって損害賠償を請求する場合には、「違法に損害を与える」必要があり、その前提として、著作者の側には法的保護に値する権利や利益が存在する必要がある。つまり、本事案の中心的な争点は、廃棄された図書の著作者が、図書の収蔵、保管、廃棄について法的に保護されるべき権利や利益を有していると認められるのかどうかということにある。

2 裁判所の判断

このことについて、判決は、図書館法第2条第1項、社会教育法第9条第1項等の規定、さらに、図書館法第3条によって文部科学大臣が定めた「公立図書館の設置及び運営上の望ましい基準」を引用して図書館の役割や機能を明らかにして、公立図書館を「住民に対して思想、意見その他種々の情報を含む図書館資料を提供してその教養を高めること等を目的とする公的な場」と位置づけた。その役割を果たすために職員が職務上の義務を負うことを示している。

こうした認識の下に、最高裁は、公立図書館は「閲覧に供された図書の著作者にとって、その思想、意見等を公衆に伝達する公的な場でもある」とし、「公立図書館の図書館職員である公務員が、図書の廃棄について、基本的な職務上の義務に反し、著作者又は著作物に対する独断的な評価や個人的な好みによって不公正な取扱いをしたときは、当該図書館の著作者の上記人格的利益を侵害するものとして国家賠償法上違法となる」と判じ、第二審の判断には法令の違反があるとして破棄し、東京高等裁判所に差し戻した（東京高等裁判所判決平成17年11月24日）。

事案から考える視点

1 公立図書館への視点

①公立図書館における著作者の権利

本判決の最大の特徴は、著作者の思想の自由、表現の自由にかんがみて、図書館において収集された図書の著作者の「その思想、意見等を公衆に伝達する利益」を「人格的利益」としてその具体的な権利性を認めていることにある（第一審、第二審は、その具体的権利性を否定していた）。

②事案を踏まえた権利性の承認

ここで留意すべきは、判決は、必ずしも著作者の図書館に対する購入や閲覧の在り方について、一般的な請求権を認めているとまでは解されないということである。

著作者の人格的利益の承認には「公立図書館の図書館職員である公務員が、図書の廃棄について、基本的な職務上の義務に反し、著作者又は著作物に対する独断的な評価や個人的な好みによって不公正な取扱いをしたときは」という事案に伴う限定がついているのである。

2 学校図書館についての考察

本事案や『はだしのゲン』事件を踏まえ学校図書館の閲覧制限について考えてみ

る。

①学校図書館の目的

公立図書館が「社会教育施設」であるのに対し、学校図書館は「学校」の一部である。学校図書館は「その健全な発達を図り、もつて学校教育を充実することを目的とする」（学校図書館法第1条）ものであり、「学校の教育課程の展開に寄与するとともに、児童又は生徒の健全な教養を育成することを目的として設けられる学校の設備」（第2条）である点で、公立図書館と性格を異にしている。

②学校図書館に関する内部的権限関係

学校図書館の蔵書・資料の取扱いは、通常は、校長の管理監督の下で教諭や司書教諭、司書が内規等に基づいて処理している。しかし、『はだしのゲン』のような判断の難しい事案については、次のような内部的な権限関係に留意する必要がある。

〈教育長と教育委員会の権限関係〉

教育委員会の権限は、事務委任規程により教育長に委任されていることが多いが、重要異例な事項は教育委員会議に付議するのが通例である。

取扱い基準によらず判断の難しい特定図書を閲覧制限する場合等には教育委員会議に諮る必要があろう。

〈教育委員会と校長の権限関係〉

教育委員会は、地方教育行政の組織及び運営に関する法律第23条第5号により学校図書館に関する事項を管理、執行する権限を有しており、その一方で校長は学校教育法第37条によって校務掌理権を有している。校長は教育委員会の一般的な指揮監督権に服しており、教育委員会が蔵書・資料の取扱いを指示することは可能であるが、その前提として学校の取扱いの実態や意向等を把握しておくなどの配慮が必要であろう。

〈校長の権限と教師の権限関係〉

閲覧制限などの難しい判断が、学校に委ねられることもある。

校長は校務掌理権を有しているが、その一方で学校図書館の担当教諭は「児童の教育をつかさどる」（学校教育法第37条第11項）とされ、司書教諭は「学校図書館の専門的職務を掌らせる」（学校図書館法第5条第1項）とされている。

行政解釈によれば、校長の「校務」には、学校教育の事業を遂行するために必要とされるすべての仕事が含まれるとされている。しかし、旭川学力テスト事件最高裁判決は、教師には「一定の範囲における教授の自由が保障されるべきこと」を指摘しており、判断の難しい特定図書の閲覧制限の問題は、校長が最終的に判断する場合においても、教師の意見を聞くなど慎重な対応が求められる。

③児童生徒の表現の自由、学問の自由

学校図書館における蔵書、資料の閲覧制限は、憲法や子どもの権利条約の保障する児童生徒の表現の自由（知る権利）、学問の自由の観点から問題とされ得る。学校図書館は、授業だけでなく、児童生徒の自主的活動にも活用されるものであれば、本事案のような独断的な判断による除籍等は、児童生徒の権利保障の視点から問題とされる可能性がある。

④著作者の思想の自由、表現の自由

最高裁は、公立図書館を「住民に対して思想、意見その他の種々の情報を含む図書館資料を提供してその教養を高めること等を目的とする公的な場」と位置づけているが、学校図書館は、前述の法的目的から考えれば、そのような場とまではいえないであろう。

著作者の「思想、意見等を公衆に伝達する利益」は、学校図書館においては、法的保護に値する人格的利益とまではいえないと考えられる。

23

事故・事件

東日本大震災で幼稚園送迎バスが被災し園児が死亡した事案において、園長らの情報収集義務違反が問われた事例

東日本大震災では、幼い子どもも犠牲となっており遺族の哀しみはいかばかりかと推察する。

本事案は、私立幼稚園の送迎バスが被災して園児らが死亡した事案において、幼稚園長に情報収集義務違反があり、経営法人と幼稚園長に損害賠償責任があるとされた事例である。

事案の概要

宮城県石巻市内で被告Yの設置するA幼稚園（園長は被告Z）では、大きいバスと小さいバスの2台で園児の送迎を行っていた。本事案で被災した小さいバスの送迎ルートは、三つ（第1便、第2便、第3便）であり、そのうちの一つ（第2便）が今回被災した海側を走るルートであった。震災以前にも、第2便と第3便の園児を一度に乗せて送迎することがあった。

平成23年3月11日、巨大地震の発生時刻である午後2時46分の時点で55名の園児が幼稚園に残っていた。そのうち、12名が小さいバスに乗車した（被災した園児5名が含まれている）。園長Zは、午後3時過ぎ頃、教諭らに対し、園児らをバスで帰せと指示し、教諭らは第2便で送迎される予定の園児7名とともに、3便目に乗る予定であった園児5名を一緒に小さいバスに乗せて、高台にある幼稚園から海側に向けて出発させた。

小さいバスの後に出発した大きなバスの運転手は、ラジオで大津波警報に関する放送を聞き、道路渋滞がはじまっていたことから、念のために高台に避難した方がよいと判断して、幼稚園に引き返した。少なく

とも、園長Zは、大きいバスの出発後に大津波警報が発令されていたことを知っていたが、小さいバスの運転手に大津波警報を伝えて高台に戻るように連絡しようとしなかった。

小さいバスは、幾人かの園児を保護者に引き渡したが、園児の自宅では保護者が不在であり、保護者が門脇小学校（市の指定避難場所）に避難しているとの情報を得たことから門脇小学校に停車した。

小さいバスが門脇小学校に停車している旨を教諭らから報告された園長Zは、教諭2名に対し、徒歩で門脇小学校へ行ってバスを幼稚園に戻すように指示し、これを受けてバスは幼稚園に向けて出発した。この時、園長はこの教諭らに大津波警報が発令されていることを伝えなかった。

その後、小さいバスは、途中で渋滞に巻き込まれ、停車している時に津波にのみこまれた。運転手は津波に流されながら九死に一生を得たが、その後、園児5名は焼け焦げたバスの中から遺体で発見され（園児らの詳細な死因及び死亡時期は不明）、また、添乗員1名の遺体は発見されなかった。

本事案は、死亡した園児のうち4名の両親たち（原告Xら）が、園長であるZが地震発生時に津波に関する情報収集を懈怠（義務を怠ること）し、送迎バスの出発や避難に係る指示・判断を誤ったとして、A幼稚園を設置するY学院に対しては安全配慮義務違反の債務不履行と民法第７１５条第１項（使用者責任規定）の不法行為による損害賠償責任を、園長Zに対しては、民法第７０９条の不法行為による損害賠償を求めた事案である。本事案は、その第一審判決（仙台地方裁判所判決平成25年9月17日。『判例時報』２２０４号、57頁）である。

判決の要旨

1　事案の主な争点

第一には、幼稚園を設置するY学院と園長Zが被災園児の生命・身体を保護する義務を負っているかどうかという点にある。第二には、園長Zに地震発生後の津波に対する情報収集義務の懈怠があったのかということと、さらに懈怠があった場合にそのことと園児らの死亡には相当因果関係があるのかという点である。第三には、園長Zに対して情報収集等の注意義務を課す前提として巨大津波を予見することが可能であったのかどうかという点にある。

2　裁判所の判断

第一の点について、裁判所は、Y学院には原告らとの在園契約から生じる付随義務として園児の保護義務があること、そして、園長Zも一般不法行為上、同様の義務を負っていることを確認している。

第二の争点については、園長Zは、巨大地震を体感後にも、ラジオや防災行政無線により津波警報等を積極的に収集しようとせず、予定された送迎ルートを変更して幼稚園のある高台から低地帯にある地域に向けてバスを発車させるように指示したのであるから情報収集義務の懈怠があったと認定し、情報収集義務を果たしていれば、A幼稚園の地震マニュアルに従って幼稚園に園児を待機させ保護者に引き渡すことになったと推認されることから、情報収集義務の懈怠と園児らの死亡の結果発生との間には相当因果関係があると判じている。

第三の争点については、予見義務の対象は、地震の発生についてではなく（マグニチュード9.0の巨大地震の発生の予見ではなく）、地震を体感した後の津波発生のおそれであるとし、防災行政無線やラジオ等によって津波警報、大津波警報や高台への避難の呼びかけが伝えられた状況下では、海岸近くの低地にバスを発車させることが津波被害にあうことは予見困難とはいえないとしている。

裁判所は、こうした判断に基づいて原告

の請求を認めている（一部認容）。その後、本事案は、控訴されている。

事案から考える視点

1　市のハザードマップとの関係

被告らは、石巻市が作成したハザードマップにおいても、浸水地域として海沿いの地域しか想定していなかったことを指摘し、合理的平均人である園長には注意義務がないと主張していた。これに対し、裁判所は、ハザードマップには、浸水地域とされていない地域においても状況によって浸水するおそれがあり、津波に対してできるだけ早く安全な高台に避難することが大切であること等が注記してあること、また、予見可能性の対象となるのは被災現場（ハザードマップの浸水地域外）ではなく、海沿いのルートを走行させることによる津波被害の予見可能性であると判じている。

このことは、ハザードマップにおける浸水地域の位置づけは絶対的なものではないこと、そして、事案によっては、単に行政のハザードマップにおいて浸水地域として示されていないことのみをもって免罪されないことを意味している。

2　マニュアルの整備・訓練、情報収集〜もう一つの裁判との比較から〜

平成26年2月24日、「七十七銀行女川訴訟」においては、本事案と同じ仙台地方裁判所民事第一部（3名のうち2名は本事案と同じ裁判官が担当している）は、被告の安全配慮義務について結論として異なった判断を示している。

この事案は、支店長の判断で町指定の避難場所ではなく、銀行が「迅速に避難できる場所」として指定した支店の屋上に避難した行員12名（原告は3遺族）が予想を大きく超える20メートルの津波により犠牲となったものである。裁判所は、支店長は支店の屋上を超える津波を予見することは困難であったとして、銀行側の安全配慮義務違反を認めず、原告側の請求を棄却している（原告側は、その後、控訴している）。

二つの裁判は、条件や状況が異なっており、簡単に比較することはできない。しかし、事前の対応としてマニュアルの整備と訓練、事後の対応としての情報収集において両者の対応は明らかに異なっている。事前対応について、A幼稚園では、地震マニュアルにおいて地震の際には園児を園庭に誘導して、保護者の迎えを待って引き渡すと定められていたのであるが、教諭や運転手は地震マニュアルの存在を知らず、地震が発生した際の取扱いが定められていたことも知らなかった。そして、地震マニュアルは実践的な訓練として生かされることも、震災当日に内容が確認されることもなかったのである。これに対し、七十七銀行女川支店の場合には、銀行側が宮城県のガイドライン等を参考し、高さの観点から支店の屋上が津波避難ビルとして適格性を有すると判断し、災害訓練等も実施されていた。

事後対応については、A幼稚園は停電や地震後の園児対応に忙殺されたこと等により積極的な情報収集を行わなかったのに対して、七十七銀行女川支店では、ラジオ、衛生電話等によって情報を把握したうえで、避難行動の判断を行っているのである。

両事案とも、その後、控訴されている。その使用者としての安全配慮義務についての判断は、今後のわが国の防災対応に多大な影響を与えることが予測されるものであったが、本事案はその後、控訴後に和解、七十七銀行女川訴訟は、その後、控訴されたが、二審（仙台高等裁判所平成27年4月22日）も遺族側の請求を棄却し、最高裁も遺族側の上告を退けている（最高裁判所第二小法廷決定平成28年2月17日）。

24

経営

高校教員の年次有給休暇の取得に対する校長の不承認（時季変更権の行使）が問題となった事例

入学式など学校行事における教員の年次有給休暇の取得の是非がマスコミ等で論じられたことがある。

本事案は、校長が、教員の春闘統一行動に参加するための年次有給休暇、期末試験日の出題教員の年次有給休暇の請求に対して時季変更権を行使したことが問題となった事例である。最高裁が学校の教員の年次有給休暇に関する判断を示したものとして参考になると思われる。

事案の概要

本事案は、北海道立高校に勤務する教員が、総評の春闘統一行動の一環である集会に参加するために行った年次有給休暇の請求（以下「A事実」という）、連休前後及び期末試験日に出題担当教員が行った年次有給休暇等の請求（以下「B事実」「C事実」という）に対し、校長が不承認としたことの是非が焦点となった事案である。前者は5名の教員が、後者は1名の教員が関わっている。第一審、第二審は、A、B、C事実ともに同一裁判としての審理・判決がなされているが、上告審では二つの別個の裁判として判決がなされている。

1　A事実について

北海道教職員組合は昭和40年4月20日に組合員三割を動員して春闘統一行動の集会に参加させることとした。原告である教員5名（X1～X5）は4月19日に翌日の半日の年次有給休暇の休暇届を校長に提出したが、校長は地方公務員法第37条第1項が禁止している争議行為等にあたるとして不承認とした。

原告らはこれに従わず職場を離脱し集会に参加したため、北海道教育委員会は原告らに戒告処分を行ったものである。

2 B事実、C事実について

X6教諭は、昭和40年4月30日に5月1日、4日、6日～8日の年次有給休暇の請求を、7月16日に7月20日の年次有給休暇の請求を行った。前者（B事実）について、校長は、X6教諭が学習指導計画が不提出であること、授業振替が困難であること、統一行動についての調査が必要であること等を理由として年次有給休暇を不承認とした。後者（C事実）については、期末試験日程がすでに決まっており、期末試験日に担当教員が行う質問への対応等が重要であること、原告が同校で唯一の物理担当教員であること等を理由として休暇申請を不承認とした。

X6教諭はこれを無視して職場を離脱したため、北海道教育委員会は減給処分（後に戒告処分に修正）を行ったものである。

3 裁判の動向

第一審（札幌地方裁判所判決昭和50年11月26日）及び第二審（札幌高等裁判所判決昭和57年8月5日。『判例タイムズ』第487号、123頁）とも、A事実及びB事実について、原告らの年次有給休暇の時季指定は有効である（校長の時季変更権の行使は不適法である）として原告らに対する懲戒処分を取り消した。その一方で、C事実については、第一審・第二審とも、担当科目の期末試験日における年次有給休暇の時季変更権行使は適法とし、職場を離脱した教員に対する戒告処分は有効とした。

本事案は、その上告審である（最高裁判所第一小法廷判決昭和61年12月18日。『判例タイムズ』627号、99頁）（最高裁判所第一小法廷判決昭和62年1月29日）。

判決の要旨

1 事案の主な争点

A事実については、本件のような公立学校教員に対する教職員組合の統一行動への参加指示に従い年次有給休暇取得によって集会に参加する行動は同盟罷業といえるのかどうかということにある。

C事実については、期末試験における出題教員の年次有給休暇の時季指定は、労働基準法第39条3項ただし書（現行法では第39条5項ただし書）の規定する「事業の正常な運営を妨げる場合」にあたるかどうかという点にある（B事実は、紙幅の関係で省略）。

2 裁判所の判断

前者の争点については、最高裁は、まず、一斉休暇闘争は「労働者がその所属の事業場において、その業務の正常な運営の阻害を目的として職場を放棄・離脱するものと解するときは、その実質は、年次休暇に名を借りた同盟罷業にほかならない。したがって、その形式いかんにかかわらず、本来の休暇権の行使ではない」（最高裁判所第二小法廷判決昭和48年3月2日）ことを確認し、このような場合に年次有給休暇が成立しないとしている（一部の者を割り当てる割休闘争も同盟罷業となりうる）。

しかし、そのうえで、本件の北教組の動員指示は、適法な時季変更権の行使があった場合にも職場をあえて離脱することまでを指示したものではないこと、あらかじめ授業の振替、自習課題を準備するなどの手当をしていること、他校では時季変更権が行使されず、また、職務専念義務免除が承認されているなどの事実認定を踏まえて、業務の正常な運営を阻害することを意図していたとはいえず、年次有給休暇に名を借りた同盟罷業とはいえないとした（なおB事実についても、授業の振替の困難さ、服務調査の実施などは事業の正常な運営を妨げる事情とは認められず、校長の時季変更権の行使は違法であるとされたことを付言しておく）。

その一方で、後者の争点については、第二審を是認して、定期考査は学習評価に関する重要な学校事業であり、出題教員が巡回して質問に答え、不測の事態に備えることが望ましく、とりわけ科目担当者が一人である場合には在校する必要性はより大きいとし、X6の休暇申請は業務の正常な運営を妨げる場合にあたり、校長の時季変更権の行使は適法であるとしている。

事案から考える視点

1 前提となる最高裁判例の確認

年次有給休暇の法的性格については、いわゆる3・2判決（最高裁判所第二小法廷判決昭和48年3月2日）により法的争点についての一定の決着をみているので、以下にその判決内容を確認しておく。

①年次有給休暇は、労働基準法第39条に基づいて時季指定した場合に、使用者が時季変更権を行使しないかぎり指定によって効果が発生する（使用者の「承認」の観念を入れる余地はない）。②使用者が時季変更権を行使する要件として「事業の正常な運営を妨げる」か否かの判断は、当該労働者の所属する事業場を基準として判断する。③労働基準法第39条に基づく年次有給休暇の利用目的は、同条の関知しないところであり、労働者の自由である。④一斉休暇闘争は、年次有給休暇に名を借りた同盟罷業であり、労働者の賃金請求権は発生しない。

2 校長が時季変更権を行使するうえでの留意点

本件最高裁判決及び同判決が是認した第二審判決から次のような示唆が読み取れる。

〈事案に応じた個別具体的な基準〉

裁判所は、事業の正常な運営を妨げる蓋然性についての具体的判断基準として、A事実に関しては「集会の目的」「年休権行使の規模・実態」「年休中における授業についての手当の状況」等を、B事実に関して、「科目を担当する者の人数、科目内容、試験実施時における出題教員の役割、その代替性の有無・程度」を基準としてあげている。このことは、事案に応じて個別具体的な基準を設定して権限行使の必要性を検討すべきことを示している。

〈個々の学校を基準とした判断〉

校長の時季変更権行使の前提である「事業の正常な運営を妨げる」かどうかの判断は、単に個々の労働者が担当している仕事としての業務が正常であることが阻害されているにとどまらず、当該労働者が所属している事業場の事業が正常であることを阻害している必要がある。つまり、教師の担当する業務に対する影響だけでなく、個々の学校の事情に応じて検討することが必要であることを意味している。

〈可能な限りの手立てを講じること〉

年次有給休暇の申請がなされた時、使用者は、代替要員を確保したり、労働者の配置を変更したりして事業の正常な運営を確保するための可能な限りの手立てを講じたうえで、それでもなお事業の正常な運営が阻害されると判断される時に、はじめて時季変更権が行使できる。つまり、これらの手立てを講じることなく、漫然と判断することは許されないということである。

〈休暇利用目的と社会常識の調整〉

使用者が時季変更できるのは「事業の正常な運営を妨げる場合」とされ、時季変更権の行使はその利用目的によって左右されるべきものではないとされている。つまり、休暇取得の理由ではなく、あくまで事業への影響の観点から判断される必要がある。しかし、事業の正常な運営を妨げるものとして時季変更権を行使すべき場合でも、使用者は、社会常識からその行使を差し控える運用を行うこともあり得ると考えられる（例えば、親の危篤、子どもの重病など）。

25 社会

朝鮮学校に対する街頭での威圧的、侮蔑的な示威活動等が不法行為とされた事例

街頭において国籍などによる差別をあおる、いわゆるヘイトスピーチ（嫌悪表現）に関する報道が相次いでいる。

本事案は、在日特権をなくすことを目的とする団体の構成員等が、朝鮮学校への抗議という名目で、街頭で行った示威行動やその映像をインターネットで公開したことが、不法行為にあたるとされた事例である。

事案の概要

原告の学校法人Xは、在日朝鮮人の民族教育等を行うことを目的に京都市内にA学校（日本の小学校と幼稚園に相当する施設）を設置している。A学校には校庭がないため、体育、部活動、運動会、式典の際には、校舎に隣接する児童公園を使用しており、サッカーゴール、朝礼台、スピーカー等を設置していた。児童公園は、都市公園法が適用される公の施設であり、サッカーゴール等を常時設置して占用することは、京都市の許可がない限り違法である。京都市職員が、これらを撤去するように指導し、A学校も平成22年1月末までに撤去するように約束した（その後も、何度か許可を受けることなく、祭りや運動会を行った）。

「在日特権を許さない市民の会」（在特会）は、「在日問題を広く一般に提起し、在日韓国人・朝鮮人を特権的に扱う、いわゆる在日特権を無くすこと」を目的とする団体である。在特会等に所属している被告らY1〜Y8は、平成21年12月4日、平成22年1月14日、平成22年3月28日の3回にわたって学校周辺等で示威活動を行い、その映像をインターネットを通じて公開した。

平成21年12月4日には、被告らはサッ

カーゴールを倒し、朝礼台を南門前に運んで立てかけたり、スピーカーの電源コードを切断して南門前に運んだりした。また、「出ていけー」「叩き出せー」などと拡声器を用い、大声をあげた。学校側は、その後、学校の周辺の見守りを強化し、門付近に複数の教員を配置するなどの対応を行った。

平成22年1月14日の示威行動については事前にウェブサイトで予告され、参加の呼びかけがなされた。学校側は、当日、示威活動を児童の目に触れさせないためにバスで国立民俗学博物館等への課外活動を行った。示威活動への参加者約30名は、「朝鮮学校の公園占拠を許すな！　不法占拠を『学校襲撃』にすり替える朝鮮人の下劣　差別迫害されている朝鮮人は本国へ帰れ！」と記載した横断幕を掲げて、学校付近の道路で大声をあわせて気勢をあげるなどした。

平成22年3月28日の示威行動は、被告らの示威行動に反対する集会が同日に行われることに対抗して企画されたものである。事前に予定を知った学校側が、裁判所に、学校の半径200メートルの範囲での示威行動等を禁止する仮処分を申立て、裁判所は、申立てのとおり仮処分の決定を行った。しかし、被告らはこの仮処分の決定を無視する形で、示威行動を行ったものである。

原告は、在特会らが行った示威活動やその映像をインターネットを通じて公開したことが不法行為に該当し、それによる損害の賠償を求めるとともに、法人の人格権に基づいて学校移転先周辺において示威活動の差止め等を求めたものである。

第一審（京都地方裁判所判決平成25年10月7日。『判例時報』第2208号、74頁）は、被告団体等が行った行動は、原告の教育事業を妨害し、また、原告の名誉を毀損するものであり不法行為に該当し、かつ人種差別撤廃条約上の「人種差別」に該当するとして、損害賠償請求を一部認容（約1200万円の損害賠償）し、また、学校移転先周辺において示威活動を行うことの差止め請求を認容した。本裁判は、その控訴審（大阪高等裁判所判決平成26年7月8日）である。なお、校長は都市公園法違反で罰金10万円の略式命令を受けている。また、刑事事件において被告側の4名は侮辱罪、威力業務妨害罪等で有罪が確定している。

判決の要旨

1　事案の主な争点

本事案の重要な争点は、人種差別撤廃条約に加入しているわが国において、条約がどのように裁判所の判断に影響するのかということである。わが国では、いわゆるヘイトスピーチなどの民族差別等をあおるような言動を、直接規制する法律が存在しない。そのために、学校側は、業務妨害、名誉毀損などの民法上の不法行為責任を問う形で提訴したものである。一般に、私人間における争いを問題とする民事訴訟に条約を直接適用することは難しいと考えられている。本事案において、条約の趣旨をどのように実現するのかということが注目された。

2　裁判所の判断

はじめに、人種差別撤廃条約の規定を確認する。条約は、「人種差別」について「人種、皮膚の色、世系又は民族的若しくは種族的出身に基づくあらゆる区別、排除、制限又は優先であって、政治的、経済的、社会的、文化的その他のあらゆる公的生活の分野における平等の立場での人権及び基本的自由を認識し、享有し又は行使することを妨げ又は害する目的又は効果を有するもの」（第1条第1項）と定義し、締結国に対して「人種差別を非難し、また、あらゆる形態の人種差別を撤廃する政策……をすべての適当な方法により遅滞なくとる」（第2条第1項）ことを求め、「すべての適当な方法（状況により必要とされるときは、立法を含む。）により、いかなる個人、集団又は団体による人種差別も禁止し、終了させる」（第2条第1項ⓓ）ことを求めており、さらに締結国はその「管轄の下にあるすべての者に対し、権限のある自国の裁判所……を通じて……あらゆる人種差別の行為に対する効果的な保護及び救済措置を確保し、並びにその差別の結果として被ったあらゆる損害に対し、公正かつ適正な賠償又は救済を……求める権利を確保する」（第6条）ことが求められている。

争点について、裁判所は、条約は、私人間の関係を直接規律するものではなく、私人相互の関係に適用又は類推適用されるものでもないから、その趣旨は、民法第709条等の個別の規定を通じて、他の憲法原理や私的自治の原則との調和を図りながら実現されるべきものであるとした。

したがって、一般に私人には表現の自由が保障されるが、私人間においてある集団全体に対する人種差別的な発言が行われた場合には、その発言が憲法第13条、第14条第1項や人種差別撤廃条約の趣旨に照らして、合理的理由を欠き、社会的に許容し得る範囲を超えて、他人の法的利益を侵害すると認められるときは、民法第709条にいう「他人の権利又は法律上保護される利益を侵害した」の要件を満たすと解すべきであり、これによって生じた損害を加害者に賠償させることを通じて、人種差別を撤廃すべきものとする人種差別撤廃条約の趣旨を私人間において実現すべきものであるとした。

その一方で、個人に具体的な損害が生じていないにもかかわらず、人種差別行為がされたというだけで、裁判所が、民法第709条の不法行為にあたるとして賠償の支払いを命じるようなことは、不法行為に関する民法の解釈を逸脱しており、新たな立法なしに行うことはできないものと解されるとし、具体的な損害の発生という適用上の限界についても言及している。

大阪高等裁判所は、こうした判断を基にして、被告らに損害賠償を命じた第一審判決を支持し、被告らの控訴を棄却している。なお、本事案は、その後、最高裁判所に上告されている。

事案から考える視点

自民党は平成26年8月21日、ヘイトスピーチを規制する法整備を検討するプロジェクトチームを設置したが、表現の自由との関係から立法化の動きは難航した。

教育基本法第2条5号は、「伝統と文化を尊重し、それらをはぐくんできた我が国と郷土を愛するとともに、他国を尊重し、国際社会の平和と発展に寄与する態度を養うこと」と規定している。

制定当時の国会答弁によれば、「わが国と郷土を愛する」と「他国を尊重する」とは、お互いの伝統と文化を尊重することであり、偏狭なナショナリズムは克服されるべきものとされている。

今後の裁判の動向、立法化の動向は不透明であるが、具体的な立法がなされない場合でも、ヘイトスピーチ等の行動は、事案によっては刑事上も、民事上も問題とされ得ることを理解し、学校側も教育基本法の規定や条約の趣旨等を踏まえて対応することが求められているといえる。

〈補録〉被告らは控訴審を不服として上告したが、上告は棄却・不受理とされた（最高裁判所第三小法廷決定平成26年12月9日）。なお、ヘイトスピーチを規制する法律として、平成28年6月3日に「本邦外出身者に対する不当な差別的言動の解消に向けた取組の推進に関する法律」（平成28年法律第28号）（ヘイトスピーチ対策法）が公布・施行されている。

26

経営

採用試験に不合格となった者を臨時的任用により学級担任としても、違法性の問題が生じないとされた事例

毎年、正規任用の教員が確保されない学校には、臨時的任用の教員が配置される。しかし、その任用基準は不明確で、県によっては定数内教員のうち非正規雇用者が相当の割合にのぼっているところもある。

本事案は、定数内教員を臨時的任用とすることの違法性が問題となった事例である。

事案の概要

大分県教育委員会は、平成6年3月末の定期人事異動に伴い市立A小学校の教職員定数を30名と決定したが、将来、教員の定数減が予想されていること等から、2名の定数に臨時的任用者を充てることとし、Y（小学校教諭一種免許状を授与されていたが、平成6年度の大分県教員採用試験には合格していなかった）を臨時講師として配置した。原告Xは、A小学校の4年生であったが、Yが担任を務めているクラスに在籍していた。Yは、原告Xに対し、リレー会の開会式で原告を含む児童らの後頭部をたたいた体罰を行ったこと、児童への指導が不適切であり学級担任教師として適格性を欠くこと等によって、教育を受ける権利を侵害されたこと、県教育委員会が、臨時講師を採用できる緊急の場合に該当しないのにYを臨時講師として採用し、Xの担任としたため、劣悪な授業等により、適法に正式採用された教員による教育を受ける権利が侵害されたことを理由として、国家賠償法に基づく損害賠償（慰謝料）を請求した事案である。

第一審（大分地方裁判所判決平成9年6月4日）では原告の請求が一部認容されたが、

その後、控訴されていたもので、本件は、その控訴審判決（福岡高等裁判所判決平成10年1月30日）である。

判決の要旨

1　事案の主な争点

本裁判の主な争点は、次のとおりである。

第一の争点は、Yの行為の違法性である。具体的には、①Yのリレー会開会式での児童に対する行為が体罰に該当するのか、②Yの授業等における具体的な教育活動が憲法で保障された教育を受ける権利の侵害にあたるのかということにある。

第二の争点は、県教育委員会の任用行為の違法性についてである。具体的には、③学校数減による教員定数減員の予想から緊急性がないのにYを臨時講師として採用したことの違法性、④教員採用試験に不合格となった者を臨時講師として採用し、4年生の担任に任命したことの違法性である。

2　裁判所の判断

裁判所は、①のYの行為が体罰にあたるのかどうかという点については、開会式の際に、Yが立っている児童を座らせるために、「座るように」と声をかけながら、手で児童の肩や頭に触れたことは、教師の児童に対する指導として行われる身体的接触の域を超えているとは認められないとした（体罰を否定）。

②については、国民の教育を受ける権利は、学校教育法等の法令に従い、一定の施設設備を備えた学校等において、教員免許を有する教員による指導等を受ける機会によって保障されるものであり、これらの条件が具備されている限り、個々の教員が実施する具体的な教育行為が、その方法、内容如何等によって憲法上保障された教育に該当しないこととなるものではないとしている。

③については、県教育委員会は、今後予想される教員定数の減員により定数過剰の人員が生じることが見込まれるため、地方公務員法第22条第2項、大分県人事委員会規則第20条第2号の規定によって採用したもので、その採用手続に違法性がなく、また緊急の場合でなくとも、人事の適正化のために臨時的任用をしたことは裁量の範囲内に属し、違法とはいえないとした。

④については、地方公務員の採用が成績主義の原則に基づき「競争試験」によるとされている（地方公務員法第15条、第17条第3項）のに対し、教員は、教員免許状の取得により既に一定の能力を有することが確認されていること、教員としての資質、適性等の人格的評価が重視されなければならないことから「選考」によるとされていることを指摘し、教員採用の結果は、選考の際の判断資料の一つに過ぎないから、採用試験に合格しなかった者を選考により採用しても違法の問題は生じないとしている。

なお、本件は、その後上告されたが、棄却され確定している（平成10年9月10日）。

事案から考える視点

1　非正規雇用の教員の増加の問題

文科省調査によれば、公立の小中学校で教える非正規の教員は増加傾向にあり、全国で約11・2万人、その割合は16％にのぼる（平成23年）。非正規の増加は、学校現場においては、一年限りの講師が増え継続的な指導ができないこと、選考の実質が確保されず教員の質が必ずしも担保されないこと、不安定な任用のために十分な人材が確保されないこと等の問題が指摘されている。

注意を要するのは、特に臨時的任用教員の増加傾向が顕著となっていること、小中学校の教員定数に対する定数内非正規講師の割合は、都道府県によりかなりのばらつきがあり、「過度に臨時的任用教員の割合が高い県も見られる」（文部科学省資料による）ということである。

背景には、地方財政の悪化、大量退職への対応、児童生徒数の減少など各地方が抱える多様な要因があるものと思われるが、無自覚な制度運用がないかどうかについても検証を要する。

2　定数内臨時的任用の法的争点

法令上、臨時的任用がなされるのは、ⓐ地方公務員法第22条第2項（臨時的任用）、ⓑ女子教職員の出産に際しての補助教職員の確保に関する法律第3条（臨時的任用）、ⓒ地方公務員の育児休業等に関する法律第6条（任期附き採用及び臨時的任用）に該当する場合等である。ⓑ、ⓒは、産休、育休の場合であるので、ここでは、ⓐについて述べる。

地方公務員第22条第2項は、「緊急の場合」「臨時の職に関する場合」「任用候補者名簿がない場合」には、6月を超えない期間で臨時的任用ができるとし、さらに6月を超えない期間で更新することができるとしている（再度更新することはできない）。このことは、本事案でいえば③の争点、つまり、定数内教員を臨時的任用とする場合の法的根拠は何であるのかということが問題となっていることを意味している。言い換えれば、定数内の人員を臨時的任用とすることは、「臨時の職に関する場合」にあたるのかということである。

「臨時の職に関する場合」の意味について、地方公務員法第22条第2項は「人事委員会規則に定めるところにより」と規定しており、これを受けて規定された大分県人事委員会規則第11号「職員の任用に関する規則」第20条2は、「臨時的任用を行う日から1年以内に廃止されることが予想される臨時の職に関する場合」と定めている（なお、人事院規則8—12（職員の任免）は第39条2号で「1年に満たない期間内に廃止されることが予想される臨時のものである場合」と規定している）。

「1年以内」という規定を踏まえれば、定数内の臨時的任用が複数年に及ぶことが想定されている場合には「臨時の職に関する場合」に該当しないとの解釈も成り立ち得る。しかし、本事案について裁判所は定数内の臨時的任用は「臨時の職に関する場合」にあたると判断し、その違法性を否定している。このような解釈を基にすれば都道府県教育委員会は定数内教員についても臨時的任用を行う広範な裁量権を有するということになる。

しかし、そもそも、法の趣旨は臨時的任用の制限にあり、無制限な拡大を認める趣旨ではないことに留意する必要がある。裁判所は、本事案についての違法性を否定したものである。何が「臨時の職に関する場合」かは事案に応じて検討されるべきものであると考えられる。

なお、地方公務員法第22条第2項は、「人事委員会の承認を得て」臨時的任用を行うこととしており、そのために、都道府県教育委員会は、要綱等を定めている。これらの要綱等においては「欠員が生じ、業務の円滑な実施に支障があると認められる場合」（東京都）など曖昧な規程も多く、これらの曖昧さは、実務上も、明確な基準によらずに臨時的任用を進める要因となっていることが考えられる。

都道府県教育委員会は、「過度に臨時的任用教員の高い県も見られる」（文科省資料による）という指摘を真摯に受け止め、まずは自ら検証、対応する必要があろう。

27

経営

条件附採用期間内の初任者が、勤務成績不良を理由として免職された事例

今年も、多くの新人教員が、教壇に立つ。夢や希望をもって、素晴らしい教員生活をスタートさせてほしい。しかし、教員の採用は、1年間の条件附採用の期間を経ることとなっていることを確認しておきたい。本事案は、初任者が、勤務成績の不良を理由として免職された事案において裁量権を逸脱した違法性がないとされた事例である。

事案の概要

原告Xは、平成21年4月1日付で東京都教育委員会に公立学校教員として条件附採用をされ、A小学校で音楽専科の教員として勤務を開始した。Xに対する指導体制は、全般的な指導を担う教諭を隣席に配置して指導にあたらせるとともに、Xの授業の後任を担当したり、チームティーチング体制をとったりする音楽の講師を配置した。クラスの担任教諭も、Xの授業を観察するなどして関わった。また、区教育委員会からは合計8回、教育アドバイザーや指導主事等が派遣され、授業を観察した。

Xの勤務状況は、参観した教諭、教育アドバイザー等によれば、話や指示が児童に届かない、歌唱にあたり児童に対する適切な指示がない、私語をしたり練習に取り組まない児童を放置する等の問題が見受けられ、その改善について指導、指示したが、特段に変化がなかったという。また、指導主事や人事担当者によれば、Xが下を向いたまま授業をすることが多く、ピアノ伴奏もほとんど子どもを見ず、ピアノ伴奏中に指導の歌やリコーダーの演奏を指導することが全くなく、活動の目的が不明確で、具体的な評価がない等の問題点が見られたという。音楽会の準備を担当する立場にあったが、練習や本番の楽器の準備を行わない、予定していた指導の補助を忘れる、笛の発注で異なる種類の笛を発注するなどした。改善を指導、指示したが、特段の改善は見られなかったという。

校長は、平成21年9月30日付の「平成21年度新規採用教員の育成に関する報告書」において教員としての資質に問題がある旨の評価をした。また「平成21年度教育職員業績評価書（教諭用）（特別評価）」においては、評価項目のいずれも最下位のDとした。採否については「否」とした。

区教育長は、校長から提出された評価を検討し、評価を5段階の最下位の「1」とし、「採用の可否」の欄を「否」として平成22年2月10日に東京都教育委員会に提出した。東京都教育委員会は、これを受け、同年3月9日に採用不可として教職員懲戒分限審査委員会に付議することを決定し、同年3月12日に、不採用は妥当であるとの答申を得て、不採用とすることを決定した。Xは3月31日付で、都教育委員会より、公立学校教員を免ずる旨の処分を受けたものである。

判決の要旨

1 事案の主な争点

本裁判の主な争点は、第一には、原告の勤務状況についての判断にあり、第二には、原告に対してどのような指導等が行われたのかということにある。

2 裁判所の判断

第一の争点については、授業の際に、課題、指示等を児童に明確に伝えられず児童が理解できない、児童に聞こえる大きな声で歌唱し、児童の歌唱等をリードすることができないなど学習指導の際に最低限必要とされる指導力など教員としての適格性に疑いがあること、生活指導の面でも児童の私語等を注意、指導しないなどの問題が見られ当該授業を遂行するための最低限必要な指導力に疑問があること、音楽会の準備にあたり、他の教諭等と連絡をとりあうことができないなど学校という組織の中で業務に従事する者として最低限必要とされる連絡能力や事務処理能力に問題があることを認定した。

第二の争点については、教諭等による指導が、授業前後等に頻繁に行われ、また、教育アドバイザー等による授業参観が、年間8回行われるなど指導が繰り返し行われていること、指導助言の結果その指導力は少し向上したが、十分な改善が見られないことから改善・向上する意欲が備わっているとはいい難いとしている。

裁判所は、以上を総合的に判断して、原告の勤務成績は不良といわざるを得ず、条件附採用期間中の原告を引き続き任用しておくことが適当でないとの判断には合理性があるとし、本件処分には裁量権を逸脱した違法はないと判じた（東京地方裁判所判決平成24年10月29日）。本事案は控訴されたがその後取り下げられ判決が確定している。

事案から考える視点

1 原則と基準の確認

ここで条件附採用制度の趣旨と、そこで適用されるべき原則と基準について確認しておきたい。

地方公務員法第22条第1項は、臨時的任用又は非常勤職員の任用の場合を除き、職員の採用はすべて条件附のものとし、職員が一定期間勤務し、その期間、職務を良好な成績で遂行したときに正式採用となるものと規定している。

条件附採用制度の趣旨・目的は、「職員の採用に当たり行われる採用試験又は選考の方法が、なお、職務を遂行する能力を完全に実証するとはいい難いことに鑑み、試験等により一旦採用された職員の中に適格性を欠く者があるときは、その排除を容易にし、もって、職員の採用を能力の実証主義に基づいて行うとの成績主義の原則を貫徹しようとすることにある」としている。そのため、条件附採用期間中の職員には、正式採用の職員の分限に関する規定は適用されない。初任者は、採用後も、条件附採用期間中は、能力の実証が求められていることを自覚しておく必要がある。

その一方で、判決は、最高裁判例（第三小法廷判決昭和53年6月23日）を引用して「条件附採用期間中の職員といえども、既に試験等の過程を経て勤務し、現に給与の支給を受け正式採用になることの期待を有するものであるから、もとより、それは純然たる自由裁量ではなく、その処分が合理性をもつものとして許容される限度を超えて不当なものであるときは裁量権の行使を誤った違法なものというべきである」としている。その基準は、実務上は、条件附採用期間中の職員に関する条例が制定されていない場合には、条件附採用期間中の国家公務員の分限について定めた人事院規則11−4（職員の身分保障）10条に準じて行われ、「特別評価の全体評価が下位の段階である場合又は勤務の状況を示す事実に基づき勤務実績がよくないと認められる場合」「心身に故障がある場合」「客観的事実に基づいてその官職に引き続き任用しておくことが適当でないと認められる場合」等が列挙されている。条件附採用といえども、これらの所定の事由に該当しない限り身分保障されると解される。

2 都道府県によって異なる運用実態

条件附採用の制度の運用は、都道府県によって実態に差がある。例えば、平成25年度に採用された者のうち正式採用されなかった者の数と割合を見ると、東京都が人数で79名、割合として2・9％でともに最多である。その一方で、12県ではゼロとなっている。採用する人数も異なっており、新採用教員の状況も異なることから数字だけで簡単な比較はできない。

しかし、都道府県によって特別評定の実施状況、特別な評定の運用や取組み、考慮事項にも違いが見られることから、手続上の制度の運用の違いには、都道府県教育委員会の姿勢が相当程度反映しているものと考えられる。

3 初任者への支援と分限の現実

現実問題として条件附採用の者を不採用とする場合には、学校、市町村教育委員会、都道府県教育委員会の内部で、手続を進めるための事実上の意思形成が行われる必要がある。本事案では9月30日付「平成21年度新規採用教員の育成に関する報告書」の厳しい記載内容から推測するに、この時期には一定の方針が形成されていたことが推測される。つまり、この頃から、学校や教育委員会は、初任者に対する支援を行いながら、その一方で、分限に向けた裏づけ作業を進めるという矛盾したプロセスに関わることになる。

わが国の学校教育は、教員のインフォーマルな人的ネットワークを背景に勤務時間や職務領域を超えた教員の自発的なコミットメントによって成り立っていることは、すでに広く知られていることである。不適格者を継続任用することは当然に許されないが、都道府県教育委員会が手続きや基準を曖昧にしたまま大きく踏み込むとき、それが行き過ぎれば教師として発展途上にある教員の成長を阻害することにつながる可能性もあることに留意する必要がある。

28

保護者

最高裁が、子どもが起こした事故において、通常危険が及ばない行為について親の賠償責任を否定した事例

子どもが引き起こした事故の責任を、親はどこまで負わなければならないのか。従来、責任能力のない未成年者の親権者は、その監督責任は容易に免責されないと考えられてきた。最高裁が、親権者の監督義務責任を限定する解釈を示したことで、今後の同種の訴訟の動向に影響を与えるものと思われる。

事案の概要

本事案の対象となる事故が発生した公立A小学校では、事故が発生した当時、放課後に児童らに校庭を開放していた。

校庭の南端近くには、ゴールネットが張られたサッカーゴールが設置されていた。ゴールの後方約10ｍの場所には、門扉の高さが約1.3ｍの南門があり、その左右には校庭の南端に沿って、約1.2ｍのネットフェンスが設置されていた。また、校庭の南側には、幅約1.8ｍの側溝があり、その南側に道路があった。南門とその道路との間には、橋が架けられていた。A小学校の周辺には、田畑が存在し、道路の交通量は少なかった。

平成16年2月25日、同校に在籍していた男子児童Bは、放課後、友人らとサッカーボールでフリーキックの練習をしていた。Bがサッカーゴールに向かってボールを蹴ったところ、ボールは、校庭から南門の門扉を超えて橋の上を転がり、南側の道路に出てしまった。その時、折から自動二輪車を運転して本件道路を通りかかったCは、ボールを避けようとして転倒した。Cは、左脛骨及び左腓骨骨折等の傷害を負い、入院した。事故直後に認知症の症状が出る

などし、入院中の平成17年7月10日、誤嚥性肺炎により死亡したものである。

死亡したCの遺族（Cの継承人）が、サッカーボールを蹴ったBの父母であるYらには、本件のような周囲に危険が及ぶような行為をしないよう指導する義務があるなどとして、民法第709条または第714条第1項に基づき損害賠償を請求したものである。

第一審（大阪地方裁判所判決平成23年6月27日）、第二審（大阪高等裁判所判決平成24年6月7日）は、Bの過失を認定し、事故とCの死亡との因果関係を認め、Yらに対する損害賠償請求を一部認容している。

Yらは、判決を不服とし、監督義務を怠らなかったとして、上告（上告受理申立）したものであり、本件は、その上告審判決である（最高裁判所第一小法廷判決平成27年4月9日）。

判決の要旨

1 事案の主な争点

民法第709条は、「故意又は過失によって他人の権利又は法律上保護される利益を侵害した者は、これによって生じた損害を賠償する責任を負う」と規定しているが、行為者に責任能力（自己の行為が違法なものとして法律上批難されるものであることを弁識できる能力）がない場合、賠償の責任を負わないとされている（民法第712条）。判例・学説は、およそ12歳程度を責任能力の有無を判断する基準としており、本事案でも、裁判所は、当時11歳11カ月であった児童Bについて責任無力者であると認定している。

しかし、加害者に責任能力がない場合には、民法は「その責任無能力者を監督する法定の義務を負う者は、その責任無能力者が第三者に加えた損害を賠償する責任を負う。ただし、監督義務者がその義務を怠らなかったとき、又はその義務を怠らなくても損害が生ずべきであったときは、この限りでない」（同第714条第1項）と規定しており、親権者の側に監督を怠らなかったことを立証する責任を課して、それを立証できない限り、賠償責任を負うこととされている。

本件の争点は、Yらが、子であるBに対する監督義務を怠らなかったかどうかということにある。従来の類似の訴訟では、立証責任は親権者側にあるため監督義務を果たしていることの証明が困難であり、また、被害者救済の観点から、親の監督責任が相当に広く認められる傾向にあった。このことが、親の監督責任は、ほとんど免責されないという一般的な見方につながっている。

2 裁判所の判断

最高裁は、「責任能力のない未成年の親権者は、その直接的な監視下にない子の行動について、人身に危険が及ばないよう注意して行動するよう日頃から指導監督する義務がある」ことを確認したうえで、校庭でサッカーゴールに向かってボールを蹴る行為について「通常は人身に危険が及ぶような行為であるとはいえない」とした。

そして、「通常は人身に危険が及ぶものとはみられない行為によってたまたま人身に損害を生じさせた場合は、当該行為について具体的に予見可能であるなど特別の事情が認められない限り、子に対する監督義務を尽くしていなかったとすべきではない」と判じた。つまり、Yらは、危険な行為に及ばないよう日頃からBに通常のしつけをしており、Cの行為について具体的に予見可能であったなどの特別の事情もないことから、「監督義務者として義務を怠らなかった」として、保護者の賠償責任を否定し、遺族らの請求を棄却したのである。

事案から考える視点

1　最高裁の判決に見る基準

最高裁の判決には三つのことが示されている。第一には、「責任能力のない未成年の親権者は、その直接的な監視下にない子の行動について、人身に危険が及ばないよう注意して行動するよう日頃から指導監督する義務がある」として、従来からの親権者の一般的な監督義務についてあらためて確認しているということである。第二には、「通常は人身に危険が及ぶものとはみられない行為によってたまたま人身に損害を生じさせた場合は」、監督義務不履行とはならないという基準を示したことである。第三には、「当該行為によって具体的に予見可能であるなど特別の事情が認められない限り」と述べ、このような場合でも、個別の事情によって監督責任が及ぶ場合があることを示しているということである。

これらのことは、親の監督責任は、ほぼ無条件に認められるという一般的な見方に対して、原点に返って、監督義務責任の内実を、個々の状況に則して検討すべきことを提起しているといえる。

2　親にとっての監督責任

キャッチボールをしていた小学生の投げた軟式ボールが、近くにいた別の小学生の胸にあたって死亡した事例（仙台地方裁判所判決平成17年2月17日）など、この種の訴訟では、親の監督責任が広く認められる傾向にあった。こうした流れに対して、今回の裁判は、監督責任が一律、無条件に認められるわけではないことを確認したものといえる。

しかし、本事案を一般化するには相当の限界があることに留意する必要がある。本事例は、極めて常識的な児童の行為によってたまたま被害が発生したという事案だからである。判決が「ボールが本件道路上に出ることが常態であったものとはみられない」「殊更に本件道路に向けてボールを蹴ったなどの事情もうかがわれない」などと述べていることは、状況が異なれば判断が異なる可能性があることを示唆している。

親の側は、本判決をもって、親の責任が容易に免除されるようになるなどと考えてはならない。親は直接監督できない状況にある子の行動についても、人身に危害が及ばないように日頃から指導監督するなど、生活全般について指導やしつけを行う義務があることを改めて確認しておきたい。

3　施設管理者の責任

本事案をめぐっては、サッカーゴールを道路に面した場所に設置するなど学校側の設置・管理に問題がなかったのかという点も気になるところである。

最高裁は、判決文の中で、「満11歳の男子児童であるBが本件ゴールに向けてサッカーボールを蹴ったことは、ボールが本件道路に転がり出る可能性があり、本件道路を通行する第三者との関係では危険性を有する行為であったということができる」と指摘している。

小学校6年生の児童が、力いっぱい蹴ったボールが、この程度の高さの門扉を超えて道路に出る可能性があることは予測されるところである。本事案では学校側を訴えの対象としていないが、場合によっては、サッカーゴールを設置し、校庭の管理を行っている学校側（訴訟対象としては設置者である自治体）を対象として訴訟を提起するということも考えられる。

学校側は、偶然に起きた事故ということではなく、このような危険性にも配慮して、校庭の使用方法、施設設備の管理を自覚的に行っておく必要があることを指摘しておきたい。

29

事故・事件

大津いじめ自殺事件の和解にみる修復的正義への萌芽

大津いじめ自殺事件で遺族が大津市や加害生徒らに対して損害賠償を求めていた裁判において遺族と大津市の和解が成立した。和解の内容には、対立を乗り越えて、当事者間の関係を修復しようとする意図が見られる。

事案の概要

平成23年10月に、大津市で当時中学2年生の男子生徒が同級生の男子生徒らからいじめを受けて自殺したとされる事件で、平成24年2月に自殺した生徒の両親が、大津市と加害生徒らに対し損害賠償を求めて提訴していた。なお、市は、平成24年8月に、市長部局の下に大津市立中学校におけるいじめに関する第三者委員会（元裁判官や弁護士等で構成）を設置して実態解明を進め、平成25年1月31日に報告書を提出している。

大津地方裁判所は、平成27年3月3日付で、原告と大津市に対して、第三者調査委員会報告書を基に事実認定するなどし、いじめに対する学校側の対応に過失や損害賠償責任を認める和解勧告を行った。同年3月17日には、原告と大津市の双方が勧告を受け入れ、和解が成立した。なお、原告と加害生徒らの間の訴訟については、分離して継続される。

和解の要旨

1　和解勧告の主な内容

裁判所は、和解の前提として次のような判断を示している。

まず、文部科学省の通知等は、いじめが

児童生徒の心身の健全な発達に重大な影響を及ぼし、自殺等を招来するおそれがあることを前提として、いじめ対応について注意を促してきたとし、一般的に、担当教諭らは、いじめを要因として、いじめを受けた児童生徒が自死しうることを予見できる状況にあったとしている。特に、「一般的に」予見できる状況にあったとしたことは、学校側の責任を考えるうえで重要な意味をもっている。

そのうえで、本事案について、裁判所は、第三者調査委員会報告書に基づき、当該生徒はいじめ行為を受け、自死に至る可能性のある精神的苦痛を受けており、担当教諭やそれ以外の職員も、当該生徒がいじめ行為を受けていたと認識していると認められるとしている（仮に、いじめ行為を受けているとの認識を有していなかったとしても、少なくとも、担当教諭らが当該生徒を少しでも注意深く観察したり、情報を共有していれば、いじめを受けていると認識することができたというべきであり、この点に過失があったとしている）。

これらを踏まえ、担当教諭らがいじめを認識していれば、当該生徒が希死念慮を抱き自死に至ることも、十分に予見できたというべきであり、担当教諭らがこのような事態を予見し、当該生徒らの訴えに注意深く耳を傾け、いじめ行為に対して適切な指導をしたり、両親に連絡するなどすれば自死に至らなかった可能性があったとした。

裁判所は、大津市側には自殺した生徒の自死について安全配慮義務違反があり、原告らに対して、国家賠償法第1条第1項に基づき賠償責任を負うとし、4千100万円（支払い済みの災害共済給付金2千800万円を含む）の賠償金で和解した。

2　謝罪事項

本事案の和解の特徴は、和解条項の中で、大津市が、原告に対して、第三者調査委員会報告書に基づいて、学校側が当該生徒に対して安全配慮義務を尽くさず、自死を具体的に予見できたにもかかわらず適切な対応をとらず、自死を予防できなかったこと、学校と教育委員会が当該生徒の自死に際して適切な事後対応を行わなかったことについて、謝罪している点にある。

また、和解事項を広く公表し、原告や大津市が取り組んできたいじめ防止策の取組みを確認するとともに、今後の再発防止策を継続することを約束していることも本和解の重要な側面である。

事案から考える視点

1　対立を前提とした法的責任論の限界

いじめによる加害行為については刑事責任（刑罰等）、民事責任（損害賠償の支払い等）が問われることがある。また、学校（設置者）に対しては民事責任・国家賠償法上の責任が問われるほか、教員個人も場合によっては行政処分（懲戒処分等）が行われることがある。

いじめ自殺事件において学校側の責任を問う裁判では、通常、①いじめについての事実認定の有無、②学校側の安全配慮義務違反や調査報告義務違反の有無、③それらの義務違反と自殺との相当因果関係、④自殺について予測可能性があったのかどうか、対応によっては自殺を回避する可能性があったのかどうかということが争点となる。

そのために、本件のような重大事案では、加害者側も学校側も、将来の訴訟等に備えるために、事実認定について慎重な対応をとる傾向にある。いじめについてのアンケートや調査、関係者の聞き取りに対して消極的になったり、回答や説明も責任を回避するものとなりがちである。このことは、公正な裁判にとって障害となるだけでなく、いじめの指導、自殺の防止という関係者が最も優先して取り組むべき教育課題に対応するうえでも大きな障害となる。

また、対立による解決を前提とした訴訟においては、自己の責任回避や正当化が当然のこととされ、たとえ、被害者が裁判において勝利したとしても、加害者が自分の行動を振り返って責任の重さを考えたり、被害者の痛みに共感するという点では多くを望むことはできず、本質的な解決に結びつかないとの指摘もある。

2 本和解の意義

本和解は、対立を前提とした他のいじめ自殺裁判とは性質を異にしており、他の裁判への一般的な示唆を得るには一定の限界があると考えられる。いじめの発見・防止を旨として行われるいじめの認定と、国家賠償法上の違法性の認定は異なる次元で行われるものであり、また、教員の不注意の存在と自殺との因果関係の認定は、通常、危険な結果を生む原因となる状況の発生(自殺念慮を思わせる言動等)などが必要とされ、事例により判断は異なるからである。

しかしながら、本和解では、むしろ、他の訴訟には見られない修復的な正義を求める動きが見られることに注目したい。原告と被告の双方が、それぞれの利害を超えて、和解し、いじめの再発防止のために関係者が共有すべき基本的な見方や考え方、方向性を具体的に示した点で大きな意義を有するものである。対立を強制的に処理するシステムは社会に不可欠ではあるが、本和解は、そのようなシステムでは対応困難な「いじめ」「自殺」という現実の教育課題に対し、一つの法的な対応の在り方を示した点で重大な意義を有していると思われる。

3 修復的正義への萌芽

「修復的正義とは、犯された罪悪を可能な限り正し、癒やすために、その罪悪による損害、ニーズ、果たすべき責任をすべての関係者がともに認識し、語る協力的な手続きである」(ハワード・ゼア『責任と癒し』築地書館)とされている。そのためには、「被害者の損害とニーズを明らかにし、それらの損害を正すために加害者が引き受けるべき責任を明らかにし、その手続きに被害者、加害者とコミュニティーが参加すること」(同)が最低限必要だとしている。

ハワード・ゼアは、修復的正義とは単なる調整ではないとしている。被害者に対しては、出来事の内容を知りたいという要求に応えること、被害を癒やし乗り越えるために自らが語る機会を保障すること、被害によって奪われた自己をコントロールする力を回復すること、負った傷を理解されたいという欲求に応えることが求められる。加害者に対しては、加害者自身が自ら罰を受け、責任を果たすことを保障していく必要がある。自分が与えた被害の現実を認め、被害者への共感をもつとともに、加害行動を引き起こした自己の内面を癒し、コミュニティに復帰できるようにすることである。また、修復的正義においては、コミュニティ(学校、地域など)も当事者である。加害行為によって、被害者、加害者だけでなく、コミュニティも傷ついており、被害とこれらの関係性を回復するために、コミュニティのメンバーが当事者として関係修復のプロセスに参加することが求められる。

本和解は、このような修復的正義の理想を完全に実現するものではないが、対立を超えて、いじめ、自殺という教育課題への対応を優先させた関係者の決断に、教育現場において修復的正義を実現しようとする姿勢を見ることができるのである。

30 在日外国人などのマイノリティの教育権の保障

わが国には、現在、多様な背景をもった外国人の子どもが学校等で学んでいる。本事案は、自治体が在日外国人向け教育事業を廃止したことに関わって、マイノリティの教育権の権利性が争われた事例である。

事案の概要

Y市の在日外国人教育は、昭和42年に、A中学校内に在日韓国・朝鮮人子ども会（以下、「学校子ども会」）が設置されたことにはじまったとされる。その後、卒業生らによってつくられた団体が、地域子ども会、高校生の会、日本語識字教室を実施するなどしてきた。

市教育委員会は、昭和57年に、在日韓国・朝鮮人問題の取り組みについての教育基本方針を制定し、学校教育分野や社会教育分野でも重点目標等を掲げた。昭和60年に、在日韓国・朝鮮人教育事業を発足させ、地域子ども会、日本語識字教室などの事業や、学校子ども会を直轄事業とした。

市教育委員会は、その後、平成11年に在日外国人教育にかかわる教育基本方針策定委員会を発足させ、他方、教育委員会内部では「人権教育のための国連10年Y市行動計画」に基づき、人権教育基本方針を決定し、翌年に、具体的な施策となる人権教育推進プランを完成させた。同プランは、「在日韓国・朝鮮人教育事業を多文化共生教育の視点に立って21世紀に対応できる在日外国人教育事業に発展させるよう努めます」と規定し、プラン策定と同時に、在日韓国・朝鮮人教育事業は、多文化共生・国際理解教育事業へと発展的に解消された。平成13年には、「在日外国人教育の今後の在り方について（提言）」を作成し、今までの在日韓国・朝鮮人のみを対象とした取組みから、広く日本人の内なる国際化に向けた施策や、新たに渡日してきた在日外国人も対象とした施策に転換することが求められているとし、教育事業の見直しを提言した。市教育委員会は、平成14年度には多文化共生・国際理解教育事業の予算を大幅に削減し、学校子ども会への指導員派遣、高校生の会への行政支援を廃止し、また、事業に関わる正職員を2名から1名へ減員し、非常勤職員も2名から1名に減員した。

本件は、外国籍生徒Xらが、教育事業の縮小・廃止によりマイノリティとしての教育権を侵害され、精神的損害を被ったとして、Y市に対し国家賠償法に基づいて慰謝料の支払いを求めた事案である（大阪高等裁判所判決平成20年11月27日）。第一審では、国家賠償法による慰謝料の支払いや地位確認等の請求をしたが、いずれも棄却されている（大阪地方裁判所判決平成20年1月23日）。

判決の要旨

1 事案の主な争点

裁判の主な争点は、マイノリティの教育権の具体的権利性である。控訴人である外国籍の生徒ら（Xら）は、日本社会において は、国籍が日本でありかつ両親及びその祖父母のルーツもすべて日本にもつ者が多数者（マジョリティ）であり、これに対して、国籍が外国籍であったり、両親やその祖父母のルーツが外国にあるなどして、日本社会のマジョリティとは異なった言語や文化などを享有するものをマイノリティであるとしている。そのうえで、国際規約をはじめとした諸条約や法律によって、マイノリティであるXらには公の費用負担のもと、マイノリティとしての教育を受け、マイノリティの言語を用い、マイノリティの文化について積極的に学ぶ環境を享受できる権利（マイノリティの教育権）が保障されているとしている。この権利が、裁判の規範となり得る具体的権利性を有しているかどうかが裁判の中心である。なお、Xらは、予備的に、このマイノリティの教育権が条約や法律等によって具体的権利として保障されていないとしても、Y市の基本方針や人権教育推進プラン、事業の実施等によって具体的権利として確立されていたとして、また、Xらが教育事業から得ていた利益は、事実上の利益にとどまるものではなく、法律上保護されるべき利益に当たるとの主張を行っている。

2 裁判所の判断

日本において昭和54年に発効した市民及び政治的権利に関する国際規約（自由権規約）第27条は「種族的、宗教的又は言語的少数民族が存在する国において、当該少数民族に属する者は、その集団の他の構成員とともに自己の文化を享有し、自己の宗教を信仰しかつ実践し又は自己の言語を使用する権利を否定されない」と規定している。この自由権規約は、主語を締結国としておらず、個人に対して権利を付与する形式で定められており、また、昭和55年に日本政府が自由権規約委員会において規約の国内法律に対する優位を認めるとともに、規約の自力執行性（国内法を介さずに、直接、国内の裁判所や行政機関が、援用、適用できること）を認める回答をしている。しかしながら、裁判所は、このような事情を踏まえながらも、国際連合の人権委員会が、自由権規約について、各締結国が条約を直接援用、適用できるかどうかを決定することが可能であるとしていること、憲法第98条

第2項が条約の直接適用、自力執行について定めていないこと、自由権規約第27条は「権利を否定されない」と規定し、国家による積極的な保護措置を講ずるべき義務までを定めたものではないとしている。同時に、国連総会決議であるマイノリティ権利宣言、自由権規約委員会により策定された一般的意見23号、社会権規約第13条、児童の権利条約第30条、人種差別撤廃条約第5条、憲法第26条、人権教育及び人権啓発の推進に関する法律第5条について検討し、わが国に対する法的拘束力を有する条約及び法律でマイノリティの教育権を具体的権利として保障したものではないとした。また、Xらの予備的主張については、市の人権教育基本方針・人権教育推進プランは行動指針に過ぎずこれをもって具体的権利を取得したものとはいえないこと、マイノリティの権利が具体的権利といえない以上、事業によってXらが得ていた利益は、事実上のものに過ぎないことを確認し、裁判所は、Xらの請求を棄却している（その後上告されたが、上告棄却、上告不受理により確定している。最高裁判所第二小法廷決定平成21年9月11日）。

事案から考える視点

1　多様な外国人児童生徒の状況

外国籍の子どもの教育の状況は、多様である。義務教育が課されていないが、希望すれば日本人の子どもと同様に義務教育学校への就学機会が保障されている。さらに外国籍の子どもには、日本人の子どもと異なり、在日外国人学校やインターナショナル・スクール、通信教育、ホームスクーリングなど、学校教育のみならず、社会教育、家庭教育を含めた多様な形態での学習機会の選択が可能となっている。その一方で、就学義務が課されないため就学機会が確保されないままに放置されているとの指摘もある。地域別の状況を見れば、一定の地域に集中しているケースや地域的に散在・孤立している場合もある。将来も日本に永住を考えている場合もあれば、帰国を前提に滞在している場合もある。親の世代から日本に住み日本語に問題がない場合もあれば、親が母語しか話せない家庭もある。外国人の子どもの状況は、日本人の子ども以上に多様であり、実態把握や対応の在り方は複雑で難しいといえる。

2　外国籍の子どもの現実と地方の役割

本判決で示されているように、わが国においては、国際条約、憲法等を直接の根拠として、マイノリティの教育権を裁判を通じて具体的に実現するには相当な困難が伴う。マイノリティの教育権を具体的な権利として確立するためには、司法によるだけでなく、立法府や行政府の責務として、政治的な議論に付することが不可欠であるといえる。しかし、外国人の問題はその表裏として各国の国民政策の根幹に関わる重要な政治的論点であり簡単ではない。わが国のマイノリティの教育権の現実と子どもが置かれている複雑で多様な状況を踏まえれば、国の責務はもちろんであるが、地方自治体（教育委員会）がより重要な役割を担うべきことが理解される。教育に困難を抱える一人一人の外国籍の子どもの状況を理解し、福祉や就労支援など総合的な観点から適確な対応をしていくためには、当事者としての地方の積極的な関与が必要である。また、地域住民にとっても、外国籍の子どもの教育問題は、地域社会の在り方、地域活性化などの住民生活に関わる現実の問題として認識されており、その点でも地方の役割は重要であると考えられる。

31

保護者

親による教師批判に対し、裁判所が名誉感情の毀損を認めた事例

親による教師に対する理不尽な要求や批判が社会問題となっている。本事案は、親による行き過ぎた教師批判に対して裁判所が名誉感情の毀損を認めた事例である。

事案の概要

裁判所の認定事実によれば、事案の概要は以下のとおりである。本件の原告Xは、公立小学校の教諭であり、平成20年度には3年生の担任をしていた。被告Y1、Y2は、当該クラスの男子児童Aの母と父である。

Aは、同年10月3日に、遊んでいた女子児童を引っ張り、履いていたズボンを破ったことがあった。Xは、Aに電話をかけて注意したが、このやりとりを聞いていたY1は、その口調が厳しすぎると感じ、Xに対し抗議した。また、Xは、同年11月14日に授業中に隣席の児童とカード交換をするなどして私語を続けたAの背中を数回軽く叩いて注意した。被告らは、11月14日に市教育委員会を訪れ、電話対応が著しく厳しく「ヤクザのような」口調であった、Aが級友と喧嘩して泣かされたにもかかわらず、Xは、相手に対して注意や指導をしなかった旨を述べて、Xに対し懲戒処分をしたうえで、クラス担任を変えるかAのクラス替えをするように要求した。被告らは、その後も、教育委員会を訪ね同様の要求をしたが、担当職員は要求を受け入れられない旨説明している。なお、Y1は同月26日にもAを伴って教育委員会を訪れたがその際、A

は、担当主事に対しXが叱り方を変えるのであればよいとの話をしたという。

同月28日に被告らが教育委員会を訪れた際、Y2は「命の危険があるから担任を替えて欲しいと言っているのにどうしてだめなんですか？」「この担任は、妻がいうには、二重人格、多重人格なんですね」「おとなしくて上品で良い先生だと思っていたが違うんですね。10月3日の電話ではやくざみたいだったというんですね」「差別する。暴行する。暴行とまでいえなくても叩くんですね」「陰湿なんですこの担任は。跡の残らないところを選んでたたいているんですね。目つきが悪いんですね」と大声で発言するなどした。被告らは職員の退庁要求にもかかわらず、午前0時頃まで居座った。

12月10日にはY1はAを伴って小学校に現れ、教室にあったAの机と椅子を廊下に運び出したうえ、椅子を他の教室の前に移動させた。Xは机を元の教室に戻して授業を開始したが、Y1はこれに激高し、教室にいたXに対し「うちの子をこんなふうにしてやったんでしょ」などと言いながら、左側頭部を右手の拳で上から下に向けて1回殴打した。B教諭らがY1を抑えて廊下に連れ出した。Xは、頭部挫傷、頸椎捻挫と診断され、長期の通院が必要となり、抑うつ状態となった。Xは翌日から4月下旬まで欠勤した。B教諭も加療約1週間を要する打撲傷の傷害を負った。

X及びB教諭は、警察に被害届を提出し、Y1は逮捕、勾留されたが、不起訴処分となった。Xは暴行及び名誉毀損発言について損害賠償を求める調停を申し立てたが不調に終わった。Xは、被告らに対し教育委員会でのXの名誉を毀損する発言により精神的苦痛を受けたとし連帯して慰謝料等を支払うことを求め、また、Y1に対しては小学校の教室においてXの名誉を毀損する発言をし精神的苦痛を与えたとして慰謝料等の支払いと暴行による負傷に対する損害金等を求め提訴したものである（横浜地方裁判所判決平成26年10月17日。確定。『判例タイムズ』1415号、242頁）。

判決の要旨

1 事案の主な争点

本事案には、多様な争点があるが、ここでは、①XがAを電話で叱った際の暴言、授業中に背中を殴打したという暴行があったかどうかということ及びそれと児童の不登校との因果関係について、②被告らの教育委員会で行った発言等が名誉毀損、名誉感情の毀損に当たるのかということについて取り上げる。

2 裁判所の判断

①について、裁判所は、XがAを注意したこと及び口調が厳しいものであったことは認めたものの、それが「やくざのような」口調であったとか、生徒指導の範囲を超えた不当なものであったことは認めるに足る適確な証拠はないとした。また、カード交換をするなどして私語を続けたAの背中を数回軽く叩いて注意したことは認めたものの、授業中に不適切な行動をとる児童に対する生徒指導として許される範疇のものであり暴行ないしは体罰には当たらないとした。また、Aの欠席は被告らの要求を通すための手段としてなされたものであり、被告らの意思によるところが大きいとした。

②について、まず、名誉毀損に当たるかどうかという点について述べる。一般人を基準とすれば、Y2の発言は、Xの指導差別的、暴力的指導を行ったとの事実を摘示して児童に対し不当、違法な指導方法を行う人物との印象を与えるおそれがあるとしながらも、Xは不当、違法な指導を行っていないと結論づけたうえで、教育委員会職員、校長、教頭らは担任やクラスの変更を拒否していたことから、彼らがそのような印象をもつおそれがあったとはいえず、社会的

評価を低下させたとはいえないとした。また、これらの者は地方公務員で一般に守秘義務を負っていることから伝播する可能性があるとも言い難い等として名誉毀損の成立を認めなかった。

一方、名誉感情の毀損については、はじめに、父母が子どもの教育の結果に利害と関心をもち、教育の内容・方法等に関心をもち、それぞれの立場から意見を述べあい協力していくのは自然かつ不可欠であり、教師の能力や指導方法への非難等が直ちに不法行為を構成する違法性があるとはいえないことを確認している。そのうえで、裁判所は、「担任教師に対する人格攻撃に及ぶなど上記目的による批判ないし非難を超えて、担任教師の受忍限度を超えたものである場合には、同人の人格的利益である名誉感情を毀損するものとして違法性を認めることが相当である」という枠組みを示し、Y2が児童からの伝聞のみを根拠として真偽を確認することもなく、執拗に自らの要求を通すべく長時間にわたって教育委員会に居座り、Xが差別、暴行を加えるような指導を行う人格的に問題がある教師として発言しているなどとして、名誉感情を毀損する違法な行為であったと認めた。

事案から考える視点

1 「名誉毀損」と「名誉感情の毀損」

本事案では、保護者の教師に対する言動について、社会的評価の低下及び伝播可能性がなかったとして名誉毀損の成立を認めなかった。社会的評価の低下については、保護者の非難等の内容が一般人を基準としてどの程度の影響を与えるものであるのかということによって判断される。また、公然性（不特定又は多数が知り得る状況であるか）については、関係者が地方公務員であり守秘義務があることを理由に否定した。教職員などの限定された範囲内では、伝播可能性が認められにくいことを示している（さいたま地裁熊谷支部判決平成25年2月28日も同趣旨）。なお、記者会見、ブログで校長を批判した場合には公然性が認められた事案があることを付言しておく（長野地方裁判所上田支部判決平成23年1月14日）。

その一方で、裁判所は、被告の発言を人格的攻撃に当たる侮辱的発言であり、教師として受忍限度を超えて名誉感情を毀損する行為であると認定した。「名誉毀損」が成立しない場合でも「名誉感情の毀損」となり得るとの判断が示されたことは今後の参考になると思われる（ただし、民法上の名誉感情の毀損の判断基準は曖昧であり、一般化するには今後も裁判動向を注視する必要がある）。

2 教師を保護することの必要性

本事案は保護者と教師の関係についての貴重な事例であり裁判化の意義は少なくない。しかし、判決では「原告が被った精神的損害が重い」と評価されながらその賠償額はわずか5万円である。現実には裁判に投入する時間、労力、金銭、さらに裁判化することによるその他の影響を考えれば、多くの教員にとっては個人として提訴することのハードルは依然として高いといえる。

今日、保護者の意識の変化や学校裁量権の拡大に伴って、一人一人の教師が批判の矢面に立たされる状況が広がっている。一方的な人格攻撃など保護者の理不尽な行動から教師を保護するためには、学校、教育委員会の毅然とした組織対応が求められる。そして、教師が安心して職務遂行できるような法的支援体制の構築が求められる。

32

事故・事件

組体操の事故において、教員の安全配慮義務違反を認めた事例

学校活動において、組体操による骨折等の事故が頻発しており、一部の教育委員会では禁止する方針であることが報道されている。本事案は、組体操（5段ピラミッド）の指導、監督において教員の過失を認めた事例である。

事案の概要

原告Xは、当時、市立A小学校の6年生であった。A小学校で平成19年9月29日に開催される運動会で組体操を実施するために、5、6年を通じて段階を追って指導するよう計画し、練習を行っていた。5年次には最後の技まで行わず、基本的事項を中心にして指導し、6年次にはより多人数で行うように指導しており、4段ピラミッドは、6年生のみが実施する技であった。4段ピラミッドは、15人の児童が3段になって最上位の児童を支える技であり、4段ピラミッドの最上位の児童は、地上2メートル以上の高さで立ち上がることになる。4段ピラミッドは、元々上段になるほどバランスが悪い状態であるうえ、土台の児童や2段目の児童の姿勢が悪い場合等には3段目の児童の立つ位置が安定しないなど、下の段の組み立てが不安定になり、上の段はさらに不安定な状態となる。最上位の児童が、立ち上がった際に、つかまる物が何もないため、最も不安定な状態となり、落下する危険性を有する技である。平成16年頃には、組体操の指導に関する文献で練習中のケガが多いとの指摘がなされていた。教員らは下の児童は、上の児童を支える時に

は、腕・脚・背を伸ばして体全体で支えること、上の児童は跳んで降りないこと、落ちそうな時はしゃがむこと等を指導していた。

　本件事故の前々日である9月18日にも、4段ピラミッドを組んだ際に、バランスを崩して最上位の児童が落下して頭を打つ事故が発生したが、指導方法を変更することもなく、従前の指導を続けたという。落下した児童が最上位を辞退したために、原告Xが最上位を務めることとなり、3段目の児童らも変更された。本件事故が発生した9月20日は、6年生の担任2名だけで指導にあたり、1人は合図を担当し、もう1人は他のピラミッドの補助にあたった。事故発生時、本件4段ピラミッド付近には教員は誰もいなかった。3段目の児童の上に原告Xが乗って立ち上がったところで、原告は最上位から地面に落下し、左上腕骨外顆骨折の傷害を負った。教員が落下に気づき、抱きかかえて保健室に運び、その後、養護教諭が受傷部位を固定・保護したうえで、教頭とともに、病院に搬送したものである。

本事案は、4段ピラミッドの練習に際して、指導、監督にあたった教員らに過失があったとして市に対して国家賠償法第1条第1項に基づいて損害賠償を請求した事件である（名古屋地方裁判所判決平成21年12月25日。確定。『判例タイムズ』1333号、141頁）。

判決の要旨

1　事案の主な争点

　本裁判の主な争点は、①組体操の指導、監督にあたった教員らに過失があるかどうか、②児童が指示に従わなかったことによる過失相殺（被害者側にも過失がある時、事情を斟酌（しんしゃく）して賠償金額等を定めること）が認められるかどうかという2点にある。

2　裁判所の判断

　争点①（教員らの過失）について、裁判所は、授業内容それ自体に必然的に危険性を内包する以上、それを実施・指導する教員には、起こりうる危険を予見し、児童の能力を勘案して、適切な指導、監督等を行うべき高度の注意義務があるとして、教員の安全配慮義務を確認している。そのうえで、具体的に、Xに対し危険を回避・軽減するための指導を十分に行っていないうえに、教師は3段目以下の児童が不安定な状況にあったのに、これを把握しないまま漫然と合図を出し、また、4段ピラミッドの状況を近くで把握して合図にかかわらず組立てを止めるように指示できる教員をピラミッド近くに配置せず、さらに、Xの落下に対して補助する教員を近くに配置していなかったのであるから、注意義務を怠った過失があるとした。

　争点②（過失相殺）については、教員らは児童が教員らの指示に従わず跳躍したことにより、事故が発生あるいは傷害の程度が拡大したために大幅な過失相殺が認められるべきであると主張した。裁判所は、4段ピラミッドのような元々事故の危険を内在する技を行わせる場合には、児童の不注意や能力不足があることを考慮に入れて安全な指導、監督、補助を行うべきであって、児童が故意に指示に違反した等の特段の事情があればともかく、児童の通常の不注意や能力不足があったからといって児童の過失と評価することはできないとして過失相殺を認めなかった（児童が跳躍した事実、故意に指示に違反した証拠もないとした）。

　なお、判決は学校側が教員らの保身のために殊更に虚偽の事実を主張するなど誠意のない対応をとったことを理由に慰謝料を認めていることを付言しておく。

事案から考える視点

1　教育上の意義の明確化

　運動会や体育祭で行われてきた騎馬戦、組体操などは本質的に危険の伴う活動であるが、判決は組体操を学校の教育活動として採用すること自体を否定している訳ではない。危険なものはすべて排除するということではなく、適切に安全をコントロールしながら、子どもたちの成長にとって有益な経験を提供するにはどうすべきかについて考えることの必要性を示唆していると思われる。

組体操を学校教育として継続するためには、第一には、組体操等にどのような教育上の意義（社会的な有用性）があるのかということについて保護者等に明確に示す必要がある。「伝統」「恒例」というだけでは、通用しない。社会的な有用性が承認されることなしに、社会が児童の危険を許容するはずはないからである。

2　教員の「過失」の具体的内容

第二には、学校側の責任について教員の「過失」の問題を考える必要がある。教員の「過失」については、事故の危険を予測できる可能性があり、かつ、それを回避することが可能であるにもかかわらず、回避のための相当の対応がとられていない時に注意義務違反が問われる。求められる注意義務とは、当該活動の危険性、参加者の発達段階、施設環境等によって個別に異なってくる。本事案において判決は次のような対応の必要性を列挙している。①4段ピラミッドの最上位の児童が落下する可能性があることを前提に、児童に対し、危険を回避・軽減するための指導を十分に行うべき注意義務があること、②3段目以下の児童が不安定な状況で、最上位の児童を立ち上がらせないように4段ピラミッドの状況を十分に把握して合図を出すべき注意義務があること、③仮に3段目以下の児童が不安定な状況で合図が出されてしまった場合であっても、ピラミッドの近くに教員を配置して、4段ピラミッドの状況に応じ、3段目以下の児童が不安定な場合には、その段階で組立てを止めるように指示すべき注意義務があったこと、④教員らは最上位の児童が自ら落下を回避することができず落下する事態に備えて、補助する教員を配置するなどして児童を危険から回避・軽減させる注意義務があったこと、を具体的に指摘している。

学校が、危険性を伴う活動を継続できるかどうかは、その教育上の意義を明らかにするとともに、個別具体的に危険性を回避する措置を検討し、社会が許容できる程度に事故の危険性を低下させることができるかどうかということにかかっている。

3　「信頼の原則」の適用の難しさ

本事案では、児童が、教員の指示に従わず跳躍したかどうかということが問題とされた（過失相殺の問題として扱われている）。この背景には「信頼の原則」の考え方があると思われる。予見可能で、事故回避が可能であっても、相手方がルール違反（この場合、児童の跳躍にあたる）に及ぶことまでを予測して行動する義務まではないという考え方であり、加害者側の責任を免ずる効果がある。しかし、この原則は、幼児など相手に発達段階や心身の状況等によって通常のルールに則った行動が期待できない場合には適用されない。「児童が故意に指示に違反した等特段の事情があればともかく、児童に通常の不注意や能力不足があったからといって、被害者の過失と評価することはできない」とされたのはこのような考え方が背景にあると考えられる。小学生などを対象としている場合には、「信頼の原則」は適用されにくいことを指摘しておきたい。

33 PTAの加入をめぐる会費徴収について、違法性が認められなかった事例

経営

ＰＴＡは任意団体であるが、加入、脱退の意思表示を明示的に求めていないことが多い。本事案は加入時の会費徴収が不当行為であるとして会費及び慰謝料の支払いを求めた事例である。

事案の概要

原告Xは、平成21年8月ごろに長男、長女とともに公立A小学校の校区に転居し、その子らはA小学校に転入した。その頃、原告の長男、長女は、転入手続に伴う書類とともに、表紙に「わたしたちのＰＴＡ」「市立A小学校」と記載された冊子を持ち帰った。その6頁以降にはＰＴＡについての説明等が記載され、4頁以降にはＰＴＡの会則が記載されていた。8頁には、「入会」の説明として、「子どもがはじめて、A小に入学あるいは転入したとき、その保護者並びにA小に新規採用されて赴任された先生、あるいは他校から転入してこられた先生は、ともにそのときから、ＰＴＡの会員になる資格が生じます。ＰＴＡは、任意に設けられた団体です。すべての保護者と先生が会員になることによって、ＰＴＡの存在価値が高くなりますので、会員になる資格のある人は、ひとり残らず会員になるように働きかけているのです。（中略）その場合『ＰＴＡ会則』の配布をもって、入会の了承をしていただくことにしております」と記載されていた。「退会」については「子どもの卒業あるいは転出により、在籍

しなくなったとき、その保護者並びに退職あるいは他校へ転任された先生は、そのときからＡ小ＰＴＡ会員でなくなります」と記載されていた。原告は、平成23年3月までに学校を介して配布された納入袋（「ＰＴＡ会費納入袋」と印刷されている）を用いて会費９７５０円を支払った。原告Ｘは、防犯パトロールに参加したりしていたが、同年2月ないし3月頃、会費の使途等に疑問を抱き、ＰＴＡのことを調べているうちに、ＰＴＡが入退会自由の団体であることを明確に認識した。同年4月には、長男が中学校に入学した際、中学校ＰＴＡでは会費の減免制度があることを知り、ＰＴＡに対して会費減免の申し入れをしたところ、前例がないので時間がかかるとの回答があったため、平成24年2月に「ＰＴＡ退会のお願い」と題する書面によって退会の意思表示をし、4月以降会費の納入を停止した（代わりに、月額１５０円を寄付の名目で支払うようになった）。同年3月にＰＴＡは「会費納入のお願い」という書面を原告に交付し、子どもがＡ小に在籍する限り退会できないので会費を納入して欲しいと書面で述べた（その後、ＰＴＡ側は、ＰＴＡは入退会自由の任意団体であることを認めて、退会できないという部分を撤回し謝罪している）。原告は、その後も、あいさつ運動や防犯パトロールに参加している。

原告は、ＰＴＡ側が入会の申し込みをしておらず、原告も承諾していないので、ＰＴＡに入会していないこと（会費の納入や活動への参加はＰＴＡと学校の活動の区別があいまいなままで行ったものである）を主張し、ＰＴＡ側が会員でないにもかかわらず原告を会員として扱い会費を徴収したことは財産権を侵害するとともに、結社の自由を侵害するもので不法行為を構成するとして、財産的損害、精神的苦痛による慰謝料の支払いを求めて提訴したものである（熊本地方裁判所判決平成28年2月25日。控訴）。

判決の要旨

1　事案の主な争点

本裁判の主な争点は、①ＰＴＡが冊子を交付し、原告が会費を納入したことによって、原告がＰＴＡに入会したと認められるのか、②ＰＴＡが原告を会員として扱い会費を徴収したことは原告に対する不法行為を構成するのか、という2点にある。

2　裁判所の判断

争点①（原告の入会）については、ＰＴＡ側は入会申込書等明確に入会の意思を確認する書面の提出を求めていないが、転入時にＰＴＡについて説明した冊子を交付し、ＰＴＡ会費納入袋であることを明記した袋を配布して納入を受けていること、原告がＰＴＡが入退会自由の団体であることを知った後も直ちに入会していないことを確認したり退会の申し入れをしていないこと（会費の支払いはやめた）、当初経済的理由で会費の減免を申し出たところ、その手続きが進まないことから退会の申し入れを行っているという経緯から、遅くとも最初に会費を納入した時点において原告はＰＴＡの会員となり、また、原告自身も自らが会員であると認識しており、入会についての黙示的な申し込みと承諾の合致があったものと認められるとしている。

争点②（ＰＴＡ側の不法行為の成否）については、争点①について原告がＰＴＡの会員であったと認められることから、それに基づいて会費を徴収したことは不法行為の前提を欠くとして不法行為の成立を否定した。裁判所は、このような判断によって原告の請求を棄却している。

事案から考える視点

1　わが国の学校教育とＰＴＡ

わが国の学校教育は、知育だけでなく、徳育、体育を含めて、人格全体の調和ある発達を目指して教育が行われている。子どもの健全な育成のために学校、家庭、地域社会が相互に連携協力することで成立している。ＰＴＡの役員等の業務は保護者にとって大きな負担となっているとの指摘もあるが、教師にとってもＰＴＡ活動は本来の職務外の仕事である。わが国の学校教育においては、学校生活に限定されず、場合によって家庭生活、社会生活にわたって、関係者が公私を超えて連携することが想定されており、ＰＴＡはそのパートナーシップの基盤でもある。ＰＴＡの問題の背景には、単に法的な権利義務関係に帰することのできないわが国の学校教育の特質があることを関係者は認識しておく必要があろう。

2　任意団体、社会教育関係団体として

本事案に見られるように、ＰＴＡが事実上、強制加入団体のように受け止められてきた従来の経緯から、ＰＴＡの任意団体としての性格を十分に説明しなかったり、明示的に加入の意思確認がなされないままに運営されている例が少なくない。法的なトラブルを未然に防ぐためには、ＰＴＡは学校とは異なる入退会の自由な任意団体であることを明示的に示す必要がある。そのうえで、仕事に追われていたり、経済的に困窮している家庭など多様な状況にある保護者が無理なく加入し、活動に参加できるよう、柔軟な運営を図ることが求められているといえる。

また、ＰＴＡは、任意団体というだけでなく、社会教育法第10条の規定する「社会教育関係団体」という法的な位置づけを与えられることがある。「社会教育関係団体」とは「法人であると否とを問わず、公の支配に属しない団体で社会教育に関する事業を行うことを主たる目的とするものをいう」と規定されている。「社会教育関係団体」という法的位置づけを得ることによって、国や教育委員会から「専門的技術的指導又は助言」（第11条第1項）、「社会教育に関する事業に必要な物資の確保につき援助」（第11条第2項）を受けることができる。

ＰＴＡは、社会教育関係団体という法的位置づけを得ることで、学校施設の利用や行政からのさまざまな事業への協力、教師の参加が得られやすくなるなど、学校と保護者が連携しやすい法的基盤が確保されることになる。

3　新たな地域連携の動きとＰＴＡ

近年の動きとして「学校支援地域本部」が注目されている。ＰＴＡが教師と保護者による組織であるのに対し、「学校支援地域本部」は、学校、保護者に限らず、学校支援活動に参加する意欲のある地域住民等を組織化して、学校運営の支援を行おうとするものである。地域に住む退職者、さまざまな仕事や特技をもった人たち等による学校支援ボランティアを学習支援、部活動支援、登下校の安全指導、学校行事の支援などに活用できる点で利点を有している。しかし、その一方で、支援人材が確保できない地域においては展開が困難であること、保護者の意向を反映することを主眼としていない点で、必ずしもＰＴＡの代替組織ではないことに留意する必要がある。また、学校支援地域本部の活動では地域コーディネーターの役割が重要であると言われるが、その人材源は退職教員やＰＴＡ経験者等であるケースが多く、学校支援地域本部の活動の基盤にはＰＴＡがあることが少なくないことを付言しておく。

〈補録〉本事案は平成29年2月10日、福岡高等裁判所で和解が成立している。

34 社会

学校における性教育の内容への議員の発言等が「不当な支配」とされた事例

政治と教育の関係は近年、大きく変化しているといわれる。本事案は、養護学校で行われた性教育への議員の介入、教育委員会の教員らへの厳重注意処分が違法とされた事例である。学校教育における政治と教育の関係について改めて考えてみたい。

事案の概要

本件の原告は、公立A養護学校の教員、保護者等である。同校では生徒同士の性交渉など性に関する問題が多発したことから、知的障害のある児童生徒にふさわしい性教育を行うため、校内性教育連絡会を設けて、校長を含む教員全体で保護者等とも意見交換しつつ試行錯誤しながら性教育の実践を行っていた。平成15年7月当時、知的障害の児童生徒を対象に、「こころとからだの学習」と総称される性教育を行い、その中で、性器を含む身体各部の名称を歌詞に含む「からだうた」という歌に合わせて各部位を手で触れさせて名称やイメージを意識させたり、子宮に見立てた「子宮体験袋」の中に入り産道に見立てた出口からはい出させることで出産を追体験させたり、体育着の下に男性器の模型のついたタイツをはいた教員がズボンの前を下ろして排尿方法を確認させたりするなどの指導が行われた。

平成15年7月、被告の議員らが議会において、性教育の内容が学習指導要領に違反して不適切であると指摘し教育委員会に対して対処を求めた。当時の知事は「異常な信念をもって、異常な指導をする先生」などと評し、教育長は「極めて不適切な教材」などと答弁した。

同年7月4日に、議員らは実情視察のため同校を訪問し、性教育用教材を視察し、教材や性教育の内容について同校の教員らの前で「宴会で歌えるのか」「俺たちは国税と同じだ」と非難するなどした。また、議員らは性器付き人形が不適切であることを示すため展示会を開催するなどした。

教育委員会はこの視察に同行し、性教育用教材を不適切なものとして教育委員会に所管換えをした。また、学校経営に問題があるとして経営調査委員会を設置し、調査結果を発表したりした。さらには、原告らが「からだうた」を小学部低学年に歌わせたこと、性器付き人形を使用して性交の仕方を教えたこと等が不適切な指導にあたるなどとして厳重注意処分をした。平成16年4月には原告らのうち多数の配置転換を行った。また、B新聞社の記者が同行取材し、同校の性教育を「過激な性教育」などと評する記事を掲載した。

原告らは、一連の行為は原告らの教育の自由を侵害する点で不法行為にあたるとして、議員ら、B新聞社に対して国家賠償法第1条第1項、民法第709条、第719条第1項の共同不法行為による損害賠償請求権に基づいて慰謝料の支払いを求め、また、自治体及び教育委員会に対して教材等の返還を、B新聞社に民法第723条に基づく名誉回復のため謝罪広告の掲載を求めた事案である。

第一審は、視察の際の議員らの侮辱及びその際の教育委員会による保護義務の違反、違法な厳重注意処分について慰謝料の請求を認めたが、議会での質問と自治体側の対応、視察、展示会開催、教材の没収等については違法性を認めなかった。また、B新聞社の行為の違法性は認めなかった（東京地方裁判所判決平成21年3月12日、一部認容、控訴）。本稿は、その控訴審判決である。

判決の要旨

1　事案の主な争点

争点は多岐にわたる。ここでは政治と教育の関係に着目し、①「発達段階に応じた性教育とは何か」をめぐる関係者の権限・権能関係、②議員の学校教育についての権限とその限界、③教育委員会の不当な支配からの教員の保護義務について説明する。

2　裁判所の判断

結論を先に述べれば、控訴審は基本的に第一審を支持し控訴を棄却にした。

争点①について、学習指導要領をめぐる文部科学大臣、教育委員会、学校（教師）の関係について、裁判所は、「それぞれの立場において権能ないし権限を分有している」と述べている。「国は、教育関係の法律、政令、省令等を制定するほか、全国的に共通なものとして必要かつ合理的な最小限度の大綱的基準を設定することができ、そのような大綱的基準として学校教育法、同法施行規則に基づく文部大臣（文部科学大臣）の告示をもって学習指導要領が定められており、地方公共団体及び教員は、これらに従わなければならない」「教育委員会は、国の定めた法令及び大綱的基準（学習指導要領）の枠の中において、地教行法第33条第1項前段により、教育課程、教材の取扱い等の基本的事項について、教育委員会規則を定めることができるほか、所管の公立学校及びその教員に対し、大綱的基準にとどまらず、より細目にわたる基準を設定し、一般的な指示を与え、指導、助言を行うとともに、特に必要な場合には具体的命令を発することができるが、教員の創意工夫の余地を奪うような細目にまでわたる指示命令を行うことまでは許されない」「各公立学校の教員は、これらの枠の中において、それぞれの創意工夫により具体的な教育を実践することができるとともに、国の設定する大綱的基準、教育委員会の設定するより細目的な基準等に定めのない事項については、教育の内容及び方法を決定できる」としている。このような基本的な理解の下で、発達段階に応じた性教育の在り方について学習指導要領や教育委員会の資料等には甚だ概括的、抽象的な記述しかなく、各学校では児童生徒の状態や経験に応じて具体化されることが予定されていたとし、知的障害を有する児童生徒の理解力等を踏まえれば、より早期に、より平易に、より具体的に、より明瞭に、より端的に、より誇張して、繰り返し教えるということが発達段階に応じた教育の在り方として成り立ち得るとして、本件性教育が学習指導要領に違反すると断ずることはできないとした。

争点②について、裁判所は、議会は教育委員会に報告を請求し、事務の管理等を検査することができるとする（地方自治法第98条第1項）など、教育委員会の権限に属する事務の執行について議会のチェックが及ぶとし、学校等の管理、教育課程、学習指導、生徒指導、教科書その他教材の取扱い等に関する管理執行について議会で議論することは法律の予定するところであり、議員が自己の考えに基づいて具体的教育内容や方法について否定的な見解を述べることが制約される理由はないとした。また、質問が教育委員会の対応を事実上義務づけるものとはいえないから不当な支配に該当しないとした。視察、展示会開催も同様に不当な支配にあたらないとした。その一方、議員が学校を訪問し直接、教師を非難、詰問することは侮辱行為であり、不当な支配に該当するとして慰謝料の請求を認めた。

争点③については、旧教育基本法第10条第2項の目的・趣旨に従い、教育の公正、中立性、自主性を確保するために、教育に携わる教員を「不当な支配」から保護するよう配慮すべき義務を負っている（東京高等裁判所昭和50年12月23日）とし、議員らの言動は教育委員会には予測できたとしその違法性を認めている。一方で、議会での答弁、視察への協力、教材の没収等については違法性を認めなかった（東京高等裁判所判決平成23年9月16日、最高裁判所の上告棄却・不受理（第一小法廷決定平成25年11月28日）により確定）。

事案から考える視点

1　政治と教育の新段階と不当な支配

「55年体制」における左右の政治対立が終わり、政治と教育の関係も新たな段階に至っている。教育行政は、中立性・安定性・継続性を旨としながらも、いかに政策性・即応性・柔軟性を確保できるのかという課題に直面している。その一方で、政策過程における政治主導の動きが顕著となり、また、教育基本法改正によって法令が教育内容の基準として体系を形成するなど法内部におけるチェックが働きにくい状況が生じている。教育基本法改正時に与党内で削除が検討されながら、最終的に「不当な支配」の規定が残された意味は、党派的介入への危惧にあったことを確認しておきたい。

2　総合行政化と教育委員会の責務

本事案は、地方で総合行政化が進む中で議員や首長が具体的立場を明らかにして教育現場に介入した場合に教育委員会は自律的判断を下せるのかという現実の問題を突きつけている。特に、それが教育専門的事項に及ぶ場合には、教育委員会（教育長及び教育委員）は関係者間の党派的対立を超えて、学校における教育活動が適切に展開できるよう独立した判断を行う責務を有していることを確認しておきたい。

35 生徒が連絡なく欠席した際に、家庭に欠席確認する教師の法的義務が認められなかった事例

教師には、病気や怪我の際の送迎、通学路の安全のための付き添い、欠席した生徒への連絡など、学校の教育活動に伴ってさまざまな対応が求められる。これらは、どこまでを法的な義務として考えたら良いのであろうか。

事案の概要

本件の原告は、学校法人が経営するH中学校の生徒で自殺により亡くなったAの両親である。被告は、学校法人の理事長、校長、教頭、学年主任教諭、ホームルーム担任教諭、授業クラス担任教諭らである。

裁判所の事実認定の概要は以下のとおりである。平成18年6月、Aは、「ゴリラ」と自分を中傷する落書きがあると授業クラス担任に訴えた。生徒B、Cが落書きしたことを認めたので注意した。また、AからB、Cが「ゴリラ」と遠くの方で言っているようだと訴えがあり、誤解されるようなことは問題であるとしてその場で謝罪させた。また、H中学校では5月から盗難事件が続いていたところ（Bもポケットから現金がなくなっていたと報告している）、Aは、Cが他人のブレザーをまさぐっていたのを目撃したと授業クラス担任に報告した。被告らはAの訴えに曖昧な部分があるなどしたため、Aからの情報提供を待つことにした。Aはその後、授業クラス担任に対し、目撃した件について3学年の他の先生の意見を聞きたいという話をしたが、学年主任らはA自身が被害者でなく協力者であることを考慮して、慎重に対応することとして、当

事者と目される生徒B、Cに対して事情を聞くなどの調査は控えていた。

7月3日（自殺の前日）、Aが調査の進捗状況を尋ねてきたことから教師らとAは話し合いをした。Aの目撃した内容に混乱が見られ、思い出せないようでもあった。Aは盗難で退学になるかなどの質問をしたが、一概にはいえない旨の説明をしたところ落ち込んだ様子を見せた。Aは補習に参加した後午後6時頃に帰宅したが、その際に頭が痛いと言っているのを学年主任が聞いた。帰宅後、親に対し、体育の時間にキーパーをやっていてサッカー部の生徒らに頭にボールをぶつけられたと話した。

7月4日、Aは自宅を出た後、インターネットカフェに滞在するなどし、午後に自宅の最寄り駅で列車に飛び込み自殺した。クラス担任は、午前8時半からのホームルームで、Aの欠席を確認したが、特に緊急を要するとは考えず、午後1時46分になって自宅に電話を入れ、留守番電話にメッセージを残した。

原告は、欠席したことを家庭に連絡していれば自殺が防げたと被告らを非難し、Aの死亡は学校に責任があるとの考えから何かを隠していると疑い激しく非難するなどした。原告は、盗難事件について調査して報告すること等を要求し校長は再調査等の要望には応じるとしたが、その後、理事長らを含め卒業式で生徒・保護者に配付する文案等をめぐり話し合いが行われた結果、決裂した。学校法人側は、調査については教師たちが把握している情報をまとめ理事らに報告したが、Aの同級生らにAの様子を聞いたり、盗難事件の当事者に対する事情聴取などの調査は一切行わなかった。

原告らは、①被告らが盗難事件の真相解明を求めたにもかかわらず、十分な調査をせず（全容解明義務違反）、Aに精神的苦痛を与えたこと、②Aが登校しなかったことを認識しながら家庭に欠席確認をすべき義務があったのにこれを怠り（欠席確認義務違反）、自殺を防止する機会を失わせたこと、③盗難事件を調査し原告らに報告する義務があったのにそれを怠り（調査報告義務違反）、精神的苦痛を与えたこと、④不誠実で、無神経な発言をして原告らに精神的苦痛を与えたこと等を理由として、不法行為ないし債務不履行による損害賠償を請求した事案である（さいたま地方裁判所判決平成20年7月18日）。

判決の要旨

1 事案の主な争点

本裁判の争点は、前述の①全容解明義務、②欠席確認義務、③調査報告義務、④不誠実な対応等による精神的苦痛等であるが、ここでは主に②の欠席確認義務について説明する。

2 裁判所の判断

争点②（欠席確認義務）について、裁判所は、まず、「学校及び教師は、学校の教育活動によって生ずるおそれのある危険から生徒を保護すべき注意義務を負っているものであるが、この注意義務は、生徒に対する危険発生が具体的に予見可能であることが前提となるものであるし、発生するおそれのある危険が教育活動と関連性のない場合には、注意義務が発生するものではない。」との一般的な判断基準を示している。

そのうえで、本件について「生徒が連絡なく欠席している場合、学校の教師が予見し得る生徒への危険発生の可能性はいまだ抽象的なものに過ぎず、ほかに欠席の理由として想定される複数の可能性を捨象して、危険発生を付帯的に予見することは困難である」と判じている。つまり、本事案の状況から見ると、自殺を予見させる具体的な危険は認められなかったということである。また、判決は、学校による欠席確認は、怠学や不登校等に対する教育的配慮を含むものであり、必ずしも生徒に対する安全確認を図る目的によるわけではないから、親権者等が欠席確認を受けることによって、結果として生徒の生命・身体に対する危険を防止できることが期待できるとしても、通常、これらの期待は事実上のものにとどまるとしている。

結論としては、「生徒が欠席した場合、生徒の身に危険が発生する事態を具体的に予見することができる場合を除き、法的義務として欠席確認義務を認めることはできない」としている。

なお、判決は、①の全容解明義務については、Aは盗難事件の被害者ではなく、それによって侵害される利益は極めて間接的で、法的保護に値する義務とはいえないし、在学契約上の作為義務を基礎づけるものとはいえないとしている。また、③調査報告義務については、在学契約に基づく付随的義務として、信義則上、親権者等に対し、生徒の自殺が学校生活に起因するのかどうかを解明可能な程度に適時に事実関係を調査し、報告する義務を負うとした。その上で、Aと生徒Cとのトラブル、サッカー部員にボールをぶつけられた話等からすれば、いじめの存在が疑われるのに、Aの自殺の動機が学校生活と無関係であるとして生徒に対する調査を一切しなかったことについて、学校法人に調査報告義務違反があるとした。

事案から考える視点

1 教師の法的責任の基準

登下校時の安全確保のための指導、体調不良時の病院への付き添いなど教師に求められる行動はさまざまである。これらすべてを無限定に法的義務として課すことは、学校や教師に不可能を強いることになる。裁判所は、「生徒が欠席した場合、生徒の身に危険が発生する事態を具体的に予見することができる場合を除き、法的義務として欠席確認義務を認めることはできない」と判じているが、このことは、見方を変えれば「生徒の身に危険が発生する事態を具体的に予見することができる場合」に法的責任が問われる可能性があることを意味している。これは一律の基準ではなく、発達段階や性格、日頃の状況など総合的に判断することとなる。

2 学校側の安全確保のシステム化

児童生徒が欠席する場合には、家庭の側にも学校に連絡する責任がある。H中学校においても、生徒手帳には、「当日欠席・遅刻する場合は、8時15分までに保護者が、担任または学校に電話連絡する」と記載されていた。そのうえで、学校側は、家庭から連絡がないにもかかわらず生徒が登校していないことがわかった場合には、通常、通学途中での事故が発生したこと等も考えられることから、保護に連絡をするのが通例であろう。

H中学校では、Aの自殺という痛ましい事件を受けて、家庭から事前連絡のない生徒に対して保護者への確認を徹底することになった。学年ごとにホワイトボードに事前連絡の有無によって欠席者を区分して記載し、午前10時30分までに連絡がない場合には家庭に連絡し、午後も連絡を取るという体制に変更した。児童生徒の安全の確保とは、法的な責任論だけで対応できるものではない。保護者と学校側が相互に責任を共有する姿勢が重要であるといえる。

36

教員

生徒との性行為が、児童福祉法上の「淫行させる行為」に当たるとされた事例

18歳未満の青少年とのみだらな性行為等は、各都道府県の青少年保護育成条例によって処罰されるケースが多い。その一方で、教師と児童生徒の間で行われた性行為については、児童福祉法第34条第1項第6号違反により、条例よりも重い刑罰が課される場合がある。

事案の概要

本件の被告Yは、平成24年当時、県立高校の常勤講師（当時28歳）として勤務していた。被害者である女子生徒Aは、Yの勤務する高校2年の生徒であった（当時16歳）。平成24年11月初旬から、YはAを車で送るなどするようになり、校内や駐車場の車内でキス等の性的行為をした。11月28日に市内のホテルにおいて性交した。YはAに対し、ばれないようにしようなどと持ちかけた。11月28日、12月2日、同月17日、同月20日にも性交し、同月24日には性交の際に性具を用いたり、自慰行為をさせたりした。

その後、Aが担任教師等にYとの交際について相談したことから問題が発覚した。Yは教頭からの質問に対し、事実を否定し、自分が付き合っている短大生と勘違いされたのかもしれないと回答したり、Aに対しメールの削除やアドレスの変更を指示したりするなどした。その後、Aが母親に対しYに襲われた旨を話し、Aと母親は警察署に被害申告をしたため、Yは児童福祉法違反で逮捕されたものである。Yは、事件当時24歳の女性Bと交際を継続していた。Bとは平成22年7月頃から同居をはじめていた。Yは少なくともBとの結婚を意識していたことがあり、YとBは、互いの親戚とも面識があった。Yが逮捕されるまでの間に、YとBの間で交際関係を解消する旨の合意や話題がなされた事実は確認されていない。

本事案は、Yが児童福祉法第34条第1項第6号違反を問われたものである(福岡地方裁判所飯塚支部判決平成26年5月19日)。裁判において、被告Yは、性交を行ったことは認めているものの、児童福祉法に規定する「淫行」「淫行をさせる行為」にはあたらないことを主張したが、第一審では懲役1年6月(執行猶予3年)の判決を受けている。その後本件は控訴されたが棄却されている(福岡高等裁判所判決平成26年9月19日)。本裁判はその上告審である。

判決の要旨

1 事案の主な争点

児童福祉法第34条第1項は「何人も、次に掲げる行為をしてはならない。」として、第6号で「児童に淫行をさせる行為」を禁止している(なお、同法で「児童」とは「18歳に満たない者」を指している)。

本裁判の主な争点は、①YとAの性交が児童福祉法第34条第1項第6号の規定する「淫行」に当たるのか、②児童福祉法第34条第1項第6号の「淫行させる行為」が直接の相手となる行為を含むのか、また、YがAに対し事実上の影響力を及ぼして淫行するように働きかけたのかという点にある。

2 裁判所の判断

わが国においては、16歳以上の女性は結婚が認められており、18歳未満であっても性的な自由が認められなければならず、合意のうえで性交することを一般的に禁止する法律は存在しない。青少年保護育成条例や児童福祉法は、未成熟である者がその自由や権利を濫用したり、他人による侵害から保護するために特定の性的行為を規制していると解されている。

争点①について、裁判所は「淫行」とは、「児童の心身の健全な育成を阻害するおそれがあると認められる性交又はこれに準ずる性交類似行為をいうと解するのが、相当であり、児童を単に自己の性的欲望を満足させるための対象として扱っているとしか認められないような者を相手とする性交又はこれに準ずる性交類似行為は、同条にいう『淫行』に含まれる」としている。

争点②については、二つの論点がある。第一には、「させる行為」とは、その対象が、第三者である場合だけを指すのか、それとも相手方自身を対象とした場合も含むのかということであり、第二には、「させる」ことについて、させた者と児童との関係(上下関係等)を示すだけで十分であるのか、それとも児童に対して事実上の影響力を及ぼして淫行するように働きかけ、その結果淫行をするに至らせたことを示す必要があるのかということである。このことについて最高裁は、前者については、判例(最高裁判所第二小法廷決定昭和40年4月30日)を引用し、「直接たると間接たるとを問わず児童に対して事実上の影響力を及ぼして児童が淫行をなすことを助長し促進する行為を言う」として第三者と相手方であることを区別していない。また、その判断基準として「行為者と児童との関係、助長・促進行為の内容及び児童の意思決定に対する影響の程度、淫行の内容及び淫行に至る動機・経緯、児童の年齢、その他当該児童の置かれていた具体的状況を総合考慮して判断する」としている。この基準から、後者については、行為者と児童の関係にとどまらず、事実上の影響力を行使して淫行をなすことを助長、促進する行為であるのか具体的状況から総合的に判断する必要があることを示している。

最高裁は、こうした判断によって、Yの

行為は、単に淫行の相手方となっただけでなく、「児童に淫行させる行為」に当たるとして、Yの上告を棄却した（最高裁判所第一小法廷決定平成28年6月21日。確定）。

事案から考える視点

1　児童との性的行為に対する処罰

児童との性交等の行為を処罰する法令は、①都道府県の青少年保護育成条例、②児童福祉法第34条第1項第6号、③児童買春、児童ポルノに係る行為等の規制及び処罰並びに児童の保護等に関する法律（児童買春法）等がある。ここでは、①と②について説明する。

①の青少年保護育成条例の内容は、都道府県によって異なるが、概ね18歳未満の青少年を対象にして、真摯な交際関係による性行為を除外して「みだらな性行為」「性交類似行為」等を禁止している。例えば、神奈川県青少年保護育成条例は、第31条で「何人も、青少年に対し、みだらな性行為又はわいせつな行為をしてはならない」と規定している。

ここで「みだらな性行為」とは「健全な常識を有する一般社会人からみて、結婚を前提としない単に欲望を満たすためにのみ行う性交」を意味し、「わいせつな行為」とは「いたずらに性欲を刺激し、又は興奮させ、かつ健全な常識を有する一般社会人に対し、性的しゅう恥けん悪の情をおこさせる行為」を意味するとされている。青少年保護育成条例は、親告罪ではなく、罰則は「二年以下の懲役又は百万円以下の罰金」としているケースが多い。

②の児童福祉法第34条第1項第6号では、「児童に淫行をさせる行為」が禁止されている。「淫行」「淫行をさせる行為」については本事案で説明したとおりである。罰則は、「十年以下の懲役若しくは三百万円以下の罰金に処し、又はこれを併科する」とされており、青少年保護育成条例に比較して非常に重い罰則が規定されている。

2　青少年保護育成条例と児童福祉法

本事案では、青少年保護育成条例の事例ではなく、児童福祉法違反の事例を取り上げている。それは、青少年保護育成条例は、18歳未満の者に対する一般的な淫行について適用されるものであるのに対し、児童福祉法の規定は、「教師と児童生徒の関係」など特別の関係の中で行われた淫行に対して適用されることが多いからである。児童福祉法の罰則が重いのは、それは、単に一般的な淫行を禁止しているだけでなく、対象者と児童との関係が、社会的に、支配従属関係、上下関係で行われ、より悪質であると考えられているからである。具体的には、学校の教員と児童生徒の関係、職場の上司・部下の関係、親子関係など、社会的に有利な立場にある者の事実上の影響力の下で行われている場合に適用されることになる。「させる行為」という規定には、そのような関係が含み込まれているのである。児童と淫行をしただけでは、児童福祉法における「淫行をさせる行為」に該当しないが、一定の関係の中で影響力を行使した場合には、より重く罰せられることとなるのである。

なお、本事案では被害生徒の側にも一定の恋愛感情があったこともうかがわれるのであるが、それだけでは「淫行をさせる行為」の成立は妨げられないとされていることも付言しておく。

〈補録〉民法改正（令和4年4月1日施行）により成年年齢が18歳に引き下げられ、婚姻開始年齢が男女で統一（女性を18歳に引き上げ）されている。

37

経営

入れ墨調査に関する職務命令が憲法第13条等に違反しないとされた事例

入れ墨に関する調査への回答を義務づけた職務命令が、憲法第13条及び大阪市個人情報保護条例に違反しないとされた事例である。

近年、一般人でもファッションとしてタトゥーを入れる者も見られることから、今後公務員の服務管理の一つの問題となる可能性がある。

事案の概要

本件の原告は大阪市交通局の職員Xであり、被告は、大阪市である。

平成24年2月に大阪市立児童福祉施設に勤務する30代の男性職員が児童に対して自分の入れ墨を見せたり、暴言を吐いたりしたとする新聞報道がなされ議会でも報道内容について取り上げられるなどした。

大阪市では、市長を委員長としたプロジェクトチームを設置し、全職員に対して入れ墨の有無等を調査するとの方針を決定した。交通局においても、同年5月に所属職員に対して「入れ墨に関する調査について」と題する書面と調査票を配布して、入れ墨の有無等について調査を実施した。実施要項は、調査の目的として、職員の入れ墨が社会問題となっており、人事配置上の配慮等を行う観点から、日常生活を行ううえで目視可能な部位への入れ墨の有無を把握するために全職員に対し記名式の調査を実施する、としている。対象者は全職員（非常勤嘱託職員及びアルバイト職員を除く）として、調査方法は、全職員に調査票を配布・回収のうえ行うこととされていた。調査票は、作成日、所属名、署名等の欄があり、肩から手の指先、首から上、膝から足の指先までの部位に入れ墨をしているか、入れ墨をしている部位はどこか、入れ墨の大きさはどのくらいか等の質問事項が記載されていた。

原告Xは当時交通局の職員として自動車運転手をしていた。提出期限の直前に所長らの呼び出しを受けた際に、調査票の提出は拒否するが、業務において支障なきように現認してもらいたいと述べたため、所長らはXの調査対象部位に入れ墨がないことを視認により確認した。

同年7月13月の時点で大阪市全体で回答を拒否した者は13名、交通局ではXのみが回答を拒否していた。交通局は、同日、Xに対して同月27日までに回答することを命じ、従わない場合には懲戒処分が行われることがあると警告した。Xは、同月21日に、本件職務命令は憲法第19条及び憲法第21条に反するから回答を拒否すること、入れ墨の有無について所長らの現認を受けていること、職務命令の撤回を要求すること等を記載した書面を送付した。その後、交通局長はXに対し警告書を交付したり、始末書の提出を求めたりしたがXはこれらを拒否した。

8月28日に、交通局長は、地方公務員法第29条第1項第1号ないし3号並びに大阪市職員基本条例第28条第1項等に基づき戒告処分とした。これに対し、Xは、本件調査は憲法第13条等に違反し、職務命令や処分も違法であるとして、大阪市に対し処分の取り消しと慰謝料の支払い等を求めて提訴したものである。

第一審は、本件職務命令は憲法第13条には違反しないが、市個人情報保護条例に違反しているとし、Xの取消請求を認容したが、損害賠償請求については棄却した（大阪地方裁判所判決平成27年2月16日）。本事案は、その控訴審判決である（大阪高等裁判所判決平成27年10月15日）。

判決の要旨

1　事案の主な争点

本裁判の主な争点は本件職務命令の適法性についてである。具体的には、①入れ墨をしている者のプライバシーを侵害するものとして憲法第13条に違反しないのか、②思想、信条、宗教などセンシティブ情報の収集を原則禁止した個人情報保護条例に違反しないのかという点である。

2　裁判所の判断

争点①について、裁判所は、結論として本調査及び職務命令は憲法第13条に反するものではないとしている。裁判所は、入れ墨をしていることは個人の名誉・信用に関わるプライバシー情報であり情報の開示を公権力により強制されない自由を有しているとする一方で、公共の福祉のために必要がある場合には相当の制限を受けるとした。その判断に当たっては「本件調査の目的の正当性、調査の必要性及び手段の相当性等を総合考慮して判断するのが相当である」としている。調査の目的については、新聞報道後、職員が入れ墨をしていることに対する批判の高まりを受けて、今後同様の問題が発生することによって市政に対する信頼が失墜することのないように、市民等の目に触れる可能性のある部分の入れ墨を有している職員を市民等に接する機会の少ない職務を担当させるための人事配置等を行うことにあるなどとして、調査の目的は正当であるとした。また、調査の必要性、手段の相当性についても認めている。

争点②について、大阪市個人情報保護条例第6条第2項は「実施機関は、思想、信条及び宗教に関する個人情報並びに人種、民族、犯罪歴その他社会的差別の原因となるおそれがあると認められる事項に関する個人情報を収集してはならない」と規定している。

入れ墨に関する情報については「その

他社会的差別の原因となるおそれがあると認められる事項に関する個人情報」（差別情報）に該当するかどうかを検討している。入れ墨を施す理由は、多様であり、文化的・民族的背景を有するものもあるものの、ファッションとして入れることもある。必ずしも、人格に深く関わるものではなく、自己の入れ墨を秘匿したいと考えるか否かも人によって異なる。入れ墨を見せられることで不安感や威圧感をもつことは不当な偏見とはいえず、状況に応じて他人に見せることを制約することは社会的におおむね容認されているとした。結果として、入れ墨情報は、人種、民族、犯罪歴に関する個人情報と同じ範疇に属するとは考えられず、条例第6条第2項の「その他社会的差別の原因となるおそれがあると認められる事項に関する個人情報」には該当しないとした。また、判決は条例第6条第2項1号が「法令又は条例に定めがあるとき」は例外的に差別情報を収集できると規定しており、調査は地方公務員法第32条に基づく職務命令として行われたものであり法令等に定めがある場合に該当するとした。

裁判所は、こうした判断によって調査は適法であり、回答を命ずる職務命令も適法であるとした。Xの行為は地方公務員法第29条第1項第1号、2号、3号、さらには大阪市職員基本条例第28条の「職務命令違反行為により、公務の運営に支障を生じさせること」にも該当するとして、Xの処分取消請求、損害賠償請求を認めなかった。本件は、その後上告されたが、上告棄却、上告不受理の決定により確定している（最高裁判所第二小法廷決定平成28年11月9日）。

事案から考える視点

1　現時点における入れ墨に対する見方

近年、若者を中心にファッションとしてタトゥーを入れる例も見られるようになってきている。判決は「現時点の我が国においては、反社会的集団の構成員に入れ墨をしている者が多くいることは公知の事実である」として入れ墨を見せられることで不安感や威圧感をもつこともあることから入れ墨を見せられないように配慮することは「現状においては社会的相当性を有する」としている。入れ墨の有無によって銭湯への入場を拒否されることなど社会的に異なった取扱いをすることが差別とはされないのと同様である。しかし、今後、国際化の進展や入れ墨に対する社会一般の認識に変化が進めば、服務管理は、より難しくなっていくものと考えられる。

2　教職員についての判断の妥当性

今回、市教育委員会は、学校園に勤務する教職員に対し、入れ墨の有無等に関する調査を実施したが、教職員については、入れ墨の有無等の回答を義務づけることはせず、職務上において児童生徒等の目に触れる可能性のあるところに入れ墨がある場合には、その旨を申告することを求めるという任意の方法により実施した。

判決は市教育委員会が回答を義務づけていないことについて、教育公務員が自己の崇高な使命を深く自覚し、絶えず研究と修養に励み、その職責の遂行に努めなければならない立場であることを前提にして、本件調査をそのまま実施するのに否定的な意見が多数を占めたとしている。この教育委員会の判断は教育公務員としての自覚や自律性に期待したものと考えられる。教師に対する信頼に基づくものであることを肝に銘じておく必要がある。

38

私学教員の有期労働契約について、更新限度後の無期労働契約への移行が否定された事例

有期労働契約を結んで短期大学の教員として勤務していた私立大学の教員が、法人による雇止め（有期労働契約の更新拒否）の無効を求めて争った裁判において、最高裁が有期契約の更新限度期間満了時の雇止めを認め、無期労働契約への移行を否定した事例である。

平成24年に労働契約法が改正された。今後、雇止め、無期労働契約への転換への対応等が問題となると思われる。

事案の概要

本件の原告Xは学校法人Yが運営するA短期大学に勤務する講師であり、被告は学校法人Yである。

Xは、平成23年4月1日、被告との間で、契約職員規程（以下、「規程」という）に基づいて、契約期間を同日から平成24年3月31日までとする有期労働契約を結んで契約職員となり、A短期大学の講師として勤務していた。Yは、平成24年3月19日、Xに対し同月31日をもって労働契約を終了する旨を通知した。Xは、同年11月6日に、Yによる雇止めは許されないとして、労働契約上の地位確認と雇止め後の賃金の支払いを求めて訴訟を提起した。

Yは、予備的にXに対し、平成25年2月7日に、本件労働契約が平成24年3月31日をもって終了していないとしても平成25年3月31日をもって終了する旨を通知した。また、平成26年1月22日に、規程では契約更新限度は3年とされているので、仮に本件労働契約が終了していないとしても同年3月31日をもって契約を終了する旨の通知を行った。

Yの運営する3つの大学において、平成18年度から23年度までの6年間に新規採用された助教以上の契約職員で3年を超えて勤務した者は10名おり、うち8名については3年の契約期間満了後、期間の定めのない労働契約になった。

第一審は、1回目、2回目の雇止めを客観的に合理的な理由を欠くものとしてXの主張を認めた（福岡地方裁判所小倉支部判決平成26年2月27日）。第二審は、さらに、第一審判決後になされた3回目の雇止めも認めず、「採用当初の3年の契約期間に対する上告人の認識や契約職員の更新の実態等の照らせば、上記3年は試用期間であり、特段の事情のない限り、無期労働契約に移行するとの期待に客観的な合理性があるというべき」として無期労働契約への移行を認めた（福岡高等裁判所判決平成26年12月12日）。本裁判はその上告審である。

判決の要旨

1　事案の主な争点

本裁判の主な争点は、契約期間の更新限度である3年を超えた平成26年4月1日から当該労働契約が期間の定めのないもの（無期労働契約）となったのかどうかという点にある。

2　裁判所の判断

裁判所は、結論として、契約期間更新限度3年時における雇止めを認め、無期労働契約への移行を否定した（Xの労働契約上の地位確認と3年経過以降についての賃金支払いの請求を棄却した）。

その理由として、本件労働契約は、期間1年の有期労働契約であり、規程には、契約期間の更新限度が3年で、その満了時に労働契約を期間の定めのないものとすることができるのは、これを希望する契約職員の勤務成績を考慮してYが必要であると認めた場合であることが明確に定められており、Xもこのことを十分に認識したうえで労働契約を締結したとみることができること、大学の教員は流動性があることが想定されていること、Yの経営する3大学において3年の更新限度期限の満了後に労働契約が期間の定めのないものとならなかった契約職員が複数いることを理由にして、労働契約が期間の定めのないものとなるか否かは、勤務成績を考慮して行うYの判断に委ねられおり、労働契約が3年の更新限度期間の満了後に当然に無期労働契約となることを内容とするものではないとした。また、Xは、5年を超える有期労働契約の期間の定めのない労働契約への転換を規定した労働契約法第18条の要件を満たしてもいないとした。以上を理由として、労働契約は平成26年4月1日から期間の定めのないものとなったとはいえず、同年3月31日をもって終了したと結論づけた（最高裁判所第一小法廷判決平成28年12月1日）。

事案から考える視点

1　「雇止め法理」とは

「雇止め法理」とは、使用者が有期雇用契約職員の雇止め（更新拒否等）をすることが、客観的に合理的な理由を欠き、社会通念上相当であると認められないときは、雇止めは認められないとする最高裁判決によって確立された法理をいう。

現在、雇止め法理は、労働契約法第19条として成文化されている。同法第19条は、有期労働契約が反復して更新されたことで雇止めが解雇と社会通念上同視できると認められる場合（第1号）、労働者が有期労働契約が更新されるものと期待することに合理的な理由があると認められる場合（第2号）のいずれかに該当し、雇止めが客観的に合理的な理由を欠き、社会通念上相当であると認められないときは、雇止めは認められないとし、従前の有期労働契約が同一の労働条件で成立すると規定している。第1号は東芝柳町工場事件最高裁判決（第一小法廷昭和49年7月22日）、第2号は日立メディコ事件最高裁判決（第一小法廷昭和61年12月4日）で確立した要件を条文化したものである。なお、第1号、第2号の要件に該当するかどうかは、雇用の臨時性・常用性、更新回数、通算期間、雇用期待に関する使用者の言動等を総合的に考慮して個別事案ごとに判断されることになる。

2　労働契約法の制定と平成24年改正

従来、労働契約に関する紛争においては、解決のためのルールとして、民法、個別法、判例等が個々に、事案ごとに適用されるなど、体系的な法制が整備されていなかった。そのために、個別の労働紛争の円滑な解決、労働関係の安定のために労働契約に関する統一的な理念や原理、民事的なルールを一つの法体系とする必要性が指摘されていた。その結果として、労働契約法が制定され平成20年3月から施行された。労働基準法が監督指導や罰則によって法的義務を履行させせようとするものであるのに対し、労働契約法は、関係者の合意の原則を重視し、法の趣旨や内容の周知、相談等によって紛争の防止、早期解決が図られ、合理的な労働条件の確保を促すことが期待されている。

同法は、平成24年8月に本事案の争点にも関わる次の改正が行われ、平成25年4月1日から施行された。その内容は、①無期労働契約への転換（第18条：有期労働契約が繰り返し更新され通算5年を超えた場合には、労働者の申し込みにより期間の定めのない契約に転換できるとする規定）、②「雇止め法理」の法制化（第19条：最高裁の判例によって確立している「雇止め法理」を条文化し、一定の場合に、雇止めを認めず、有期労働契約の継続が認められるとした規定）、③不合理な労働条件の禁止（第20条：有期労働契約と無期労働契約の間で、期間の定めがあることによる不合理な労働条件の相違があってはならないとする規定）である。

3　公務員の除外、大学教員等の特例

労働契約法第22条は、「この法律は、国家公務員及び地方公務員については、適用しない」と規定しており、公立学校の教員等には同法が適用されない。この結果、公務員の場合、任期の定めのない職員として採用する法的義務は生じないということになる。公務員の場合は、労働契約ではなく、任用という行政行為であることがその理由であるとされている。しかし、現在、地方公共団体の職員の3分の1は非正規公務員であるとされており、労働契約法により民間労働者との処遇上の不均衡が生じていること（「官製ワーキングプア」の問題等）、自治体にとっても熟達した職員を安定的に確保する必要があること等が指摘されている。職務区分に応じた「公法上の契約」概念の導入の検討、職務規律・支配権と雇用関係の整理など、身分保障の十分でない非正規公務員の雇用を保障する法論理の構築が喫緊の課題になっているように思われる。

なお、大学や研究開発法人の教員、研究者、技術者、リサーチアドミニストレーターについては無期労働契約に転換する期間が10年とされていること（研究開発システムの改革の推進等による研究開発能力の強化及び研究開発等の効率的推進等に関する法律、大学の教員等の任期に関する法律）、また、5年を超える一定期間内に完了が予定されている業務に就く高度専門的知識を有する有期雇用労働者、定年後に有期契約で継続雇用される高齢者については、無期限転換において特例が設けられていること（専門的知識等を有する有期雇用労働者等に関する特別措置法）を付言しておく。

39

保護者

母親による子どもの連れ去りに加担したカウンセラーの行為が違法とされた事例

父母が別居している場合に、学校側が一方からの引き渡し要求などにどう対応したらよいか苦慮することがある。本事例は、別居中の親が法的手段によらずに、強引に子どもを連れ去るにあたり、それに加担したカウンセラーの行為が違法なものとされた事例である。

父母が親権をめぐって対立している場合に、学校側の対応の在り方について示唆を与えていると思われる。

事案の概要

原告Xには妻Zとの間に長女Aと長男Bの二人の子どもがいた。被告Yは、女性を対象にカウンセラーとして活動しているほか、シェルター（緊急一時避難所）の運営を主とする団体の活動をしていた。XとZは、平成13年4月頃に別居したが、別居後まもなくAとBは、父親であるXと生活するようになり、Aは市立小学校に、Bは市内の保育園に通園していた。

XとZは結婚当初から口論となることが頻繁にあり、離婚の調停を申し立てたり、やり直しをしたりしていた。平成13年4月に二人は口論となり、Zが包丁を投げつけ、これに対しXが暴力を振るうなどしたため、Zは1週間程度の加療を要する怪我を負った。Zはこの後、子どもらをつれて実家に戻った。しかし、まもなくXが子どもらを連れ戻し、AとBは、従前の小学校、保育園に復帰した。Xは両親の協力を受けながら子どもらを養育していた。Xが子どもらを養育している間、子どもらとZとの面会を拒絶するというようなことはなかった。

一方、Zは、弁護士Cに離婚と子どもらの引き渡しについて相談し、実家を出てX

の知らない住所を確保し、子どもらを連れ戻したうえで、身を隠しながら、離婚調停を申し出るという方針を立てた。CはZの精神面のケアのため、カウンセリングの専門家であるYをZに紹介した。Yは、これまでの経緯を聞き、Zらと子どもらの連れ戻しの方法について話し合った。Yは連れ戻しの方法について賛成ではなかったが、特に反対をしなかった。Zは当初一人で子どもらを連れ出すことを計画していたが、前日になって不安となり、急きょYに付き添いを依頼した。Yは付き添いのみという条件で承諾した。

平成13年6月1日、ZとYは、小学校に赴き、実父の具合が悪いなどと告げてAの引き渡しを求めたが、教師がZの言動に不審を感じて引き渡そうとしなかった。そのため、Yが親戚を装って立ち会い、Yが教師と話しているうちに、Zが教室からAを抱えるようにして連れ出した。その後、後を追ってきた教師にZが対応している間に、YはAをタクシーに乗せ、後から乗り込んだZとともに保育園に赴いた。保育園ではZが一人で保育園に入りBを連れ出し、園長の制止を振り切ってタクシーで待機していたYとともに駅付近に戻った。そこで、4人はYの車に乗り換え、YはZらをアパートまで送り届けた。

その後、Zは子どもらとアパート生活を始めた。YはZに対して注意すべき点をアドバイスしたり、Yの自宅をZへの郵便物の転送先としたりした。また、アパート付近でXを見かけたとの連絡を受け、Yが新しい生活場所を見つけるため弁護士Cらと連絡を取り合って協力し、Zと子どもらは、母子生活支援施設に入所することとなった。一方、長女Aは、同年8月、父であるXに電話をかけ、家に帰りたい旨を訴えた。その後、調停等が行われたが不調であったことから、同年10月、Zの居所を探したXが子どもらを連れ戻し、その後子どもらは再び従前の小学校、保育園に通うこととなった。

Zは、その後、子の監護者の指定審判の申立て、子の引き渡し審判の申立て、審判前の保全処分（子の引き渡し）の申立てをし、また、配偶者暴力に関する保護命令を申し立てた。審判前の保全処分（子の引渡し）では、Zへの仮の引渡しを命じる審判が出たが、抗告審は原審判を取り消し、Zの申立てを却下し、その後、子の監護の指定審判の申立て、子の引渡しの申立てはいずれも却下された（一方、Zに対する保護命令については認められた。Xはこの保護命令に対して即時抗告を申し立てたが棄却されている）。

本事案は、妻が二人の子どもを連れ去った際に、妻に加担したカウンセラー（Y）に対して、夫が親権侵害を理由にして損害賠償を求めた裁判である（名古屋地方裁判所判決平成14年11月29日）。

判決の要旨

1 事案の主な争点

本裁判の主な争点は子どもらを連れ去った被告Yの行為の違法性である。

2 裁判所の判断

被告側は親権者であるZが子どもを連れ出すことは違法ではなく（この際、XのZに対する暴力行為、Aに対する精神的虐待を理由に、早急に連れ戻す必要があったとしている）、Zから依頼を受け、単に付き添いをしたに過ぎないYの行為は不法行為とならないと主張した。

裁判所は、YはZや弁護士が加わってなされた打ち合わせの方針に従って、突然、子どもらのいる小学校や保育園を訪れ、教師や園長の制止を振り切って、実力を行使して強引に子どもらを取り戻したもので、YはZらの行為に加担したものと認めた。そのうえで、Zは母親として親権を有しているが、「子の引渡しの手段としては本来家事審判等の法的手段によるべきであり、実力行使による子の奪取は、その子が現在過酷な状況に置かれており、法律に定める手続を待っていては子の福祉の見地から許容できない事態が予測されるといった緊急やむを得ない事情がある場合を除いて許されない」と判じている。

子どもらが、Xの下で安定した生活を送っており、Xとの生活にも強い親和性を示していることを踏まえれば、妻の行為は社会通念上許容できる限度を超えた違法なものであり、妻に同行し、加担したカウンセラー（Y）の行為も同様に違法であるとした。

事案から考える視点

1　夫婦間の問題と親子の問題の区別

本件では、夫婦間で身体的暴力行為があったとされている。被告側は、別居や連れ去りの背景にこのような問題があったことを指摘しているが、裁判所は、ドメスティックバイオレンスの問題と親子の問題とは区別されるとしている。つまり、夫婦間での問題、例えば、夫が妻を叩くなどの暴力行為が認められること等の父母間の問題と、親の監護や教育、生活上の親子関係の在り方についての判断は直接結びつくものではないということである。本裁判においても、第一義的に子どもの福祉の見地からの判断が行われている。二人の子どもが原告の下で安定した生活を送っていることが、強引に連れ去る「緊急やむを得ない事情」を否定する判断の基礎となっているものと考えられる。

2　学校の対応には裁量が認められる

父母が対立している場合、本事案のように教員が一方の違法な行為に加担するなどは論外であるが、学校としてはどう行動するのか難しい判断が求められることがある。第一に確認しなければならないことは、別居中とはいえ、あくまで父母ともに親権者であり、原則として、学校側が一方だけに加担することはできないということである。そのために、別居中の一方の親から引渡しを求められた場合など親権者間で利害が対立した状況にどのように対応すべきか難しい判断が求められることとなる。基本的には、学校は父母の対立に巻き込まれないよう、いずれにも加担しない姿勢を示したうえで、両者の合意のない一方のみからの要求には応じられないことを説明するなど、粘り強く対応することが求められる。

第二には、父母の一方からの引渡しの要求にどう対応するのか判断する際に、学校には、児童生徒の福祉に配慮しながら、学校教育の運営に責任を果たすうえでの判断を行うために一定の裁量が認められているということである。学校側は、父母の合意が得られない場合には、結果として、いずれかの意向に沿った形の決断をせざるを得ない状況に直面することもある。例えば、前触れもなく現れた別居親が、児童生徒の下校をまって強引に連れ去ることが予想される場合には、子どもの安全の確保を第一に、同居親に連絡し、迎えに来るまで学校にとどめ置くという対応も考えられる。この場合には、引渡しを求めた別居親からの抗議等も考えられるが、学校側は、このようなリスクを引き受けたうえで、一定の判断を行うほかない。学校側は、児童生徒の安全を確保し、正常な教育を施す責務を有する学校の立場から、それぞれの状況に応じて、父母の要求にどのように対応するのか判断する裁量権を有しているのである。

この場合、学校は、裁量権の逸脱と判断されない限度において、合理的な判断をすることが認められることを確認しておきたい。

40

経営

教員の勤務時間管理と働き方改革

平成29年6月22日、文部科学大臣が、教員の長時間労働への対応策を検討するよう中央教育審議会に諮問するなど、教師の働き方改革が大きな課題となっている。

本事案は、教師の時間外労働についての最高裁判決である。給特法の解釈や安全配慮義務について大きな影響を与えており、今後、法改正を進めるうえで重要な視点を提供している。

事案の概要

本事案は、京都市立の小・中学校に勤務する教員9名が、平成15年4月から12月までの時間外勤務について「国立及び公立の義務教育諸学校等の教育職員の給与等に関する特別措置法」（平成15年改正前のもの。以下「給特法」）及び京都府の「職員の給与等に関する条例」（以下「給与条例」）の規定に違反する黙示の職務命令等によるものであり、また、学校設置者である京都市は健康保持のための時間外勤務を防止するよう配慮すべき義務に違反したとして、京都市に対して国家賠償法第1条第1項に基づく損害賠償を請求した事案である。

第一審は、給特法及び条例の趣旨に違反して教諭らに超過勤務をさせた義務違反については否定したが、安全配慮義務違反については、教職員の健康の保持、確保の観点から労働時間を管理し、その勤務内容、態様が生命や健康を害するような状態であることを認識、予見した場合などには、その事務の配金等を適正にする等して勤務により健康を害しないように配慮すべき義務を負っているとして原告1名についてのみ義務違反と慰謝料等の請求を認め、それ以外の請求はいずれも棄却した（京都地方裁判

所判決平成20年4月23日。『季刊地方公務員研究』第95号、34頁）。

第二審は、給特法及び条例上の超過勤務をさせた義務違反については否定したが、小学校の研究発表校の準備等により相当の時間外勤務のあった教員、中学校の生徒指導部長として放課後の指導等によって長時間の時間外勤務が認められる教員の2名について、新たに京都市の側に安全配慮義務違反があったとして、合計3名について損害賠償の請求を認めた（大阪高等裁判所判決平成21年10月1日）。

本裁判はその後、上告されており、本稿はその最高裁判所判決（最高裁判所第三小法廷判決平成23年7月12日）に関するものである。

判決の要旨

1　事案の主な争点

本裁判の主な争点は、①京都市に給特法及び条例の趣旨に反して教諭らに違法に超過勤務をさせたという義務違反があるか、また、②教諭らに対する安全配慮義務違反があるかという点にある。

2　裁判所の判断

確定した事実関係によれば、第二審で請求が一部認められた3名（A、B、C）については、Aは、勤務時間外の時間数は70時間50分（対象22日間）、Bは86時間30分（対象28日間）、Cは１０１時間30分（対象28日間）であった。

争点①については、「教職員の時間外勤務は、それが自主的、自発的、創造的に行われるものではなく、校長等から勤務時間外に強制的に特定の業務を命じられたと評価できる場合には、違法となる」としながらも、勤務校の各校長は、明示的に時間外勤務を命じていないことは明らかであり、黙示的に時間外勤務を命じたと認めることもできないとして、違法な行為があったとまではいうことができないとした。

争点②については、各校長は期間中又はその後において、教諭らに外部から認識し得る具体的な健康被害やその徴候が生じていたとの事実は認められず、記録上もうかがうことができず、そのような健康上の変化を認識し又は予見することは困難であったとして、そのような事情の下では、教諭らの職務の負担を軽減させるための特段の措置を採らなかったとしても、心身の健康を損なうことがないよう注意すべき義務に違反した過失があるとはいえないとした。

事案から考える視点

1　わが国の教員の時間外勤務の法制

わが国の教師は、授業時間だけでなく、学校における生活全般、さらには、家庭への支援など児童生徒の人格全体を対象にして教育活動を展開しており、勤務時間のみでその職務を規定することは困難である。このような事情を踏まえ、わが国の教員の時間外勤務等について、給特法第6条は、公立学校の教育職員を正規の勤務時間を超えて勤務させる場合は、条例で定める場合に限ると規定し、教育職員の給与、勤務時間等は、条例で定められている。条例では、基本的に時間外勤務手当、休日勤務手当の支給については義務教育諸学校等の教育職員（管理職員を除く）には適用しないと規定している（給特法第5条は、時間外勤務手当、休日勤務手当の支給を規定した労働基準法第37条を適用除外としている）。その一方で、際限のない超過勤務に歯止めをかけるために、時間外勤務については「限定4項目」（①校外実習その他生徒の実習に関する業務、②修学旅行その他学校の行事に関する業務、③職員会議に関する業務、④非常災害の場合、児童又は生徒の指導に関し緊急の措置を必要とする場合その他やむを得ない場合に必要な業務）に従事する場合で、臨時又は緊急にやむを得ない必要があるときを除き、原則として時間外勤務はさせないものとしている。なお、時間外手当が支給されないが、その代わり「教職調整額」（給与の4％相当）が支払われている。

2 給特法の見直しの必要性

現在、教員の長時間労働が大きな問題として認識されており、いわゆる過労死ラインを超えた教員の時間外勤務の状況があることが指摘されている。

このことは、前述の「教員調整額」が事実上時間外勤務手当等の代償措置として受け取られ、ルーズな勤務時間管理を背景として時間外勤務の常態化をもたらす制度的基盤となっているものと考えられ、また、「限定4項目」の制限が、教員の日常的な過重労働防止にとってほとんど機能していないことを意味している。

現在、給特法の見直しの必要性が指摘されているが、短期的には、次の2点について検討する必要があると思われる。第一には、設置者に対して勤務時間管理を義務づけるための明示の規定が必要であるということである。現在も、労働安全衛生法上、労働時間を適正に把握することは各学校においても求められている（「労働安全衛生法等の一部を改正する法律等の施行について」平成18年4月3日初等中等教育企画課長等通知）が、それが勤務状況の改善につながっておらず、勤務時間管理義務を給特法上明記することが必要と思われる。

第二には、本事案で争点となった教職員の勤務における「黙示的な職務命令」「安全配慮義務違反」について、労働基準法上の労働時間に関する学説や判例の示した視点（指揮命令等の使用者の関与、労働時間を基礎づける業務性・職務性）等を参考にして教員の勤務の在り方についてガイドラインを提示する必要があると思われる。

3 教員法制の全体的な構想の必要性

教員の働き方改革においては、給特法改正による勤務時間管理の厳格化、長期休業中の代休のまとめ取り措置を可能とする制度改革、部活動指導員などの教員支援人材との役割分担の推進、さらには、一部の自治体で先進的に行われている長期休業中に学校を閉める取組みの普及などの対策が検討されるものと考えられ、これらの取組みには一定の効果が期待される。

しかし、その一方で、さらに、長期的な視点から包括的な教員法制の構想も必要であると考えられる。わが国の学校教育は教員の献身的な関わりに大きく依存している。給特法を基盤とする構造的な超過勤務、教員組織に見られるインフォーマルな人的ネットワークによる内的圧力、子どもへの献身を競う教員文化、人格全体を対象とし生活全般に関与することによってもたらされる教職のやりがい等多様な要因が複雑に影響を与えている。勤務時間や職務分担の定型化は、教師の自発的な関与を促してきたこれらの仕組みの根幹にも影響を与える可能性がある。

これらの問題を考えれば、長期的な視点から、教師の自発的なコミットメントを確保するための次世代のシステムを構築していく必要がある。具体的には、教員の働き方改革は、教職の高度専門職化を進めるための国公私立を含めた総合的な教員法制（教員の労働法制、研修の義務と権利、専門職倫理、説明責任の法理等）を構築する作業と一体として進める必要があるものと思われる。

〈補録〉令和元年12月に一年単位の変形労働時間制の適用（休日のまとめ取り等）、文部科学大臣による業務量の適切な管理に関する指針の策定を内容とする給特法改正が行われた。なお第一審、第二審については、本書[2]として掲載している。

41

生徒指導

いじめの定義と不法行為法上の違法性

いじめ防止対策推進法は、「いじめ」について主観的定義を採用している。早期対応など指導上の必要性の観点から設定された定義であるが、いじめられた側の認識を基準としたことで、学校関係者間に混乱が見られる。

本事案は、小学校の児童が同級生からいじめられて不登校になったとして国家賠償請求等を行った事例において、学級担任、親権者の行為の違法性が否定された事例である。学校側のいじめ対応にとって参考となる視点を提供している。

事案の概要

本件は、Z市立A小学校を卒業した元児童が、在学中に同級生からいじめられ不登校になったとして、学校設置者であるZ市、いじめたとされる側の親権者を相手に慰謝料等を請求した事案である。

原告である元児童Xは、小学校4年生であった平成17年10月にB小学校に転校し、その後、平成19年4月に6年生に進級し、平成20年3月に同校を卒業している。

裁判所の認定した事実によれば、学校側は6年生の進級時にXの両親からの要望に応じてクラス編成を行うなどの配慮を行った。同級生のYは、4月当初には「メガネザル」「ゲーマー」と呼ぶことがあり、担任が注意するなどした。また、Xは運動会の練習をしていた際に、体操着を忘れたことをからかわれたが、その際に、担任は、事実を確認したうえでYに対して意地悪なことを言ってはならないということを指導した。体育の授業の際に、Xは跳び箱等の片付け作業をしていたが、Yがふざけているうちに、足がそばにいたXにあたった。教員は、授業の終了にあたり、けがの有無を確認したが、Xからの申し出はなく、事故の発生に気づかなかった。

平成20年2月には、Xの両親は、弁護士とともに参加した学校でのXの登校のための話し合いの席上において、Yに対して厳しい指導を行うことや謝罪させることを求めたが、校長はYが中学入試を控えていることから今すぐYを指導することがふさわしくないと述べ、また、Xが登校できるような環境の在り方について話をするなどした。Xは、二学期に入ると連続して欠席する日が増え、11月中旬から不登校となり、再び登校することなく小学校を卒業した。なお、Xはその後平成20年4月に中学校に入学したが一日も出席しないままに平成24年3月に中学校を卒業した。

Xの両親は平成20年1月に市教育委員会に6年生になってからの出来事についてまとめた書面を提出するとともに、平成20年9月、21年2月には、弁護士を通して文書をYの両親に送り、いじめを受けたことについてYから直接謝罪を受けることを求める旨を伝えた。また、平成21年1月に学校関係者と話し合いをもち、また、同年4月～7月にかけて県弁護士会紛争解決センターに対してZ市やYの両親に対してあっせん仲裁を申し立てたが、協議が整わなかった。


この結果、原告は、小学校6年生に在学している時に同級生からいじめを受けていたにもかかわらず、担任教諭らが適切に対応しなかったため不登校になり精神的苦痛を被ったとして、Z市に対しては安全配慮義務違反による不法行為（国家賠償法第1条第1項）ないし債務不履行（民法第415条）に基づく損害賠償請求を求めるとともに、Yの親権者である両親に対して監督義務違反による不法行為（民法第714条第1項）による損害賠償等を求めて提訴したものである。本稿はその第一審判決である（名古屋地方裁判所判決平成25年1月31日）。

判決の要旨

1　事案の主な争点

主な争点は、①被告Z市の安全配慮義務違反の有無（ⓐ児童Yの行為の違法性、ⓑ担任教諭らの対応の安全配慮義務違反）、②いじめたとされる児童の両親の監督義務違反の有無、にある。

2　裁判所の判断

裁判所は、小学校6年生当時のYによるいじめの状況と、これに対する担任教諭等の対応等について、前述の概要に述べた内容を確認したうえで、争点①、争点②について次のように判じている。


争点①については、まず、ⓐYの行為の違法性について述べる。裁判所は、「メガネザル」と呼んだり、体操服を忘れたことをからかったこと等の事実を認めながらも、一般に、相手の心情を傷つける発言や行動が行われた場合、それらのすべてが違法となるものではないとした。そのうえで、「児童が『いじめの定義』に当たる行為を行ったとしても、それが直ちに不法行為法上違法とされるべきではなく、当該児童の発言や行動の内容の悪質性と頻度、身体の苦痛又は財産上の損失を与える行為の有無及び内容などの諸点を勘案した上、一連の発言や行動を全体的に考慮し、明らかに相手方の児童の心身に苦痛を与える意図と態様をもって行われたものであると認められる場合に、不法行為法上違法と評価されると解するのが相当である」と判じている。

次にⓑ担任教諭らの対応の安全配慮義務違反について述べる。裁判所は、「いじめの訴えに対していかなる措置を執るべきかは、一義的に定まるものではなく、いじめの重大性等に応じ、事実の確認の方法、いじめをした児童への指導の方法、他の児童への説明、保護者との意思疎通の在り方などの諸点において、教諭の裁量に委ねられている部分があるといわざるを得ないことを勘案すると、実際に執られたいじめの防止策や指導の方法が完全さを欠いたとしても、それ故に直ちに国家賠償法上違法となるというべきではなく、問題となったいじめの悪質性や頻度、身体の苦痛又は財産上の損失を与える行為の有無及び内容などの諸点に照らして、明らかに不十分な対応しか執られていないと認められる場合に、安全配慮義務違反が肯定されることになると解することが相当である」と判じ、担任らの安全配慮義務違反を否定した。

争点②については、Yの行為が、いずれも不法行為法上違法と評価されるものではないから、その両親の監督義務違反についてもその前提を欠くとして否定した。

本件は、その後、控訴されたが、棄却され確定している（名古屋高等裁判所判決平成25年9月26日）。

事案から考える視点

1　いじめの定義と不法行為法上の違法

本事案は、文部科学省の諸調査における「いじめ」、いじめ防止対策推進法上の「いじめ」に該当することと、国家賠償法、民法上の違法とは、次元が異なることを示している。

いじめ防止対策推進法によっていじめの定義がなされたことによって、いじめ防止対策推進法上は、からかい、悪口なども、いじめられる側の認識によっては同法上の「いじめ」に該当することになる。しかし、いじめ防止対策推進法上の「いじめ」は、いじめられた側の認識を基にしているために、非常に広範な内容が含まれる。子どもが成長する過程で一般的に見られるじゃれ合い、ふざけ合い、言い合いなどのレベルのもの、一方的、継続的な教育上看過できないレベルのもの、さらには、限度を超えた悪質で、心身への被害が深刻なもの、傷害、恐喝、監禁など犯罪の構成要件に該当するような行動も含まれ得るのである。これらは、いじめ防止対策推進法上は「法に触れる」ということとなるが、学校（教師）の安全配慮義務違反を問う場合に適用される違法性の判断基準は、判決に示されているように、いじめ防止対策推進法のいじめの定義から直接導かれるものではないということである。

2　学校は使命と責任に基づき適切な判断を

いじめに対応するうえで、いじめ防止対策推進法の定義に依拠することによって学校や教師の自覚を促し、早期発見、早期対応に努めることは教育上重要である。

しかし、その一方で、いじめ防止対策推進法におけるいじめの定義がそのまま、児童生徒や学校側の違法を認定する基準とはならないことを確認しておく必要がある。いじめの問題への対応については、いじめの実態や人間関係等を踏まえ、どのような方法で事実の確認を行い、いじめた児童生徒にどのように指導し、他の児童生徒にどのような働きかけを行うのか、また保護者とどのような関係を築くのか教師に一定の裁量に基づいて判断し行動することが認められている。

「いじめの定義への該当」→「責任を追及されることへの怖れ」→「責任を回避する行動」といった萎縮した思考に陥ることなく、教育上の対応の在り方と法的責任の在り方の違いを適確に理解する必要がある。学校は、法的責任についての理解を深め、自己に与えられた使命を果たすために、どのように対応すべきか責任をもって判断し行動することが求められているといえる。

42 熱中症放置事件と教員個人の責任

教員

国家賠償法は、教員の不法行為によって損害を与えた場合には、国や公共団体が賠償をする旨を定めており、教員個人が直接に損害賠償責任を問われないこととなっている。しかし、近年、教員個人の責任を問う動きが見られる。
本事案は、部活動指導中の事故において教員個人の責任が問われた事案である。今後、教員個人の責任を考えるうえで、参考となる視点を提供している。

事案の概要

本件の原告は、剣道の練習中の熱中症で死亡した県立高校2年生の生徒Aの親である。事件発生当時、Aは、剣道部に所属し、主将を務めていた。平成21年8月22日、同部の正顧問Y（保健体育科の教員で、剣道7段）、副顧問Z（理科の教員で、剣道5段）の指導監督の下で、練習をしていたところ、熱中症を発症して倒れ、W市が設置する病院に搬送され、医師の手当てを受けたが同日に死亡したものである。

事件当日は午前9時半から練習を開始し午前11時頃から打ち込み稽古が行われたが、練習中に嘔吐しにトイレに行く者もいるなどA以外にも体調不良の者が出ていた。打ち込み稽古の際、Aは、Yに対し「もう無理です」などと述べたが、Yは練習を継続させた。その後、Aが打ち込みの練習中竹刀を払い落されたにもかかわらず、これに気づかぬまま竹刀を構える仕草を続け、他の部員が注意しても気づかないなど意識障害が発現していたと疑われる状況であった。

これに対し、Yは「演技じゃろうが」などと述べながら、Aの右胴付近を右足裏で蹴った。Aは再び立ち上がったが、壁に額を打ち付けて倒れ、頭部から出血する傷を負った。Ｙは、倒れたＡの上にまたがり、駆け寄ってきたＺにたいし、「Ｚ先生、これは演技じゃけん、心配せんでいい」などと述べながら、往復ビンタのように10回程度頬を激しく平手打ちした。この時点で午前11時55分頃となっており、練習再開後1時間半程度経過していたが、部員に面をとって水分補給や休憩をさせることはなかった。その後、Ｙは、Ｚや部員らと協力して、Ａに水分を摂らせ、応急措置として保冷剤で冷やしたり、大型扇風機にあてるなどしたが、Ａは飲ませたものを嘔吐するなどした。Ｙは「おまえもう無理なんか」「救急車呼ぶんか」などと声をかけたがＡは応じなかった。Ｙは午後0時19分頃に救急車を要請し、病院に搬送した。医師の手当てを受けたが、搬送から約6時間が経過した午後6時50分頃に死亡した。なお、当日の練習時の気温は30度前後であり、剣道場内の気温はそれ以上に達していた可能性がある。

本裁判に先立って、原告らは、不法行為（民法第７０９条）及び国家賠償法に基づいて損害賠償訴訟を提起している。第一審（大分地方裁判所判決平成25年3月21日）では、顧問の教諭らは、Ａが熱射病を発症したにもかかわらず直ちに練習を中止し、医療施設に搬送するなどの適切な措置を怠った過失があり、病院の医師には病院への搬入後直ちに適切な冷却措置を実施しなかった過失があるとし、県と病院の設置者のＷ市について約４６５０万円の賠償責任を認めたが、教員個人への請求は認めなかった。その後、県と市に対する請求については控訴されず確定した。しかし、両親は、教員個人の責任を問うため、さらに、控訴（福岡高等裁判所判決平成26年6月16日）、上告（最高裁判所第三小法廷決定平成27年7月28日）したが、教員個人への請求は認められなかった。

その後、両親は、教員個人の責任を追及するため、国家賠償法第1条第2項に基づく求償権の行使を求めて住民監査請求を行ったが棄却された。そこで、両親は、県は公務員に重過失がある場合には公務員に対する求償権を有するのに、その行為を違法に怠ったとして、地方自治法上の住民訴訟を提起したものである。第一審（大分地方裁判所判決平成28年12月22日）では、Ｙについては、求償権行為を違法に怠っている事実があると認定した（１００万円余の請求権）が、Ｚについては請求を棄却している。本裁判は、その控訴審判決である（福岡高等裁判所判決平成29年10月2日。確定）。

なお、県教育委員会は、平成21年12月に本件事故に関し、Ｙに対し停職6月、Ｚに対し停職2月の懲戒処分を行っている。

判決の要旨

1　事案の主な争点

裁判の主な争点は、①顧問、副顧問の行為について、国家賠償法上の重過失が認定できるのか、②県が顧問教諭らに対して求償権を行使しなかったことが、懈怠（けたい）であると認められるのか、という点にある。

2　裁判所の判断

争点①について、裁判所は、Ｙに関して、学校内において熱中症事故予防について書面で注意喚起されており、また保健体育の教員、剣道部指導者として熱中症に関する知識を十分に有していることから、遅くとも、Ａが竹刀を落としたのにこれに気づかずに竹刀を構える仕草を続けるという行動をとった時点において熱射病による意識障害と疑われる異常行動であり、ひいては放置すれば死亡する危険が高いことを容易に認識できたとしている。生徒の安全確保を図るべき教諭の立場にありながら、生徒の状況を見守ることなく、また、僅かの注意をすれば有害な結果の発生を容易に予見することが可能であったのに、それをすることもなくいたのであって、自らの職務上の立場において負うべき注意義務の内容範囲に照らして、重大な過失があったと判じている。なお、副顧問Zについては、Yとの関係からその意向に反することは困難であったなどとして、重過失を否定している。

争点②については、地方公共団体が求償権を行使しないことが違法と認定されるためには、客観的に見て求償権の発生を認定するに足りる証拠資料が入手し得ることを要し、また、求償権を行使しないことに合理的理由が認められないことが必要となる。本件では、前の訴訟の資料や判決等から重過失、求償権の発生を認めることは可能であり、また、求償権の行使を見合わせるとした判断にも合理性がないとして、求償権行使を違法に怠った事実があると認定した。

事案から考える視点

1　住民訴訟を通じた個人責任の追及

教員が公務員である場合には、国家賠償法により国や公共団体が賠償責任を負うこととなるが、なお、個人の責任を追及しようとする時には地方自治法第２４２条の２に基づいて住民訴訟が提起される場合がある。

住民訴訟とは、地方公共団体の執行機関や職員による違法な行為が住民全体の利益を害することにつながることから、住民に対してその是正を請求する権能を与え、財政の適正な運用を確保することを目的とした制度である。住民が地方公共団体に住民監査請求を行った結果等に基づいて講じられた措置に不服がある場合、必要な措置を講じなかった場合などに訴訟を起こすことができる。同条4号は、住民が違法な財務会計上の行為又は怠る事実について、当該職員又はその相手方に損害賠償・不当利得返還の請求をすること又は賠償命令をすることを当該地方公共団体の執行機関又は職員に対して求める請求を行うことができると規定している。本事案では、死亡した生徒の両親は、住民訴訟を活用して、教員個人の責任を追及したものである。

2　国家賠償法における求償権行使

国家賠償法第１条第２項は、公務員に故意や重過失がある場合には、自治体が支払った金額を公務員個人に請求できることを規定している。

「重過失」の解釈について、判例（最高裁判所第三小法廷判決昭和32年7月9日）は、「通常人に要求される程度の相当の注意をしないでも、わずかの注意さえすれば、たやすく違法有害な結果を予見することができた場合であるのに、漫然これを見過ごしたような、ほとんど故意に近い著しい注意欠如の状態を指す」としており、重過失を認定するのは公務員の行為に相当の問題がある場合に限定されている。現実には、国や地方公共団体が国家賠償法の賠償請求において敗訴した場合でも公務員に対し重過失を理由として求償権を行使する例はほとんど見られない。この背景には、前述のとおり重過失の認定が困難であること、自治体として損害賠償訴訟では違法性を否定しておきながら、公務員に対する求償請求において重過失の認定を求めるのはダブルスタンダードとなる矛盾があること、求償権訴訟における訴訟費用等の負担を考えれば求償権行使よりも自発的な弁償を求める方が現実的であるという事情もある。

本事案は、このような求償権の運用が適切なのか、個人の責任追及という点から求償権行使の在り方に一石を投じている。

43

事故・事件

部活動中の熱中症により重度の障害が残った事故において顧問の義務違反が問われた事例

今夏は全国的に異常な高温が続いており、7月には愛知県豊田市で小学1年生児童が熱中症で死亡した事例も報告されている。熱中症は部活動中に多く発生しており、本事案は熱中症対応の参考となる視点を提供している。

事案の概要

本件は、県立高校のテニス部の生徒が、テニスの練習中に突然倒れて心停止となり、その後重度の障害を残したのは、テニス部の顧問や校長の義務違反によるものであるとして、部員とその両親が学校設置者である県を相手に国家賠償法により損害賠償金等の支払いを求めた事案である。

裁判所による認定事実によれば、概要は以下のとおりである。原告であるXは事故が発生した平成19年5月24日当時、県立高校の2年生であり、女子テニス部のキャプテンであった。当日は同校の第一期の中間考査の最終日であり、部活動は高校から一キロ程度離れた市営のテニスコートで行われた。練習時、テニスコート内の気温は30度前後で、地表面はさらに10度前後高温であり、風速も弱く、湿度も相当に高かったと推認される。当日は、定期試験の最終日であり、Xを含む部員らは5月14日以降練習をしておらず、Xは中間考査のため十分な睡眠がとれていなかった。また、練習時に帽子をかぶっていなかった。練習時間は、当日、正午から午後3時までに延長された（平日は2時間半程度）。Xは、テスト後の清掃終了後、部の顧問であったY教諭から当日の練習メニューを受け取った。当日は開始時間が早まり、昼食をとる十分な時間がないままに練習をした。練習内容は濃密で、平日より長時間に及んだ。Xは、午後3時頃、ランニング中に手をつかずに突然バタッと前に倒れた。他の部員が市立体育館の職員等を呼ぶなどし、すぐに救急車が要請された。Xは救急車に収容された後、心肺停止状態となり、病院で応急措置がなされ3時35分に自発呼吸を再開したが、結果的に低酸素脳症による重度の障害が残ることとなった。顧問Yは、平素は原則として部の練習に立ち会っていたが、事故当日は、出張の予定があり、午後0時30分まで練習に立ち会った後、出張に出発し、Xが倒れた時にはテニスコートにはいなかった。X及びXの両親は、このような事態に至ったのはテニス部顧問の教諭や校長の義務違反によるものであるとして、学校の設置者である県を相手に損害賠償を請求したものである。

第一審では、顧問の教諭及び校長の義務違反を否定し、請求はいずれも棄却された（神戸地方裁判所判決平成26年1月22日）。

原告らは、これを不服として、控訴したもので、本稿は、その第二審判決に関するものである（大阪高等裁判所判決平成27年1月22日）。

判決の要旨

1 事案の主な争点

本事案においては、そもそも生徒が倒れた原因が熱中症であったのかどうか（学校側はウイルス性心筋炎等の可能性を主張）が大きな争点であったが、本稿では、学校運営に関わる次の争点を中心に述べる。つまり、①顧問教諭の校外での練習における立会義務違反の有無、②生徒の体調等に配慮した練習軽減等の義務違反の有無、③校長の義務違反の有無についてである。

2 裁判所の判断

裁判所は、Xが倒れた原因について熱中症に罹患し、これにより重度の心筋障害が生じたためとしたうえで、争点①、②、③について次のように判じている。

争点①について、「課外のクラブ活動が本来生徒の自主性を尊重すべきものであることにかんがみれば、何らかの事故の発生する危険性を具体的に予見することが可能であるような特段の事情のある場合は格別、そうでない限り、顧問の教諭としては、個々の活動に常時立ち会い、監視指導すべき義務までを負うものではない」とし、「校外の部活動でも基本的に変わるものではない」とした。本事案においては、練習内容を軽減し、水分補給の指導をする義務はあったものの、練習に立ち会うべき義務があることを基礎づける特段の事情があるとはいえないとして、立会義務違反を否定している。

争点②について、裁判所は「課外のクラブ活動であっても、それが公立学校の教育活動の一環として行われるものである以上、その実施について、顧問の教諭は、生徒を指導監督し、事故の発生を防止すべき一般的な義務がある」ことを確認している。そのうえで、高校の課外のクラブ活動は、本来的に生徒の自主的活動であり、練習内容は部員の自主的な判断により定められるのが通常であるから、顧問の注意義務の程度も軽減されるとしながらも、本事案のように、顧問が練習メニュー、練習時間を指示し、部員が習慣的にその指示に忠実に従い、練習を実施しているような場合には、顧問は、指示・指導するにあたり、「各部員の健康状態に支障を来す具体的な危険性が生じないよう指示・指導すべき義務がある」とした。具体的には「事故当日の練習としては、通常より軽度の練習にとどめたり、その他休憩時間をもうけて十分な水分補給をする余裕を与えたりするなど、熱中症に陥らないように、予め指示・指導すべき義務があった」とした。にもかかわらず、Y教諭が長い練習時間、密度の高いメニューを指示し、水分補給の特段の指導や水分補給のための休憩時間を設定しない練習を指示したことは義務違反に当たるとしている。

争点③について、校長の教諭らに対する事故予防の研修を行うことは望ましいが、法的に義務を負っているとまではいえないとし、また、顧問教諭を立ち会わせる義務を負うのは顧問自身が立会義務を負うような場合に限定されるとし、当日の練習においては顧問教諭を立ち会わせる義務はなかったとしている。また、校外での部活動における緊急事態の連絡態勢については、隣接する体育館の職員が常駐し他の部員もいること、倒れた直後に救急車の通報がなされていることからXの損害との因果関係を否定した。

本件では結果として原告側に高額に及ぶ損害賠償請求が認められた。本件はその後上告棄却、不受理により確定している（最高裁判所第三小法廷決定平成27年12月15日）。

事案から考える視点

1　熱中症に関する教員への情報提供

熱中症の危険は、現在、社会的にも広く認知されており、教員として必須の知識であるといえる。判決は、熱中症の危険因子として、気温・湿度、暑さに対する慣れ、水分補給、透湿性・通気性の良い帽子や服装の着用、生活習慣（体調不良等）をあげており、教員はこれらに留意して予防、対応する必要があることを示唆している。判決は校長に対する研修義務までは認めていないが、その理由としてすでに保健だより等で情報提供されていることをあげている。熱中症が運動部以外の活動、屋内の授業、それほど高くない気温でも発生していることを踏まえれば、教員に対する熱中症対応に関する情報提供は必須であるといえる。その際には、「スポーツ活動中の熱中症予防ガイドブック」（公益財団法人日本スポーツ協会平成25年改訂）、「熱中症環境保健マニュアル２０１８」（環境省平成30年改訂）。独立行政法人日本スポーツ振興センター学校災害防止調査研究委員会「体育活動における熱中症予防」が参考となろう。

2　熱中症に関する環境整備義務

中学校1年生がバトミントン部の練習中に熱中症により脳梗塞を発症した事故において、熱中症に対応するための環境整備義務を示した裁判（大阪高等裁判所判決平成28年12月22日）がある。

この判決では、学校の対応において踏まえるべき指針として公益財団法人日本体育協会（日本スポーツ協会に改称）「熱中症予防のための運動方針」（前述の「スポーツ活動中の熱中症予防ガイドブック」へ改訂）をあげている。裁判所はそれに沿った対応を行うための指数ＷＢＧＴ（湿球黒球温度）又はこれに相当する湿球温度、乾球温度を把握することが必要であり、部活動を行う際には温度計を設置し、これらの温度を把握できる環境を整備することが不可欠であるとしている。しかし、実際の校外におけるスポーツ現場で温度計が設置されていない場合もある。学校管理職等は環境省熱中症予防サイトが提供している全国各地のＷＢＧＴの予測値・現在指数を活用するなどして、熱中症に自覚的に対応できる状況を整えることが必要である。

44

学務

高等学校において生徒に対する進路変更勧奨が合理的裁量権の範囲内とされた事案 ～代理人弁護士が交渉に関与した事例～

私立学校や高校において、自主退学勧奨や進路変更勧奨をめぐって、しばしば法的な紛争が発生している。本事案は、進路変更勧奨に関する事例として、また、弁護士が当事者間の交渉に関与した事例としても、参考となる視点を提供している。

事案の概要

1　入学から進路変更勧奨までの経緯

原告Xは、都立A高校に平成26年4月に入学し、同年8月まで在籍していた者である。

判決文によれば、原告Xは同校に入学した当初から、教諭等の指導に従わず、授業中にたびたび奇声を発するなど授業を妨害し、それに対する指導に反省の態度を示さなかった。学校は、Xに対して相談室において特別指導を行ったが、その期間中に、缶チューハイをもっている写真（実際に飲酒していた）、女性教諭に対して性的嫌がらせをしている写真、養護教諭の様子を隠し撮りした写真等を教員を揶揄するコメントを付してインターネット上にアップロードしていることが判明し、それに対する指導に反省の態度を示さなかったことから、特別指導を終了することを決定した。そして、5月16日に、学校側は、原告及び母親に対して、原告をこのまま当該高校に在籍させることはできず、進路変更について検討してほしい旨を告げたものである。原告Xと母親は、面談の結果一旦は承諾した。

2　代理人弁護士の関与以後の展開

その後、5月26日に原告及びその母親の

代理人であるB弁護士が、母親とともに、同校を訪れ、原告Xを高校に戻すように繰り返し要求し、また、本件の事情から退学処分は厳しいと述べるなどした（ここで、「戻す」とは、退学せずに今後も在籍していくことを前提に学校での生活を開始することを意味する）。また、6月5日には、B弁護士は、担任教諭への電話で「本人の学校に戻りたいという思いは変わりがない」「学校の主張が変わらないなら早く判断してほしい」「二週間以内に判断をしてほしい」と要求した。これに対して、生徒指導主任はB弁護士に対し「どのように家庭がXを支えていくのかなど、Xの今後について、どのように考えているのか回答がない中で、一週間と言われても返答できない」と回答した。担任教諭、学年主任が、母親に話し合いを求めたが、母親は、今後の連絡はB弁護士宛にするように回答した。7月1日に、生徒指導主任は、B弁護士から電話を受けた際に、教育的見地から話し合いができていないと述べたところ、B弁護士は「弁護士は保護者の意思に基づいて行動している」「書面で出して頂ければ原告の母親に回答してもらう」と述べた。その後も、B弁護士に対して母親との面談を再度求めたが、結局、B弁護士からの面談の申し入れはなかった。

その後、生徒指導主任は、平成26年度第二学期都立高等学校補欠募集（転学・編入学）の資料を原告の母親及びB弁護士に郵送した。そして、原告Xは8月6日、希望転学先をC高校とする転学願をA高校長宛に提出し、同月31日に、同校から転校したものである。

本件は、原告が、法令上の根拠なく、同校の校長や教諭らから違法に登校を拒否され、進路変更勧奨を受けたものであり、原告の在学契約上の登校して授業を受ける権利を違法に侵害したなどとして、高校を設置する東京都に対して国家賠償法第1条第1項に基づいて、慰謝料、転校費用、弁護士費用の損害金等の支払いを求めて提訴した事案である（東京地方裁判所判決平成28年7月11日。確定）。

判決の要旨

1　事案の主な争点

本裁判の主な争点は、①学校側が原告の登校を拒否したのか。これが国家賠償法上違法な行為であると認められるのか、②学校側が進路変更勧奨を行ったことが、国家賠償法上違法であるのか、ということにある。

2　裁判所の判断

争点①について、裁判所は、学校側の対応は、原告が退学をせずに在籍を続けることを前提に学校生活を続けることが難しいという趣旨であり、退学するか否かにかかわらず別室での授業を含め、何らかの形での教育を受けることまで拒否したものではないとして、生徒の登校を拒否したものではないとした。なお、裁判所は、たとえ登校を拒否したと認められるとしても、進路変更勧奨の適法性を基礎づける事情に照らせば、合理的な裁量に基づく措置と認められるとしていることも付言しておく。

争点②については、進路変更勧奨は、学校の内部規律を維持し、教育目的を達成するための自浄作用として行われるもので、それ自体として法的効果を持たない事実上の措置に過ぎず、これを行うか否かは、校長及び教諭の専門的、教育的な判断に委ねられるべきものと解されるとした。そのうえで、原告のとった行動の性質や他の生徒への悪影響に照らせば、教育目的を達するために校内の秩序を維持する必要があったといった状況からすれば、本件進路変更勧奨は校長らの合理的な裁量権の範囲を超えた社会通念上不合理な措置であったとはいえず違法とは認められないとした。

原告の請求はいずれも棄却されている。

事案から考える視点

1 進路変更、自主退学勧奨と長期化

高校では、しばしば停学ではなく特別指導（別室指導、自宅謹慎、欠席指導など）が、退学ではなく進路変更勧奨や自主退学勧奨が行われることがある。これらは、判決に示されているようにそれ自体として法的効果を持たない事実上の措置に過ぎないが、実質的に停学、退学として受けとられかねない実態を有しており、それ故に法的紛争に発展する事例も見られる（例　大阪地方裁判所判決平成28年9月15日）。

特に、進路変更勧奨や自主退学勧奨を行ったままに、生徒の登校できない状況が長期に及ぶ場合には「違法」とされる可能性があることに留意すべきであろう。進路変更勧奨等を行った場合には、学校側は、社会通念上許される期間を超えて、法的処分（停学、退学等）をするのかしないのか判断をしないままに、長期にわたって放置することのないようにしなければならない。

2 学校問題に関与する弁護士の専門性

本事案は、学校問題における学校と生徒・保護者の交渉に弁護士が関与した事例としても参考となる視点を提供している。

第一には、学校問題には、一般社会のルールや規範に解消されない法令の運用があるということである。本事案では「事実上の措置」である進路変更勧奨の是非が争点となった。学校は現実には「グレーゾーン」に属する問題に対応することが求められており、これらの措置が合理的な裁量の範囲にあるものであるのか現場の実情に照らして理解しておく必要があるということである。

第二には、学校問題においては当該児童生徒が第一に望んでいることは何かということを明確にしておく必要があるということである。損害賠償や名誉回復は法的な手続で比較的容易に実現可能であるが、通常の学校生活への復帰や人間関係の回復は、法的な手続によって実現することは難しい。本事案で、原告側は、学校側に対し退学処分を行うのか学校に戻すのか二者択一の判断を迫るという手法を採用した。生徒の望むことを実現するうえで、どのような手法を採用するのが適切かということは学校問題に関わるうえで重要な視点である。

第三は、学校問題を解決するうえで弁護士が当事者間の交渉にどのように関与すべきか事案の状況や目的に応じて判断する必要があるということである。本事案では、書面によるやり取りが頻繁に見られ、また、学校側との交渉はほぼ弁護士に委ねられていた。書面は、紛争を前提にして主張を明確にしたり証拠を確保する点で優れているが、相互の信頼関係を築くには適さない性質を有している。また、学校側と保護者の交渉に弁護士が介在することは両者の対立を冷静に調整する効果が期待されるものの、それだけでは人間関係や信頼関係そのものを修復するには限界があると思われる。

3 自治体における法曹有資格者活用

本裁判では、都側が弁護士ではなく法曹資格をもった都職員に指定代理人を務めさせていたことも注目される。近年、自治体によって法曹有資格者を職員として採用し、訴訟等に活用している例が見られる。事案への迅速な対応、担当部局への日常的な支援、現場対応から訴訟までの一貫した対応等に有効とされており、今後、職員として活用する事例が増えるものと思われる。

45 公立小学校教員として任命された者が、採用選考で県教委の不正があったとして、採用が取り消された事例

経営

平成20年に大分県で発覚した県教育委員会における組織的な採用不正問題は、当時マスコミで大きく報道されたが、10年の歳月を経て平成30年6月に裁判が終結した。改めて、現代の文脈においてこの事件のもつ意味を考えてみたい。

事案の概要

1 事案の概要

原告Xは、平成16年4月にa大学に入学し、A教授から平成20年度大分県公立学校教員採用選考試験（以下「選考試験」）に向け指導を受けていた。Xは平成20年度の選考試験を受験し、同年10月に合格した旨の通知を受けた。その後、平成20年4月1日付で大分市立学校教員に任命され、市立b小学校に教諭として勤務していた。

大分県警は、同年6月14日に、平成20年度選考試験において、公立小学校の校長が自分の子の合格を依頼する趣旨で提供した賄賂を受け取ったとして大分県教育庁義務教育課参事Bを収賄容疑で逮捕した（校長は贈賄容疑で逮捕）。また、平成19年度選考試験において県教育委員会職員と公立小学校教頭の夫婦が子の合格を求めて提供した賄賂を受け取ったとしてc市教育長CとBが収賄容疑で逮捕された（夫婦は贈賄容疑で逮捕）。大分県教育委員会では、これらの贈収賄事件の他にも、校長・教頭候補者試験における贈収賄事件も発覚したことを受け、事実解明のためのプロジェクトチームを設け調査を実施した。その結果、平成20年度選考試験については不正の内容が特定されるに至った（平成19年度選考試験は特定されなかった）。県教育委員会は調査結果に基づき平成20年度選考試験では原告を含む21名が合格点に達していないにもかかわらず合格とされたとし、9月8日に4月1日付で行った原告Xの採用を取消し、その一方で改めて臨時講師として任用した。

これに対して、原告Xは、採用を取消した処分は違法であるとして、大分県に対し処分取消しと国家賠償法第1条第1項に基づき違法な採用処分及び取消処分によって精神的苦痛を受けたとして慰謝料等合計770万円の損害賠償を求めて提訴した。

第一審は、原告の採用取消処分はやむを得ないとして原告の請求を棄却する一方で、損害賠償の一部（400万円）について請求を認めた（大分地方裁判所判決平成28年1月14日）。第二審も基本的に原審の判断を維持し、取消処分は適法であり、損害賠償400万円も相当であるとして控訴を棄却した（福岡高等裁判所判決平成29年6月5日）。その後、本事案は最高裁で上告棄却、上告不受理により確定している（最高裁判所第一小法廷決定平成30年6月28日）。

判決の要旨

1 選考試験における不正の実態

はじめに、裁判所が認めた選考試験における不正の実態について確認しておきたい。裁判所の認定した事実によれば、県教育委員会で不正がはじまった時期は特定できないが、遅くとも平成14年頃には教育次長等に対し特定の受験生を合格させるよう口利きの依頼が多数寄せられる状況であり、口利きは担当職員等の間では半ば公然の事実となっていた。平成19年当時教育審議官であったDは口利きの名簿を幹部職員から複数受け取り、当時の選考試験集計担当であったBに渡し、Bらは平成19年度、平成20年度選考試験でこれに基づいて試験成績を改ざんしたものである。

原告Xの合格を働きかけたとされるA教授は、県教育次長、教育審議官を務め、定年後にa大学の教授となり、学生に対し選考試験に向けた指導を行ってきた。原告Xは、大学3年次からA教授の個別指導（自主勉強会）に参加していた。Aは平成20年度選考試験に際し、教育審議官Dを訪れ、勉強会に参加していた学生（原告Xを含む）の名簿を渡し、集計担当者Bらは名簿に基づき6名の点数を改ざんしたものである。

2 採用処分、取消処分についての判断

次に、原告Xを採用した処分（本件採用処分）が適法であったのかということ、採用を取り消した行政処分（本件取消処分）、特に、相手方に利益を与える授益的行政処分を教育委員会が職権で取り消すことができるのかについて、裁判所の判断を述べる。

〈本件採用処分の違法性について〉

公務員の採用にあたっては、地方公務員法第15条は成績主義、能力実証主義を採用している。教育公務員特例法第11条は、教育公務員の採用は選考によるものと定めているが、これは成績主義、能力実証主義を排斥するものではなく、人格までを踏まえた教員としての適性を判断しながらも、成績主義、能力実証主義を貫徹させることを要請しているものであり、このような趣旨を実現するうえで教員採用は、任命権者の広範な裁量に委ねられているとした。裁判所は、以上を踏まえて、採用処分については、重要な事実の基礎を欠く場合やその判断が著しく合理性を欠く場合など、社会通念上、看過し得ない瑕疵（かし）がある場合に限り、裁量の範囲を超え又は濫用したものとして違法となるとの判断枠組みを示している。

そのうえで、本件採用処分は、重要な事実の基礎を欠き、しかも、地方公務員法及

び教育公務員特例法の趣旨に反するものであるから、著しく不合理な判断であって、社会通念に照らしても看過できるものではなく、裁量権を逸脱し又濫用したものとして違法であるとした。

〈本件取消処分の適法性について〉

行政処分の職権による取消しについて一般的・総則的規定はないが、一般的に行政処分は適法かつ妥当なものでなければならないから、行政処分後に瑕疵があることが明らかになった場合は、法律による行政の法理等に基づき行政処分の適法性及び合目的性を回復するため、法律上の特別の根拠なくして当該行政庁が職権により自ら取り消すことができるとした。なお、授益的行政処分の取消しについては、処分の取消しにより生ずる不利益と取消しをしないことによってすでに生じた効果をそのまま維持することの不利益を比較考量したうえで、当該行政処分を放置することが公共の福祉に照らして著しく不当であると認められるときに限り当該行政処分を取り消すことができるとした。このような枠組みにそって本件採用処分を維持することによる公益上の不利益は被処分者が被る不利益と比較しても重大であり、本件採用処分を維持することは公共の福祉の観点に照らして、著しく相当性を欠くものといわざるを得ないとして、取消処分を適法としている。

なお、損害賠償請求については、原告は、平成20年度選考試験に合格し正規教員として稼働しながら、身に覚えのない点数改ざんにより正規教員の地位を失い、また、改めて選考試験を受験しなければならなくなったもので、原告の精神的苦痛に対する慰謝料等として400万円を相当と認定した。

事案から考える視点

1　インフォーマルな教員ネットワーク

本事案について教員の組織特性の視点からその意味を確認しておきたい。それは、採用不正の背景にある「教員のインフォーマルな人事ネットワーク」の存在とその功罪についてである。県教育委員会～教育事務所～市町村教育委員会～学校の密接な関係は、自治体の枠を超えた県費負担教職員制度と同僚性を基礎とする教員文化を基盤として形成されている教員のインフォーマルな人事ネットワークによって支えられている。それは、知事部局、市町村長部局から一定の独立性をもったネットワークであり、また、権限と責任に基づいて運営される一般行政組織とは異なり、インフォーマルな人間関係によって支えられており、それが、教員特有の密接な人間関係、職務への献身を生み出しているといわれている。本事案においては、この負の側面がネットワークを使った採用不正として現れているといえる。また、一方で、勤務時間を超えて教育活動を担う教員の職務行動の源泉の一つともなっているといわれている。

2　地域システムにおける新しい課題

本事案では県教育委員会出身の大学教授による口利きが不正の原因となっていた。現在、養成～採用～研修を一体的に進めるために、大学と教育委員会等によって教員育成協議会が設置され、教員養成を担う大学と採用・現職研修を担う教育委員会が一体となって教員育成指標を作成し、人事交流や研修資源の相互活用を行うなど新しい地域システムが形成されつつある。この一体化は、教師教育を実質化するために不可欠な動きであるといえるが、地域を共有した大学と教育委員会の無自覚な連携は、不正や慣れあいの温床ともなり得るものであることに改めて留意する必要があろう。

46 社会

個人情報を外部に流出させてしまった場合に、どの程度の損害賠償が求められるのか

平成26年に大手通信教育関連企業において大規模な顧客情報が漏えいした事件が発覚した。複数の裁判が同時に進行しており、賠償責任を認める判決、否定する判決などさまざまな判断が示されている。

学校における個人情報の流出の問題を考えるうえで参考となる視点を提供している。

事案の概要

平成26年6月下旬に、通信教育や模擬試験、雑誌販売等を行うY社の顧客情報が漏えいしていることが明らかになった（以下「本件個人情報流出事件」という）。

Y社の社内調査の結果及び裁判で確認された事実によれば、流出した顧客情報は、Y社が、Z社（Y社のグループ会社で、Y社の委託を受けてシステム開発や運用を行っている会社）にその管理を委託し、Z社がさらに再委託先に委託したもので、再委託先の従業員であるAが個人情報を外部に漏えいさせたものである。

Aは、Z社の事務所において、業務用パソコンから、顧客情報が保存されたデータベースにアクセスし、保管されていた個人情報を業務用パソコンに保存。さらにUSBケーブルを用いて自分の所有するスマートフォンに転送し、その内蔵メモリに保存する方法により不正に取得した。Aが不正に取得した顧客等に関する個人情報は、延べ約2億1939万件であり、重複を解消したとしても、約4858万人分であるとされている。

Aは、不正に取得した個人情報の全部または一部を名簿業者3社に売却した。顧客

に関する個人情報は、氏名、性別、生年月日、郵便番号、住所、電話番号、FAX番号、メールアドレス、保護者名等であった。

Y社は、同年7月には、各名簿業者に名簿の利用と販売の中止を求めるとともに、記者会見や新聞広告によって漏えいの事実を公表した。また、Y社は、漏えいが確認された顧客に対してお詫びの文書を送付し、その後、顧客らの選択に従って、お詫びの品として500円の金券（電子マネーギフトカードまたは全国共通図書券）を送付する方法、または同額をY社が設立した子ども基金に寄付する方法による補償を実施した。さらには、Y社の持ち株会社の会長兼社長が、その諮問機関として、漏えいの事実及び原因の調査や再発防止策の提言を目的とした個人情報漏えい事故調査委員会を設置した。同委員会は、同年9月に調査結果を取りまとめ、Y社が経済産業省に報告するとともに概要を公表した。報告書は、不正行為等の原因となった情報処理システムについて、アラートシステム、スマートフォンへの書き出し制御設定、アクセス権限の管理の問題を指摘している。

裁判の動向

本件個人情報流出事件については、集団訴訟、株主代表訴訟などいくつかの訴訟が起こされている。ここでは、三つの裁判（以下、「a裁判」「b裁判」「c裁判」）を取り上げ、その概要について報告する。

第一の裁判（a裁判）は、保護者としての個人情報を漏えいされた原告が、個人としてY社を相手に「個人情報が外部に漏えいしたことにより精神的苦痛を受けた」として不法行為による慰謝料10万円等の支払いを求めた裁判である。

第一審では、Y社の過失についての主張立証がないとして請求が棄却され（神戸地方裁判所姫路支部判決平成27年12月2日）、第二審においても、原告の損害についての主張、立証がないとの理由により請求が棄却された（大阪高等裁判所判決平成28年6月29日）。しかし、その後、最高裁は、原審の判断について法令の違反があるとして、高等裁判所に差し戻している。

最高裁は、判例（最高裁判所第二小法廷判決平成15年9月12日）を引用して、原告の子の氏名、性別、住所、生年月日、郵便番号、住所、電話番号及び保護者としての原告の個人情報は、プライバシーに係る情報として法的保護の対象となるとし、そのうえで、原審は、プライバシー侵害による精神的損害の有無や程度を十分に審議することなく、不快感等を超える損害の発生についての主張、立証がなされていないということのみから請求を棄却したものであるとして、審理を高等裁判所に差し戻した（最高裁判所第二小法廷判決平成29年10月23日）。

最高裁の判断は、直ちに原告の請求が認められることを意味するものではなく、原審の示す理由のみから精神的損害を否定することができないことを示したものであり、差戻審がどのような判断を示すのか、今後、同種の裁判の動向に大きな影響を与えるものとして注目されている。

第二の裁判（b裁判）は、顧客185名がY社とZ社を相手に「個人情報の管理に注意義務違反があった」などとして、個人情報の漏えいにより精神的苦痛を被ったとし、共同不法行為に基づいて、慰謝料等計1480万円の損害賠償を求めた裁判である（東京地方裁判所判決平成30年6月20日）。この裁判は、a裁判における最高裁判決後になされた判決として、その判断が注目された。

裁判所は、Z社についてはスマートフォンへの書き出し制御措置を講ずべき注意義務違反が、Y社についてはZ社の監督に係る注意義務違反があるとして、両者に注意義務違反があることを認め、被告らの不法行為は共同不法行為にあたるとした。

しかし、その一方で、判決は「個人情報の漏えいによる精神的損害の有無及びその程度については、流出した情報の内容、流出した範囲、実害の有無、個人情報を管理していたものによる対応措置の内容等、今回のケースおいて顕れた事情を総合的に考慮して判断すべきである」とし、①氏名、住所、電話番号等の本件個人情報は、一般的に開示されたくない私的領域の情報という性格が薄いものであること、②現時点においてダイレクトメール等が増えたような気がするという程度を超えた実害が生じていないこと、③事件発覚後、被害拡大防止手段を講じ、顧客に500円相当の金券を配布していること等を踏まえて、民法上、慰謝料が発生する程度の精神的苦痛があると認めることはできないとして原告の請求を棄却している。

本判決は、相当額の慰謝料請求を認めてきた過去の裁判例（例えば、宇治市住民基本台帳データ漏えい事件の大阪高等裁判所判決は、慰謝料1万円・弁護士費用5000円を認めている）と異なっていることもあり、今後控訴審の判断が注目される。

第三の裁判（c裁判）は、顧客462人がY社とZ社を相手に、個人情報管理における注意義務違反等を理由として慰謝料など計3590万円の損害賠償を求めた裁判である（東京地方裁判所判決平成30年12月27日）。

日本経済新聞電子版（同日）によれば、裁判所は、Z社について、再委託先の従業員Aに対する実質的な指揮監督関係が認められるとし、派遣社員の不法行為でも使用者責任を負うとして賠償責任を認め（その一方、Y社については派遣社員がスマートフォンを使ってデータを転送した方法について予見可能性はなく、指揮監督権もないとして請求を認めなかった）、一人あたり3300円（弁護士費用300円を含む）の賠償を認めた。b裁判と判断が分かれる結果となっている。

事案から考える視点

1 情報の秘匿性と賠償額

個人情報の流出による賠償金額については、情報の内容、流出範囲、実害の程度、対応措置などを総合的に考慮して判断されることになるが、過去の裁判例を概観すると、賠償額の多寡には、流出した個人情報の性格が大きく影響していると思われる。特に、当該個人情報の内容が秘匿されるべき性質のものであるのかどうか（一般的に他人に知られたくないものであるかどうか）によって、一定の相場が形成されているように思われる。秘匿の必要性が高い情報か、低い情報か、その程度によって賠償額が算定される傾向にあるといえる。

2 働き方改革と個人情報保護

教師の長時間勤務が問題となっており、その要因の一つに個人情報管理の問題が挙げられる。つまり、児童生徒の個人情報を扱う場合に学校からの持ち出しが一律に厳しく制限されているために在校時間が長くなっているという指摘である。個人情報の管理が適性に行われる必要があることは当然であるが、秘匿性の低い一部の個人情報については、教師の働き方の便宜に応じて柔軟な運用を考えてもよいのではないかという声もある。本事案は、比較的、秘匿の必要性が低い情報を扱った裁判であり、本稿で紹介した裁判の今度の動向は、学校における個人情報の取扱いの在り方に対して一石を投じるものと思われる。

〈補録〉b裁判の控訴審は、請求を棄却した原判決を変更し、Y社とZ社が連帯して2000円の慰謝料の支払いを命じた（東京高等裁判所判決令和元年6月27日）。

c裁判の控訴審は、共同不法行為に基づいて、連帯して、慰謝料等の損害賠償金として、3300円等の支払いを命じた（東京高等裁判所判決令和2年3月25日）。

47 社会

甲子園出場校後援会への補助金について、市民から返還請求等を求められた事例

高校野球の甲子園大会は、連日すべての試合がテレビで全国放送されるなど国民の注目も高い。

本事案は、自治体の全国大会等出場補助金支出の考え方や在り方について、参考となる視点を提供している。

事案の概要

地方自治法第232条の2は「普通地方公共団体は、その公益上必要がある場合においては、寄附又は補助をすることができる」と定めており、学校の児童生徒の全国大会等への出場に際して補助金を支出することが可能となっている。

Y市では、大会出場のための補助金交付の申請やその他の必要な事項を定めるため、地方自治法第15条（規則制定権）に基づきY市補助金交付規則（以下「本件規則」という）を制定し、さらには、告示としてY市全国大会等出場補助金交付要綱（以下「本件要綱」という）を定めている。

本件規則では、補助金を他の用途に使用したとき等においては補助金交付の決定の取消しができること、及びその場合の補助金返還義務について定めている。また、本件要綱においては、対象経費として「大会に出場する者の大会開催地までの往復に関する交通費及び大会期間中に必要と認められる宿泊費とする」と規定し、経費を限定している。

Y市は、私立A高等学校が、平成22年8月に兵庫県の甲子園球場で開催される第92回全国高等学校野球選手権大会に出場する

ことに伴い、同年8月6日、A高等学校甲子園出場後援会に対して1000万円の補助金を支出することを決定し、同月12日に交付した。

具体的には、後援会は会則を定めたうえで、市に対して、8月2日に「Y市全国大会出場補助金交付申請書」に大会出場計画書と収支予算書（支出の部の予算額には、選手派遣費、応援費、用具費、募金関係費、事務関係費等が記載されていた）を添付して申請したものである。市長はこの補助金交付申請に対して、1000万円の補助金の交付を決定し、交付した。

これに対してY市の市民であるXは、交付対象となる経費は、大会出場者の交通費及び宿泊費に限定されており、大会出場者の交通費及び宿泊費は実際には429万8280円であったから、差額の570万1720円は対象外の用途に支出したことになり、本件規則の交付決定の取消し事由にあたるから、市長は決定を取消さなければならないとして、市長が補助金交付決定を取消して補助金の返還を後援会に求めることを怠ったことが違法であるとの確認を求め、かつ、市長が後援会に補助金1000万円相当の不当利得返還を請求することを求めた住民訴訟を提起した（地方自治法第242条の2第1項第3号及び4号による住民訴訟として提起されている）。

第一審では、訴え自体が不適法であるとして却下された（盛岡地方裁判所判決平成26年12月19日）が、第二審では、本件規則では補助金が他用途に使用されたときは返還を求めることができると規定されていること、理由のない公金支出は公益に反することは明らかであり、市に返還を求める義務があること等から、訴えは適法であるとして原審を取消して第一審に差戻した（仙台高等裁判所判決平成27年7月15日）。その後、Y市側は控訴審の差戻判決を不服として上告したが棄却されている（最高裁判所第二小法廷決定平成28年6月3日）。

差戻し後の第一審においては、後援会に交付された補助金について、他用途に支出されるなどしたことから、市長において交付決定を取消し、後援会に対して不当利得返還を請求すべきであるのに怠っていたとして、その違法確認、不当利得返還請求を求めるなどX側の請求の一部を容認した（盛岡地方裁判所判決平成30年4月20日）。Y市側はこれを不服として控訴しており、本裁判はその控訴審判決（仙台高等裁判所判決平成30年12月6日）である。

判決の要旨

1 事案の主な争点

本事案においては、Xの主張は、後援会への補助金は本件要綱に基づいているものであるから、その補助金の交付対象となる経費は、出場者の交通費及び宿泊費に限定されているというものであった。これに対して、Y市側は、補助金は本件要綱に基づいて交付されたものではなく、対象経費も出場者の交通費と宿泊費に限定されないとしている。つまり、裁判の争点は、補助金の根拠は何であり、それに対応した使途の在り方はどうであるのかということにある。

2 裁判所の判断

裁判所は、原審（差戻第一審）と異なり、本件の助成金は、その補助対象を大会出場者の交通費及び宿泊費に限定する趣旨ではなく、選手派遣費の他に、応援費、用具費、募金関係費、事務関係費も対象経費とする趣旨で交付決定がなされたものであるとした。したがって、本件規定に定める補助金の取消し事由とはならないとしている。

この判断の背景にあるのは、補助金交付の根拠である。X側が補助金の根拠を本件要綱としているのに対して、裁判所は、もともと要綱制定時から甲子園大会出場に対する補助金を要綱の対象外としており、本事案においても、甲子園出場決定後に、市長等の幹部職員が協議を行って、本件要綱の対象にならない特別の大会として、前例に従い、1000万円まで補助金を交付する方針を決めたもので、補助金交付にあたってはY市長が決裁を行い、特別な予算措置を講じることとしたとしている。

補助金交付の趣旨・目的として、平成20年6月に発生した岩手・宮城内陸地震の被災地であるY市から甲子園大会に出場する生徒の活躍する姿を披露し復興をアピールすること、全国放送による情報発信効果が高いことなどの地域振興の観点から見た公益性の高さをあげている。

これらのことから、裁判所は、Y市長は使途が限定された本件要綱による補助金としてではなく、その特別の公益性に照らして、地方自治法第232条の2の規定と本件規則に基づき交付することを特別に決め、補助金を交付したものであるとした。

結論として、裁判所は、補助金交付の違法性を否定し、補助金交付決定の取消し事由にも該当しないことから、Y市長が交付決定取消しや不当利得返還請求をしないことに違法性はないとした。本事案は、その後上告棄却、不受理の決定により確定している（最高裁判所第一小法廷決定平成31年4月25日）。

事案から考える視点

1　手続き上の問題と判断の実質の重視

本事案は、結局、三つの判決と二つの決定を経て確定したが、その都度、裁判ごとに判断が二転三転した。その原因の一つが、補助金交付決定の際の回議書にある。回議書に補助金の対象経費は出場者の交通費と宿泊費であること、補助金の交付は本件要綱に基づいたものであると記載されていたのである。裁判所もこの点について「起案者は、本件要綱による補助金の交付と区別していなかったことがうかがわれる」として、手続上、市の回議書に問題があることを指摘している。

通常、補助金の交付は、規則とそれを具体化する要綱等により手続を定めて行われる。原審（差戻第一審）はそのような枠組みの下で違法性を導いたものであった。本裁判は、最終的には、手続上問題があることを認めながらも、特別の公益性に照らし、交付決定の判断の実質を重視したものといえる。自治体側はこのような混乱を招かぬように、手続においても規則と要綱の整合性を確保することに留意すべきであろう。

2　住民意識と自治体の支援

Y市では、従来から春の選抜高等学校野球大会は500万円、夏の全国高等学校野球選手権大会は1000万円を補助してきたという。高校野球、特に甲子園大会は、すべての試合が全国放送されるなど国民の関心も高く、日本の風物詩ともいえる大会である。私自身も、高校野球の球児として、また、高校野球部の監督として甲子園を目指したこともあり、毎年夏の甲子園大会を心待ちにしている。

しかし、その一方、人々のスポーツに対する関心は多様化しており、学校の部活動として行われるスポーツだけでなく、地域スポーツとして展開されている場合も少なくない。住民の志向が多様化している現代において「なぜ、高校野球だけ」という声も聞こえてきそうである。従来のままでよいのか、それとも新しい支援の在り方を模索すべきであるのか、本裁判は自治体の補助金支援の在り方に一石を投じている。

48 社会

相手に無断で録音されたテープについて、証拠能力が認められた事例

近年、学校においても、保護者等が話し合いの場で録音をしようとするケースが見られるという。本事案は、無断でなされた録音の証拠能力について、その判断基準を示した判例である。学校での保護者対応における秘密録音の取扱いについて参考となる視点を提供している。

事案の概要

広告宣伝関係の会社であるX社の代表者Aは、昭和40年4月頃から「自由化旋風」という題名でテレビ映画の制作を企画していた。Aはこれを有力スポンサーに持ち込み、映画制作のうえ、放映させ、その仲介手数料を得ようと考えた。そして、医薬品の製造販売を行っているY社の宣伝課広告係長であるBに企画を持ち込み、テレビドラマ数話分のシナリオ原稿を渡して採用してもらえるように申し込んだ。

Bは、Aから再三にわたり採否の回答を求められたが、確答しなかった。その後も、Aの積極的な働きかけにBは広告会社等の担当者に会ったり、テレビ映画制作に関する打合会に出席したりしたが、Y社としての企画の採用については明確な回答をしなかった。

当時、テレビ電波を利用して行う広告放送は、テレビ局とスポンサー、あるいは広告代理店間においても、契約書等の書面を作成しないままに放送されることが通例であった。広告代理店の企画立案による持ち込み企画については、一般に放送料が高額となり、また書面の契約を取らないため、スポンサー側も、広告代理店側も、それぞ

れ担当者だけでなく、会社を代表し得るような地位にある者との間で契約の締結を確認する慣例となっていたが、X社、Y社等の間では確認までは行われなかった。

本事案は、X社が、Y社とのやりとりの結果、テレビ映画の制作、放送について基本契約が成立していたとして、Y社に対して債務不履行による損害賠償を請求した事案である。第一審では、契約の成立は認められないとしてX社の請求は棄却されている（東京地方裁判所判決昭和47年8月28日）。

本事案は、控訴されているが、第二審（東京高等裁判所判決昭和52年7月15日）について記述する前に、控訴前になされた秘密録音の経緯について説明する。

Aは、第一審で敗訴した後、これを不服として控訴する決意を固めていたが、第一審で敗訴したのは、Bの不利益な供述によるものであると考え、Bを酒席に招いて酒食を饗応したうえで、自分に有利な供述をさせて、それを秘密に録音しようとした。

控訴前の昭和47年9月6日、Aは、自分の後援者であるCに本件を自分に有利に説明してほしいなどと依頼して、Bを銀座の料亭に招待し、Cを同席させたうえで、Bには知らせないままに録音した。酒席では、Aは本件の経緯について誘導的に質問し、Bには単に諾否を答えさせるような方法で会話を交わし、襖を隔てた隣室でこれを録音し、その内容を第二審における証拠として提出したものである。

判決の要旨

1　事案の主な争点

民事訴訟法には、無断で録音された録音テープの証拠能力についての直接の規定はない。本事案における争点は、相手に知らせずに録音された録音テープには証拠能力が認められるのか否か、そして、認められるとすればその判断基準は何かということにある。

2　裁判所の判断

裁判所は、当事者が挙証の用に供する証拠は、一般的に証拠価値はともかく、その証拠能力はこれを肯定すべきであるとしたうえで、「その証拠が、著しく反社会的な手段を用いて人の精神的肉体的自由を拘束する等の人格権侵害を伴う方法によって採集されたものであるときは、それ自体違法の評価を受け、その証拠能力を否定されてもやむを得ないというべきである」とした。

この基準を踏まえて、当事者の同意のない録音についても「その証拠能力の適否の判断に当っては、その録音の手段方法が著しく反社会的と認められるか否かを判断すべき」としている。

それでは、この基準によれば本事案はどのように判断されるのか。裁判所は、「単に不知の間に録音したものであるにとどまり、いまだ同人らの人格権を著しく反社会的手段方法で侵害したものということはできないから、右録音テープは、証拠能力を有するものと認めるべきである」と判じている。つまり、いわゆる秘密録音テープについても、相手に無断で録音する行為が直ちに証拠能力を否定することにはならないとしているのである。その一方で、録音されたBの発言は、Aらの誘導的な質問に迎合して行われたことは否定できず、その供述部分はにわかには信用しがたいとして、結論として、契約の成立を認めさせるには足りないと結論づけている。

事案から考える視点

1　「証拠能力」と「証拠力」

本事案は「証拠能力」と「証拠力」（刑事訴訟法では「証明力」（第318条）と呼ばれる）の概念を区別して考える必要があることを示唆している。

「証拠能力」とは、裁判所において証拠として用いることができる資格のことであり、「証拠力」とは、主張を裏付けるものとしてどれだけの影響力をもっているのかということ、つまり、裁判官の判断に影響を与える実質的な証明力といえるものである。本事案では、相手に無断でなされた録音テープについての「証拠能力」は認められているが、その一方で、相手を誘導しようという意図的な状況下でなされたやりとりに対しては「証拠力」を基本的には認めなかったといえる。

2　判例の動向と学説

学説においては、会話の相手方に無断で行った録音についての評価は多様である。主な学説としては、①無限定合法説（原則として、証拠資料として違法とはいえないとする説）、②留保付き合法説（録音されないことについて合理的期待が認められる場合等を除き合法であるとする説）、③利益衡量説（録音の事由の正当性、プライバシー侵害等を比較衡量して判断するとする説）、④原則違法性（原則として違法とする説）がある。

裁判において、刑事事件では、民事事件に比べて証拠能力に関する規制は強いといえる。しかし、千葉地方裁判所の事案（平成3年3月29日判決）では、電話による脅迫事件の捜査のため、捜索差押時に警察官と立会人である者らとの会話を秘密に録音したことは違法ではないとされている。最高裁判所の事案（第二小法廷決定平成12年7月12日）では、詐欺被害を受けたと考えた者が相手に不審を抱き、後日の証拠とするために相手の同意を得ないでなされた会話録音テープについて証拠能力が認められた。刑事事件においても秘密録音について証拠能力が認められた事案は少なくないのである。

民事事件については、民事訴訟法が証拠能力を制限する規定を設けておらず、また、自由心証主義（同法第２４７条）を採用しているなど証拠能力に関する制約は少ないことから、一般的には、相手側の同意を得ない録音データ等も裁判において証拠能力が認められる傾向にある。

その一方で、証拠能力を否定した裁判として東京高等裁判所の事案（平成28年5月19日判決）があげられる。この事案で、裁判所は、大学のハラスメント委員会の会議内容の秘密は、特に保護される必要性が高いものであり、無断録音の違法性は極めて高いとして、訴訟法上の信義則に反し許されないとして証拠能力を求めなかった。

3　無断録音した情報の取扱い

一般的な社会生活においては、会話を録音する場合には、相手の同意を得て行うことが基本である。しかし、近年、スマートフォンの普及等によって、児童生徒や保護者が、相手に気づかれずに会話等を録音したり、動画を撮影したりすることが容易になってきている。さらには、弁護士が学校問題に関与するケースが増えており、弁護士によっては、自己防衛のために録音を助言する場合もあると考えられる。この場合、入手した情報を安易に公表すれば、プライバシー侵害や名誉毀損として被害者から慰謝料請求を受ける可能性もあり、慎重に対応する必要がある。

一方で、学校側が保護者等に無断で秘密録音するケースは少ないと思われるが、もしデータを組織として保有している場合には、個人に関する情報は、個人情報保護法や個人情報保護条例に従って取り扱うことになろう。

49

経営

大川小学校津波訴訟における学校側の「事前対応」の責任について

東日本大震災で、学校管理下において最大の犠牲者を出した大川小学校の津波訴訟が確定した。震災発生前の「事前対応」について学校側の責任が認められるなど、今後の防災対応に非常に大きな影響を与えるものと思われる。

事案の概要

平成23年3月11日に発生した東北地方太平洋沖地震後の大津波により、石巻市立大川小学校に在学していた児童74名と教職員10名が死亡した。本件は、死亡した児童のうち23名の父母が、小学校の設置者である石巻市と給与等の負担者である宮城県を相手に、児童の死亡について小学校の教諭等に過失があるとして、国家賠償法第1条第1項、第3条第1項等に基づき損害賠償等を求めた事案である。

大川小学校は、北上川河口から約4.5キロ（直線距離は3.7キロ）の地点に位置している。学校は北上川の堤防から約200メートルの位置にあり、敷地の標高は1メートルないし1.5メートルであった。

学校に近い新北上大橋付近には、国道と県道の交差点があり、そこは周囲より小高い平坦地（標高6.7メートル）となっており「三角地帯」と呼ばれていた。また、学校敷地の南側には、標高372メートルの小渕山の尾根が迫っており、「裏山」と呼ばれていた。

地震発生当日は、校長は休暇で不在であり、教頭や教務主任を含む11名の教職員が勤務していた。

午後2時46分の地震発生後、教職員は在校していた児童や下校直後に戻ってきた児童を校庭（第二次避難場所）に避難させた。保護者に引き取られた児童を除き、残った児童は、午後3時30分過ぎまで校庭に留まった後、教職員11名の指示の下、三角地帯に徒歩で向かったが、途中で津波が襲来し、被災した。児童72名と教職員10名が死亡し、生き残ったのは児童4名と教務主任1名のみであった。なお、校庭からの避難開始までに約35分を要した原因は、第二審判決によれば、校長らが事前に第三次避難場所を決定していなかったうえ、余震が続く中で「裏山」は危険とする意見もあり、判断を躊躇したことや、引き取りに来た保護者への対応、避難所に指定されていた大川小に来た避難者への対応に忙殺されていたこと等が考えられるとしている。

裁判の第一審（仙台地方裁判所判決平成28年10月26日）では、教員等は当日に、遅くとも津波襲来前に広報車の呼び掛けを聞き、児童の生命身体に対する具体的な危険性が迫っていることが予見できたのであり、危険を回避すべき避難誘導に過失があったことを認めて国家賠償法第1条第1項、第3条第1項に基づいて請求の一部を認めた。その後、原告、被告ともに第一審判決を不服として控訴している。本稿では、その第二審判決（仙台高等裁判所判決平成30年4月26日）について述べる。なお、第二審判決は、最高裁が上告棄却・不受理の決定をしたことにより確定している（最高裁判所第一小法廷決定令和元年10月10日）。

判決の要旨

1 事案の主な争点

市や教職員の責任については、三つの枠組みで検討された。A＝市教委及び学校運営を担っている校長・教頭・教務主任が平時において事前に、児童の生命、身体の安全を守るべき職務上果たすべき義務を懈怠（履行を怠ること）していたのかどうか、B＝地震発生後において、大川小の教頭、教務主任及び教員が地震発生後の具体的危険の予見及びその可能性を前提にして結果回避義務を懈怠していたのかどうか、C＝津波襲来後の校長、教頭、教務主任、市教委職員らによる捜索、救命等において違法行為があったかどうかにある。

Cについては、第一審、第二審ともに被災後に捜索や救助活動を行える状況にはなかったとして違法性を否定していることから、ここでは、Aについて述べる（なお、Bは、結果としてAについての義務違反が認定されたことにより、判断の必要がなくなっている）。

2 裁判所の判断

争点Aについては、①市教委及び校長・教頭・教務主任が平時において事前に、児童の生命、身体の安全を守るべき職務上果たすべき義務を負っていたのか、負っているとすればその義務の性格はどのようなものか、②市教委及び校長・教頭・教務主任はその義務を懈怠したといえるのか、③市教委及び校長・教頭・教務主任がその義務を履行していれば、結果を回避することができたのか（義務懈怠と結果の因果関係が認められるのか）という順序で検討された。

①については、市教委は教育に関する事務を管理・執行する者として、校長・教頭・教務主任は学校運営に当たる者として、学校保健安全法第26条（学校安全に関する学校設置者の責務）ないし第29条（危険等発生時対処要領の作成等）に基づき、地震発生以前から生命・身体の安全を確保すべき義務を負っており、その安全義務は在籍する児童生徒や保護者に対する具体的な職務上の義務として履行されるべき作為義務であるとしている。

②については、校長等は想定された地震により発生する津波が大川小に到達するこ

とを予見できたから、危機管理マニュアルの内容を在籍する児童が想定される津波の危険から回避できるように内容を改訂すべき作為義務があったとしている。

ここで注意を要するのは、校長等が予見すべき対象は、地震後に現に大川小に到来した津波ではなく、想定された地震により発生する津波であるとしていることである。つまり、当日の具体的な津波の危険性ではなく、事前に適切に検討された想定を踏まえた津波の危険性への対応を問題としているのである。このことについて敷衍すれば、関係機関の報告書には相当に誤差があることを前提にして利用する必要があり、大川小の実際の立地条件に照らして詳細な検討を行っていれば、校長等はそれを予測することは十分に可能であったとしている。

結論として、裁判所は、危機管理マニュアル中に、想定された地震により発生した津波から児童を安全に避難させるに適した第三次避難場所を定め、かつ避難経路及び避難方法を記載するなどして改訂すべき義務等を懈怠したとしている。

③については、前述の判断に基づいて校長等が安全確保義務を履行していれば、児童が被災して死亡するという結果を回避できたとしている。

事案から考える視点

1　事前対応における責任の認定

大川小学校の津波訴訟は、学校管理下における人的被害の大きさから大きな注目を浴びているが、他にも津波被害をめぐる訴訟が起こされている。本書23で取り上げた幼稚園送迎バス訴訟（第一審）の裁判では、園長が地震発生後の情報収集を懈怠するなど、事後対応の違法性が認められ、責任が問われたものであった。

野蒜小学校訴訟（第一審）、山元自動車学校訴訟（第一審）においても、学校や自動車学校側の責任については、地震発生後の「事後の対応」の責任を認めるものであった点で共通している。

大川小学校津波訴訟第二審判決の大きな意義は「事前の対応」についてその責任を認めている点である。第二審では、大川小が市のハザードマップの津波浸水域予測による津波浸水域に含まれていなかったとしても、同校の立地条件や地震の影響等を総合すれば、校長等は津波の被害を受ける危険を予測できたとしている。「教師には、児童生徒の安全を確保するために、当該学校の設置者から提供される情報等についても、独自の立場からこれを批判的に検討することが要請される場合もあるのであって、市のハザードマップについては、これが児童生徒の安全に直接かかわるものであるから、独自の立場からその信頼性等について検討することが要請されていた」と述べている。

2　校長等に求められる知識レベル

判決文は、地区の区長が「ここまで来ないから大丈夫」と述べたことや多くの住民が地域に残り犠牲となっていることに言及している。その一方で判決文は、校長等については、その安全確保義務を遺漏なく履行するために必要とされる知識及び経験は「地域住民が有していた平均的な知識及び経験よりも遥かに高いレベルのものでなければならない」と指摘している。教職員は、より高い意識をもって平素から防災についての知識を蓄え、経験を積んでおくことが求められているといえる。

50

衣服の上から盗撮した行為が迷惑防止条例違反に当たるとされた事例

近年、学校においてもスマートフォンによって更衣室やトイレでの隠し撮りなどの事件が発生している。刑法には「盗撮」という罪刑が規定されていないが、各都道府県では迷惑防止条例違反として処罰の対象にしている。本事案は、どのような行為が条例違反とされるのか参考となる視点を提供している。

事案の概要

判決によれば、被告人Yは、平成18年7月21日の午後7時頃に、北海道旭川市にあるショッピングセンターにおいて、正当な理由がないのに、1階の出入口付近から女性靴売場にかけて、女性客（当時27歳）に対して、そのあとを少なくとも約5分間、40メートル余りにわたって付け狙った。そして、女性の背後の約1ないし3メートルの距離から、右手に所持したデジタルカメラ機能付きの携帯電話を自分の腰付近まで下げて、細身のズボンを着用した当該女性の臀部をそのカメラで狙い、計11回これを撮影したものである。被告人Yは、「公衆に著しく迷惑をかける暴力的不良行為等の防止に関する条例」（昭和40年北海道条例第34号＝以下、「北海道迷惑防止条例」という）の第2条の2第1項の規定に違反するとして起訴されたものである。

なお、北海道迷惑防止条例第2条の2第1項は「何人も、公共の場所又は公共の乗物にいる者に対し、正当な理由がないのに、著しくしゅう恥させ、又は不安を覚えさせるような次に掲げる行為をしてはならない。（1）衣服等の上から、又は直接身体に触れること。（2）衣服等で覆われている身体又は下着をのぞき見し、又は撮影すること。(3)写真機等を使用して、衣服等を透かして見る方法により、衣服等で覆われている身体又は下着の映像を見、又は撮影すること。(4)前3号に掲げるもののほか、卑わいな言動をすること」と規定している。また、同条第2項では、「何人も、公衆浴場、公衆便所、公衆が使用することができる更衣室その他公衆が通常衣服の全部又は一部を着けない状態でいる場所における当該状態の人の姿態を、正当な理由がないのに、撮影してはならない」と規定している。また、北海道迷惑防止条例は、第10条第1項で、これに違反した者は6月以下の懲役又は50万円以下の罰金に処すると規定している。

第一審は、被告人の盗撮行為は条例第2条の2第1項第2号及び4号には該当せず、犯罪が成立しないとして無罪とした(旭川簡易裁判所判決平成19年3月9日)。第二審では、臀部を狙って執ように女性のあとを付けながら画像を隠し撮りする行為は、迷惑防止条例第2条の2第1項第4号が規定する卑わいな言動に当たるとして罰金30万円とする判決を言い渡している(札幌高等裁判所判決平成19年9月25日)。本件は、その後上告されており、本稿はその上告審についてである(最高裁判所第三小法廷決定平成20年11月10日)。

判決の要旨

1 事案の主な争点

本裁判の主な争点は、端的には、公共の場所において周囲の人が見ることができる衣服に包まれた部分の撮影が、条例第2条の2第1項第4号の「卑わいな言動」に当たるのかということにある。具体的には、①条例第2条の2第1項第4号の「卑わいな言動」が何を意味するのか解釈が明確であるのかということ、②被疑者の行為は、人を著しくしゅう恥させ、不安を覚えさせるような卑わいな言動に当たるのかどうかということにある。

2 裁判所の判断

争点①について、裁判所は、同条例第2条の2第1項第4号にいう「卑わいな言動」とは、社会通念上、性的道義観念に反する下品でみだらな言動または動作をいうと解され、同条第1項柱書の「公共の場所又は公共の乗物にいる者に対し、正当な理由がないのに、著しくしゅう恥させ、又は不安を覚えさせるような」と併せて考えれば、日常用語としてこれを合理的に解釈することは可能であるとしている。

争点②については、被告人の行動についての事実関係を踏まえれば、被告人の撮影行為は、被害者がこれに気づいておらず、また、被害者の着用したズボンの上から撮影したものであっても、社会通念上、性的道義観念に反する下品でみだらな動作であることは明確であり、これを知ったときに被害者を著しくしゅう恥させ、被害者に不安を覚えさせるものであるとしている。

結果として、最高裁は、上告理由に当たらないとして上告棄却の決定を行っている(なお、田原睦夫裁判官は無罪としての反対意見を述べている)。

事案から考える視点

1 盗撮行為の犯罪性について

刑法においては「盗撮」それ自体を犯罪として規定しておらず、また、「盗撮」を直接禁止した法律もない。盗撮に関するものとしては、軽微な秩序違反行為を対象とした軽犯罪法において、その第1条第23号で「正当な理由がなくて人の住居、浴場、更衣場、便所その他人が通常衣服をつけないでいるような場所を密かにのぞき見た者」としており、「のぞき」を伴う場合には軽犯罪法違反となる可能性がある。また、盗撮を行う際に、無断で住居や建物に立ち入った場合には、刑法第130条の住居侵入罪・建造物侵入罪に該当する可能性がある。

しかし、刑法等では直接的に盗撮について規定していないため、多くの事件では、都道府県等が定めた迷惑防止条例が適用されている。

2 「迷惑防止条例」について

本事案は、北海道迷惑防止条例違反に関する事件であった。いわゆる「迷惑防止条例」は、北海道にとどまらず、条例の名称や内容は自治体によって違いはあるものの、現在、すべての都道府県で制定されている（一部の市町村においても制定されている）。

その規定内容は多岐にわたる。例えば、東京都の「公衆に著しく迷惑をかける暴力的不良行為等の防止に関する条例」の場合には、乗車券等の不当な売買行為（ダフヤ行為）の禁止、座席等の不当な供与行為（ショバヤ行為）の禁止、粗暴行為（ぐれん隊行為等）の禁止、つきまとい行為等の禁止、押売行為等の禁止、不当な客引行為等の禁止、ピンクビラ等配布行為等の禁止について定めている。東京都の条例の場合、盗撮については第5条第2項で禁止しているほか、同条第3項で「卑わいな言動」を禁止している。

3 迷惑防止条例の適用範囲拡大の動き

スマートフォンの普及により、校内で生徒間での更衣室やトイレでの隠し撮りや、撮影した写真や動画をSNS等で公開するなどの問題が起きている。教育指導問題として校内で処理されることも少なくないと思われるが、悪質な場合には立件される場合もあろう。

迷惑防止条例は、現在、便所、浴室、更衣室など通常衣服を着けない状態でいるような場所や、デパート、路上、電車など不特定多数が出入りする公共の場所や公共の乗物を盗撮の規制対象領域として規定していることが多い。しかし、学校や会社などで、出入りが児童生徒や社員等に限定されているとみなされれば、条例の取り締まりが及ばないと判断される可能性がある。

そのため、都道府県等においては、盗撮の取り締まりを強化するため、迷惑防止条例の改正を図り、規制場所を学校や会社まで拡大しようとする動きが広がっている。東京都の迷惑防止条例は「学校、事務所、タクシー」を含めて規定している。教育委員会職員や学校管理職は、関係自治体の迷惑防止条例の内容を確認してほしい。

4 盗撮事件の学校運営に与える影響

マスコミ等では、教員による盗撮事件が頻繁に報道されている。最近のものに限定しても、令和元年11月14日には、浜松市教育委員会は、浜松市の市立小学校に勤務する50歳の男性の教諭について、駅ビルのエスカレーターに乗った若い女性のスカートの中をスマートフォンで動画撮影したとして、懲戒免職処分にしたと発表している。また、直後の11月20日には、山形県教育委員会は、県立高校の50代の男性教諭が、サンダル内に動画撮影用の小型カメラを仕込み、女子生徒のスカート内を盗撮したとして、懲戒免職処分にしたことを発表している。

教職員による盗撮事件は、迷惑防止条例違反として刑罰の対象となっているだけでなく、懲戒免職などの行政処分を受けることとなる。また、校長等についても監督責任が問われ、戒告等の処分に付されることも少なくない。

盗撮事件は、マスコミで大きく報道される傾向にある。当該教員や管理職の処罰にとどまらず、学校への信頼に大きな影響を与えることを理解しておくべきであろう。

51

社会

株式会社が設置した高等学校で、不適切な単位認定が行われていた事例

構造改革特別区域法により株式会社が学校を設置することが可能となったが、必ずしも制度のねらいどおりの成果が見られないとの指摘がある。本事案は、教育特区により会社が設置・運営している通信制の高等学校で、不適切な授業運営や単位認定がなされていたとされる事例である。

事案の概要

原告は、平成16年に構造改革特別区域法の認定を受けて、「X市意育教育特区」を設置した三重県X市である。被告は、学習塾の経営等を業とする株式会社Yであり、認定地方公共団体であるX市市長から学校設置許可を受け、平成17年9月に、廃校となった小学校を利用してX市に高等学校(以下、本件学校という)を開校・運営していた。

本件学校は、全日制課程普通科と広域通信制課程普通科を併設している。通信制は、本件学校を補完する施設である「○○キャンパス」(全国約40ヵ所に設置)に所属することにより入学可能となり、平成28年3月時点で1000名を超える生徒が在籍していた。

通信制の生徒は、キャンパスに通いながら、学校の教育課程に基づき、指定した教科書やインターネット・DVD教材等のメディアを用いた学習を行ったうえで、添削課題の提出や面接指導(スクーリング)、テストを受けることとなっていた。なお、スクーリングは、4月期と9月期に行われ、必ずX市で実施することとされていた。単位認定は、レ

ポートやメディア視聴に係る視聴学習記録表の内容、スクーリング時の状況、テストの成績、各キャンパスにおいて5段階の成績判定をしたものを記載した学習状況評価表を基に総合的に判断することとされていた。

本件学校では、平成26年11月と平成27年3月の通信制のスクーリングに問題があることが、学校の運営について指導・監督を行うために設置されたX市教育特区学校審議会（以下、本件審議会という）等で指摘された。また、平成27年12月には、高等学校等修学支援金不正受給の疑惑により東京地検特捜部による捜査が行われた。X市は文部科学省から修学支援金事務について緊急事務点検を実施するように要請され、また内閣府から特区の実施状況の報告を求められ、本件学校の調査を行った。

調査結果によれば、生徒が、ユニバーサル・スタジオ・ジャパン（USJ）でお土産を買った際におつりの計算をしたことを「数学」の単位として認定したり、移動のバスの車内での映画鑑賞を「国語」「英語」の単位として認定したり、パーキングエリア内での昼食を「家庭科」と認定するなどのほか、キャンパスまでの徒歩での通学を「体育」として認定するなど、学習指導要領に沿わない不適切な単位認定が行われていた実態が明らかになった。

文部科学省は、これらの調査等により、不適切な学校教育活動の実態が明らかになったことから、平成28年3月に地方教育行政の組織及び運営に関する法律第48条第1項に基づき、X市に対し、面接指導等について改めて適切に学校を指導すること、新たな生徒募集を再考するように指導すること、本件学校への今後の在学を希望しない生徒に適切な修学を維持することができるよう転学のあっせんその他必要な措置を講じること等について指導を行った。

X市は、文部科学省の通知や内閣府の指導を受けて、平成28年3月22日に生徒の履修回復措置について履修基準を定め、履修認定委員会を設置した。また、生徒及び保護者に対して、同月31日に修了見込みの生徒の卒業認定について後日開催される回復措置を受け、その履修確認が必要であること等について通知した。その一方でYに対して、履修回復措置に全力で取り組むことを要請するとともに、適正に実施されない場合には、学校教育法に基づく学校閉鎖命令があることを通知した。

X市は、その後、平成28年3月27日から同年9月2日までの間に、通信制の生徒を対象に、履修回復措置として、履修認定委員会による履修認定、スクーリングの実施（講師派遣及び会場確保など）、生徒が履修回復措置を受講していたかの確認等を行った。

本件は、X市が、本来被告Yが行うべき履修回復措置を行ったことにより、その費用を支出したとして、Yに対して事務管理による費用償還請求権に基づき、約700万円の支払いを求めたもの（本訴）である。ところが、被告Yは、履修回復措置は、本来X市の責任で行われるべきものであり、同市から委任されて行った旨主張して、費用償還請求権に基づき約3788万円の支払いを求めた（反訴）事案でもある（津地方裁判所判決令和元年6月20日）。

判決の要旨

1　事案の主な争点

本裁判の主な争点は、市が行った履修回復措置が、民法上の事務管理（民法第697条）に当たるかどうかにある。事務管理であることが認められれば、管理者は費用の償還請求が認められるからである（民法第702条）。具体的な争点は、①本事案における履修回復措置が、「義務なく他人のための事務を管理」（民法第697条1項）したものであるといえるのかどうか、②本事案における履修回復措置が、被告の意思に反するものかどうかという点にある。

2 裁判所の判断

争点①について、民法上の事務管理が成立するためには、当該事務が他人の事務であることを要することから、履修回復措置が、Yの責任で行うべき事務であるかどうかを明らかにする必要がある。

裁判所は、学校教育法第5条が設置者管理主義・負担主義を定め、また、学習指導要領が単位認定を行う権限が学校にあると定め、学校教育法施行規則第96条が生徒の全課程の修了を認定する権限を学校の校長に付与していること等から、教育内容の決定、生徒の単位認定、卒業認定は、本件学校・校長の権能と責任において行われるべきであり、履修認定委員会、スクーリングの実施、受講確認に係る事務のいずれについても、設置者であるYが本来的に行うべき事をXが行ったものであり、X市が「義務なく他人のための事務の管理」を行ったものに当たるとした。

争点②については、学校側も原告に協力を求める形で、原告が主導的に履修認定委員会の設置や履修回復措置等を進めていたものと認められるとして、履修回復措置は、被告の当時の意思に反するものではないとしている。

結論として、Xについては、事務管理が成立し、これに基づく費用償還請求権があると認められるとする一方で、被告Yの費用償還請求権は否定している。なお、本件学校は、平成29年3月に廃止されている。

事案から考える視点

1 株式会社等による学校開設

平成30年4月1日現在、学校設置会社によって開校している学校は、大学2校、高等学校、小学校2校である。株式会社による学校運営について教育の質の確保や経営の安定性等を確保するために、財産や役員等に関する要件を課すとともに、情報公開、評価の実施、学校破綻の場合のセーフティネットの構築などが求められている。

しかし、こうした規制にもかかわらず、不適切な教育実態が明らかになったり、赤字経営に陥ったりするなどの学校も出ており、すでに廃校となった学校は、大学1校、高等学校2校となっている。また、株式会社立学校は、私立学校振興助成法の対象外であることから学校法人立学校のような財政支援が受けられない。学校法人の設立の要件が緩和されたこともあり（校地・校舎の自己所有の要件の撤廃等）、株式会社立学校として認可されたのちに学校法人に転換した学校も相当数に及んでいる。

2 時代の変化と新しい学校の可能性

株式会社立学校については、教育の安定性や継続性、水準の確保等に問題が見られることもあり、特区の全国化が見送られたという経緯がある。しかし、その一方で、株式会社立学校において、高校の広域通信制という形態で、不登校や中退者などに対し従来の学校では提供されない学習機会を提供する実績を積み上げていることが報告されている。株式会社の学校教育への参入は、乗り越えるべき課題が指摘されているものの、日本の公教育において一定の地位を築きつつあるように思われる。

「Society5.0」「超スマート社会」の到来という大きな社会変化を迎え、サイバー空間とフィジカル空間（現実世界）の融合が課題となっている現代において、今後、これらの学校の試みは新しい局面を迎えるように思われる。

52

学務

高校の部活動での差別的取扱いと大学推薦しなかったこととの違法性が問題となった事例

高校や大学の運動部で全国的実績を有するいわゆる強豪校において、顧問が絶対的な存在として大きな影響力をもつ場合がある。本事案は、高校の部活動での生徒に対する差別的取扱いと、生徒の要請を拒否して大学推薦をしなかったことの違法性が争われた事例である。

事案の概要

原告Xは、特待生として被告Y（学校法人）が設置運営する私立a高等学校（Z校長）に入学し、空手部に所属していた。本事案は、原告Xが、同校の教諭で空手部の顧問であったWから、合理的理由なく団体戦に起用されなかったこと、同部OGらによる深夜の酒席での威圧指導、不合理な合同練習への参加の禁止、インターハイ予選及び本選での差別的扱い、退部届の強要、大学推薦の不当な拒否などのパワーハラスメントを受けたことにより、多大な精神的苦痛を被ったなどとし、Y、Z、Wに対して損害賠償請求を求めた事案である（大阪地方裁判所判決平成29年6月13日）。

同裁判では同時に、Xの友人で、同じ空手部員であったAも、Xの友人であるという理由によって練習への参加を禁止され、インターハイ予選での差別的取扱いを受け、退寮の強要などのパワーハラスメントを受けたなどとして、Y、Wに対して損害賠償を求めている。ただし、本稿では、紙幅の関係からXの事案に限定して述べる。

裁判所が認めた事実によれば、顧問のWは、世界空手道選手権で世界制覇をしたことがあり、空手道のナショナルチームのコーチや連盟の理事を務めており、同校においても30年以上にわたり顧問を務め、インターハイ全国優勝などの実績をあげていた。このような経験や実績を背景として、空手部の部員、保護者、OGらの間では絶対的な存在で、その影響力は絶大であって、明示的な指示がなくても、その意向を忖度し、それに沿った行動をするような関係にあったことが推察されるとしている。

一方のXについては、感情や気分が練習態度や試合態度に現れたり、それによって他の部員と衝突したりすることがあったとしている。また、Xは、顧問が絶対的存在として影響力を行使するなかで、その指導方針や選手の起用方針に疑問や不満を表すことがあった。これについて裁判所は、Xの性格や行動に一定の問題があったとしても、集団での活動に適さないほど重大な問題を抱えていたと認めることはできないとの認識を示している。

判決の要旨

1 事案の主な争点

本事案の争点はいくつかあるが、おおまかに、①大会での団体戦への不起用、OGらの不適切な指導、練習参加の禁止、インターハイ予選での差別的取扱い、退部届の強要、インターハイ本選での差別的取扱いなど、空手部の活動に関するものと、②生徒からの大学推薦の要請の拒否、大学推薦に関する説明義務違反など進学指導における対応に区別される。

2 裁判所の判断

はじめに、①の空手部の指導上の争点について述べる。団体戦への不起用については、部の監督には、チームを勝利させることも重要な獲得目標であって、試合での選手起用を含めた戦略・戦術に関する事項については広範な裁量を有するとし、原告を団体戦に起用しなかったことは裁量を逸脱した不相当な扱いであったとはいえないとした。

OGらによる不適切な指導については、夜間にOGらと飲酒している場に高校生である原告を呼び出し、集団での指導・注意や丸刈りを強制するような不相当な手段・方法での指導を阻止しなかった点は不法行為にあたるとしている。

練習参加禁止については、団体戦の選手起用のような戦術に関連する事項と異なり、部活動参加という部活動の根幹に関わる事項については顧問の裁量は狭く、練習に参加させないという判断は、問題行動の内容・程度に応じて必要かつ合理的な範囲に限って許されるとして問題行動の当日だけでなく、翌日以降の練習参加の禁止は問題行動との均衡を著しく欠く不当な処分であり、違法であるとした。

インターハイ予選での差別的扱いについては、原告らに対する練習参加禁止が、インターハイ予選の期間も継続し、原告を応援した部員を咎める指導により関係者から差別的取扱いを受けるに至ったことは著しく相当性を欠くものとした。退部届の強要については、客観的合理性がないにもかかわらず、退部届を提出しなければインターハイ本選に参加させないと告げたうえで、その場で署名押印させた行為は手段・方法としても相当性を欠くとした。インターハイ本選での差別的取扱いについては、ゼッケンを当日間際に交付し、試合の際にコーチを付けず、部員・父母会に原告が退部届を提出したことを説明したため、応援を受けることができなかったことにつながる一連の取扱いも相当性を欠くとした。

次に②の大学推薦に関わる争点について述べる。大学推薦の拒否については、スポーツ推薦や学校推薦などのように、いわば当該学校の代表として少人数の推薦制を利用する場合には、単に成績が優秀か否か、校則違反があったかだけでなく、大学入学後の部活動を円滑に全うできるかなど、性格、態度、人間性などを含めた全人格的要素が評価対象とされるとして、推薦をするか否かについての学校の裁量は相当に大きいとした。推薦しないことが違法となるのは、推薦の可否について考慮してはならない事項を考慮したとか、不当な目的で推薦を拒否したといった事情がある場合に限られるとしている。

このような観点を踏まえて、スポーツ推薦や公募推薦入試（学校推薦型）の推薦を拒否したことが相当性を欠くものであったとは解されないとした。

また、大学推薦に関する説明義務違反等については、3年生の6月に原告やその両親と話し合った際、大学推薦の邪魔はしないと告げながら、Xの母親の顧問等の対応を批判する言動への報復的感情から、Xがスポーツ推薦を強く希望し、すでに大学の練習に参加していることを知りながら、スポーツ推薦をする意思がないことを明確に告げず、無意味な期待を抱かせたうえ、最終的に推薦を拒否して多大な失望感や不信感を抱かせたことは、明らかに相当性を欠くものであったとしている。

以上のことから、一連の不法行為によって原告Xの被った精神的苦痛を考慮して、Y、Wに対して70万円の慰謝料が認定された（なお、Aに対する不法行為による慰謝料として50万円を認定している。また、校長Zに対する請求は理由がないとして棄却している）。

事案から考える視点

1 絶対的存在である顧問への忖度

本事案では、裁判所は、部顧問が部員、保護者、OG等に対して絶対的な存在として絶大な影響力を行使し、本人の明確な指示がなくても、その意向を忖度し、それに沿った行動をするような関係にあったと指摘している。学校における部活動においては、特に強豪校といわれる高校、大学の運動部等において、このような関係があることがしばしば指摘されている。裁判所が、学校における問題の背景として、このような関係の存在を明確に指摘していることは、特筆すべきであろう。

このような関係の下で、パワーハラスメント等が行われた場合には、外部から内部の状況を把握することが容易ではなく、また、事態が深刻化する場合もある。本事案でも、原告は精神的に深刻な状態に陥っている。法人や学校側も、そのような疑いがある場合には自覚的に点検を行うことが必要であろう。

2 学校推薦における高校側の裁量

本事案で裁判所は、高校が生徒から学校推薦を求められたとき、推薦するかしないかという判断については、高校側の裁量は相当に大きいとしていた。当該生徒は、最終的には、担任教師の尽力などにより、他の大学の公募推薦（自己推薦型）の推薦を受けて、大学に進学している。

大学の推薦入試といっても、その形態は多様であり、学校側は、学校推薦と自己推薦など個々の推薦入試の趣旨を理解したうえで対応することが求められている。学校推薦においては、高校側に大きな裁量が認められるものの、生徒の人生を左右する重大な判断であることに留意する必要がある。もし高校側が推薦しないにもかかわらず、それをすみやかに説明しないときには、違法とされる場合があることを確認しておきたい。

53

社会

入学辞退に伴い、大学側は納入済みの授業料等の返還を拒むことができないとされた事例

新型コロナウイルス感染症拡大により、多くの大学で入構制限や休講措置が実施され、それに伴い、「授業料」の取扱いを問題とする声も聞かれる。
本事案は、入学辞退に伴う事例ではあるが、「大学の授業料とは何か」について考えるうえで重要な視点を与えている。

事案の概要

Xは、平成16年度入学試験でY大学を受験し合格した。そして、入学試験要項等に従い、指定期限までに入学金20万円、授業料分割納入金80万円、後援会費5万円を納付し入学手続を行った。要項等には、「いったん納付された学生納付金は理由のいかんを問わず返還しない」と記載されるなど、納付済み授業料等の不返還について記載されていた。その一方で、平成16年3月25日までに入学辞退を申し出た場合は、入学金を除く学生納付金を返還すること、入学辞退の場合は、所定の届けを郵送または持参により提出すべき旨記載されていた。

Xの母は、平成16年3月26日、Y大学に入学辞退の問い合わせの電話をかけた。その際、職員から入学式に出席しなければ入学辞退として取扱うとの説明を受けたことから、4月2日の入学式を欠席した。その結果、Y大学は、4月2日に在学契約が解除されたとして、Xに対し、学生納付金のうち、後援会費5万円のみを返納した。

本裁判は、Xが入学辞退により在学契約を解除したなどとして、大学を設置する学校法人に対し、不当利得返還請求権に基づき、学生納付金相当額（返還された後援会費

を除く）の返還等を求めて提訴した事案である。

大学側は、不返還特約が有効とするなど、争う姿勢を示した。第一審（静岡地方裁判所判決平成17年10月11日）、第二審（東京高等裁判所判決平成18年3月23日）ともに、契約解除が4月2日になされたこと等を理由としてXの請求を棄却している。本裁判はその上告審である（最高裁判所第二小法廷判決平成18年11月27日）。

判決の要旨

1　事案の主な争点

本事案の争点はいくつかあるが、ここでは、①在学契約の解除の時期、②学生納付金の性格、③不返還特約の性質、④在学契約への消費者契約法の適用について述べる。

2　裁判所の判断

はじめに争点①の在学契約の解除について述べる。裁判所は、特段の事情のない限り、要項等で定める期間内に学生納付金の納付を含む手続を完了することにより在学契約が成立するとし、学生が身分を取得し、大学による教育役務が提供されるのは4月1日であることから、双務契約としての対価関係は同日以降に発生するとした。

そのうえで、解除について、学生は原則としていつでも任意に将来に向かって解除できるとし、口頭によるものも有効な意思表示と認めた。納付済み授業料不返還特約は、解除の意思表示が3月31日までにされた場合には原則として無効となるが、職員から入学式に出席しなければ入学辞退として扱うと告げられたため4月2日に欠席により解除したという事情の下では、大学側は授業料の返還を拒むことは許されないとした。

次に争点②学生納付金の性格について述べる。学生納付金は、入学金、授業料、実験実習費、施設整備費、教育充実費などからなるが、ここでは、「入学金」とそれ以外の「授業料等」に分けて述べる。「授業料等」は、一般に教育役務提供等、在学契約に基づく学生に対する給付の対価としての性格を有し、その一方で「入学金」は学生が大学に入学し得る地位を取得するための対価としての性格を有するとしている。

争点③の不返還特約について「入学金」と「授業料等」に分けて述べる。「入学金」は、納付後に在学契約等が解除されても、その性質上大学は返還義務を負うものではないとした。その一方、「授業料等」に関する部分は、契約解除の場合、本来学生に返還すべき授業料等に相当する額を大学が取得することを定めた合意であるとした。そのうえで、不返還特約は、入学辞退により大学が被る可能性のある収入の逸失等の不利益を回避、てん補する目的等を有するとし、不返還特約が有効と認められる以上は、大学は返還義務を負わないとした。しかし、この授業料等の不返還が、消費者契約法の適用を受けると話は込み入ってくる。

次に争点④在学契約への消費者契約法の適用について述べる。裁判所は、在学契約は同法に規定された消費者契約に該当するとした。ここで問題となるのが、不返還特約が同法第9条第1号により無効となるかどうかという点である。同法9条は消費者契約の条項の無効について定めており、第1号で「当該消費者契約の解除に伴う損害賠償の額を予定し、又は違約金を定める条項であって、これらを合算した額が、当該条項において設定された解除の事由、時期等の区分に応じ、当該消費者契約と同種の消費者契約の解除に伴い当該事業者に生ずべき平均的な損害の額を超えるもの　当該超える部分」と規定している。端的に言えば、契約書に高額なキャンセル料や違約金が定められていても、「平均的損害」を上回る部分は無効とした条文である。

最高裁は、在学契約の解除の意思表示が3月31日までになされた場合には、原則として契約の解除は合格者決定にあたって折り込み済みであり、原則として大学に生ずべき平均的な損害を超える部分は存在しないとしている（4月1日以降は納付済み授業料等が初年度に納付すべき範囲内にとどまる限り、大学に生ずべき平均的損害を超えず、不返還特約は有効とした）。結論として「平均的な損害を超える部分」として大学側は授業料80万円を返還する義務を負うとした。

事案から考える視点

1 在学契約の性質と大学の責務

在学契約は、「大学が学生に対して、講義、実習及び実験等の教育活動を実施するという方法で、上記の目的（学校教育法上の目的）にかなった教育役務を提供するとともに、これに必要な教育施設等を利用させる義務を負い、他方、学生が大学に対して、これに対する対価を支払う義務を負うことを中核的な要素とする」としている（括弧内は筆者）。また、「学生が部分社会を形成する組織体である大学の構成員としての学生の身分、地位を取得、保持し、大学の包括的な指導、規律に服するという要素も有している」など複合的な要素を有するとしている。授業料等は、大学の目的にかなう教育役務の提供、これに必要な教育施設を利用させることの対価として位置づけられていることが確認される。

なお、国立大学については固有の役割があることから、その授業料は教育の機会均等の理念、社会経済情勢等を踏まえ、教育政策の観点から省令で示された金額を標準に定められている（入学料・検定料とともに規定され、上限額として120%の枠が設定されている）。国立大学の授業料は私学と異なる特質があることを補足しておく。

2 感染症拡大に伴う授業等の問題

感染症拡大に伴い、大学では、入構制限や対面授業が実施できない状況が生じた。

ここでは関係する論点について述べることとする。第一には遠隔授業の問題についてである。大学設置基準第25条によって講義、演習、実験、実習、実技について多様なメディアを高度に活用して教室等以外の場所で履修させることができるとされており、平成13年度文部科学省告示第51号によりその在り方が示されている。未曾有の事態の中で実習など判断の難しい状況も予想されるが、文科省通知によれば基本的に対面授業に相当する教育効果を有するものである場合には違法とされないと考えられる。また、大学教員には授業方法の採用について広い裁量権が認められており、遠隔授業が適切に実施されている限り、在学契約における債務不履行とはならないと考えられる。

第二には、大学が機能停止となった時の負担の問題である。感染症など、大学・学生側ともに責任が認められない場合、法的には「危険負担」の問題とされる可能性がある。令和2年4月から改正民法が施行され、危険負担の条項（第536条）が改正された。債務者主義（この原則によれば危険負担は大学側が負う）に変更はないが、旧条項が「債務書は、反対給付を受ける権利を有しない」としていたのに対し、改正後は「債権者は、反対給付の履行を拒むことができる」と修正された。つまり、履行不能の場合、即、債務が消滅するのではなく、支払い拒絶によって消滅することになる。なお、現状では、大学側は、できる限り、授業方法・時期の変更や代替措置で対応するものと思われるので、現実には危険負担が問題となる可能性は低いと思われる。

54

無許可での兼職等を理由とした大学教授に対する懲戒解雇処分が無効とされた事例

政府が、「副業・兼業の促進に関するガイドライン」（平成30年1月）を公表するなど、近年、経済活性化や社会貢献活動促進の視点から、兼業・兼職を促す動きが見られる。本事案は、兼職禁止等の意味を考えるうえで参考となる視点を提供している。

事案の概要

原告Xは、学校法人Yに雇用され、外国語学部英語学科教授を務めていた。本事案は、教授Xが同時通訳等兼業を無許可で行い、授業を休講し、あるいは代講させていたなどとして、学校法人側が、無許可の兼職・事務、職務専念義務違反を理由として懲戒処分を行ったものである。

判決文によれば、Xは兼職等の許可を得ないで、平成13年4月から平成18年8月にわたり、継続して英語学校の講師を有償で務めた。また、平成10年から継続して、「会議通訳・コミュニケーション講座」（以下「土曜教室」）を営み、受講料等を徴収していた。

また、原告Xは、Yに採用される前から継続して同時通訳の業務に従事していた。Xは、同時通訳で大学を不在にするため、平成17年6月、学生であるAに、自分が不在の際に授業でVTRを上映するため、ビデオデッキの操作を無償でさせた。ほかにも、同時通訳のために不在とすることから、非常勤講師Bに9回にわたり、Xに代わって講義を無償で代講させるなどしたものである。

学校法人Yの理事長は、学生Aからの苦情申し立て（Xに代講を命じられたりして、心理的、労力的、時間的に負担になっている一方で、授業の成績がCであり、かつ人格否定等の暴言がなされたというもの）等について、懲戒委員会、調査委員会に諮問し、委員会は、所属学部の教授会に意見を求めることなく、Xを解雇すべきとする答申書をとりまとめ、理事長に報告した。Xが不服を申し立てたことから、再調査の懲戒委員会が設置され、同委員会は所属学部の教授会の意見を聴取したうえで、諭旨解雇とする旨の答申書をとりまとめた（ただし、教授会の意見は、解雇処分は不当とするものであった）。

理事長は、調査委員会の答申を踏まえて、平成19年3月31日付で解雇（諭旨解雇に相当する）する旨の懲戒を行った。なお、大学の就業規則には「教職員は、次に定める行為をしてはならない」とし、「許可なく公職若しくは学院外の職務に就き、又は事業を営むなどの行為」を規定している。原告Xは、語学学校の講師、語学講座の経営は授業時間外に行われたものであり、教授としての任務遂行に影響したものではなく、大学側は通訳業についても原告の行為を知りながら、過去に注意をしたこともないとし、授業の代講等についても解雇につながるものではなく、被告が行った懲戒としての解雇処分は無効であると主張して、教授としての地位の確認や解雇処分後の賃金や慰謝料等の支払いを求めて提訴したものである（東京地方裁判所判決平成20年12月5日）。

判決の要旨

1 事案の主な争点

本事案の主な争点は、被告Yが原告Xに行った懲戒としての解雇処分（諭旨解雇）が有効か否かという点にある。具体的には、懲戒事由の適否についての判断を通じて懲戒処分の妥当性が判断されることになる。

2 裁判所の判断

裁判所は、無許可兼職禁止について、就業規則は使用者がその事業活動を円滑に遂行するに必要な限りでの規律と秩序を根拠付けるにすぎず、労働者の私生活に対する使用者の一般的支配までを生ぜしめるものではないとした。そして、「兼職許可制（二重就職）に形式的に違反する場合であっても、職場秩序に影響せず、かつ、使用者に対する労務提供に格別の支障を生ぜしめない程度・態様の二重就職については、兼職（二重就職）を禁止した就業規則の条項には実質的には違反しないものと解するのが相当である」としている。

そのうえで、語学学校の講師をし、土曜教室を営んだことは、夜間や土曜日に行われたものであり、授業等の労務提供に支障が生じたとも、職場秩序に影響が生じたとも認めることができないとした。同時通訳についても、同様であるとしている（なお、同時通訳については、許可を必要とする事業とは社会生活上の地位に基づいて反復・継続して行う事務とされていることからすれば、そもそも許可を必要とする兼業に当たらないとする余地もあるとしている）。

また、同時通訳を行うための授業の休講や代講等が、就業規則の定める職務専念義務に違反するかどうかについては、原告が休講等をして同時通訳を行ったのは、政府機関等が実施する国際会議においてであり、公的な職務と評し得ないこともなく、休講等が正当な理由に欠けることが明白であると断ずることはできないのであって、実質的に就業規則の禁止する無許可の兼職・事務にあたるとも、職務専念義務に違反するとも認めることができないとした。

そして、処分歴のない原告に対して、いきなり懲戒として最も重い「解雇」という手段を選択したことは処分として重すぎるとしている。結論として、仮に実質的に無許可の兼職・事務にあたり、職務専念義務に違反すると解したとしても、本件懲戒処分は、客観的に合理的理由を欠き、社会通念上相当として是認することができず、権利の濫用として無効であると判じている。

事案から考える視点

1　労働者の兼職等の禁止について

労働者が、労働時間以外の時間をどのように利用するのかは、基本的に労働者の自由である。多くの会社では、就業規則において無許可の兼職等を禁止しており、それに違反した場合には懲戒処分の対象としている。通説は、このような兼職等の許可制は、基本的に労働契約の及ばない労働者の私生活上の行為であり、その制約は限定的に解釈さるべきとしている（菅野和夫『労働法　第11版補正版』弘文堂、２０１７年、６７１-６７２頁）。

企業側が、それを制限することが許されるのは、労務提供上の障害となる場合、企業秘密が漏洩する場合、企業の名誉・信用を損なう行為や信頼関係を破壊する行為がある場合、競業により企業の利益を害する場合等が考えられる。通説に従えば、兼職等の許可制の違反については、会社の職場秩序や会社に対する労務提供に支障がない程度の違反は、重大な懲戒処分の対象とはならないと考えられる。

2　政府の副業・兼業の推進の動き

政府（厚生労働省）は、「働き方改革実行計画」（平成29年３月28日働き方改革実現会議決定）を踏まえて、副業や兼業の普及促進を図っている。平成30年１月には「副業・兼業の促進に関するガイドライン」を公表するとともに、「モデル就業規則」を改定し、労働者の遵守事項の「許可なく他の会社等の業務に従事しないこと」の規定を削除して、第14章第68条で副業・兼業についての規定を新設している。同条では、第１項で「勤務時間外において、他の会社等の業務に従事することができる」と明記し、第２項で事前の届出について規定し、第３項で禁止できる場合をあげている。

この背景には、働き方改革という側面だけでなく、副業・兼業の促進によって、社外の新しい知識、資源を取り入れることでオープン・イノベーション等を進めること、産業界で不足しているＩＣＴ人材等の有効活用を進めることなど、柔軟な人材活用によって経済活動を活性化させようとする意図がある（参照「兼業・副業を通じた創業・新事業創出に関する調査事業研究会提言～パラレルキャリア・ジャパンを目指して～」平成29年３月）。

3　公務員の積極的人材活用に向けて

国家公務員や地方公務員の兼職・兼業については、国家公務員法、地方公務員法、教育公務員特例法により許可制が規定されている。民間企業の労働政策においては、前述のように、多様で柔軟な働き方へのニーズの高まりや人口減少に伴う人材の希少化等を背景として、副業や兼業が促進されており、公務員等においても、地域活動や社会貢献活動など、公務以外でも多様な役割を担うことが期待されている。ＩＣＴの発達とプラットフォームの多様化、ポストコロナ時代における働き方改革の動きもさらに加速することが予想され、今後、兼職・兼業の在り方が重要な争点となってくるものと思われる。

先進事例を参考としながら、兼業等の許可基準を明確にしたり、許可を要する兼業等の範囲を明確にしたりすることで、地方公務員や教員のもつ能力を地域社会で積極的に生かし、行政や学校外での活動を職能開発につなげていくことができるよう、制度や運用の改善を検討すべき時期に来ていると思われる。

55

いじめ問題の解決より、部活の運営・勝利を優先した教員が停職処分を受けた事例

いじめ問題の深刻化によって多くの紛争が起きている。それぞれの権限と責任、利害が対立しているために深刻化する場合もある。本事例は、判断の難しいいじめ問題における指針としてのいじめ防止対策推進法の意義を改めて確認している。

事案の概要

原告Xは、市立中学校で保健体育を担当し、柔道部の顧問を務めていた。柔道部は全国大会で優勝したこともある強豪チームで、部員は50名を超えていた。Xは同校に赴任後、卒業生等から贈られた洗濯機、乾燥機、送風機、冷蔵庫、トレーニング機器等の物品を家庭科室等に設置するなどしていた。また、学校敷地内に地元企業から寄贈されたトレーニングハウスを設置していた。校区外に住み、同校の柔道部への入部を希望する者は、Xの教え子であったaとその妻が住む家に下宿することがあった。平成27年7月当時、柔道部員である1年生A、B、C、3年生のD、2年生のE（いずれも男子）がa宅で共同生活をしていた。DとEは、A、B、Cに対し、入学当初から日常的に暴行を加えていた。

同年7月7日午前7時頃、中学校の家庭科室で、DとEが柔道の練習をし、Aが洗濯をしていた。その際にDとEは、Aの行動を咎め、Aの頭、顔、身体をたたいたり、腹部を蹴ったりするなどした。この暴行によりAは、全治1カ月の胸骨骨折の傷害を負ったものである。

家庭科室から出てきたAの様子を不審に

思ったb教諭（柔道部の副顧問）が問いただしたところ、DとEから暴行を受けたことが発覚した。b教諭は、暴行の件をXに報告するとともに、aの妻に連絡を取ってAを帰宅させた。aの妻はAを受診させることをXとb教諭に伝えたが、Xはb教諭とAに対し、階段から転んだと医師に説明するよう指示した。b教諭は、傷害事件について生徒指導担当c教諭に報告し、校長にも伝えられ、市教育委員会にも報告された。なお、中学校は7月11日にA、D、Eの保護者を呼んで話し合いを行い、また、柔道部保護者会を開催した。

校長は、D、Eが地区総体に出場することを自粛するよう指導し、両名は出場しなかった。柔道部は地区総体で優勝し、県大会への出場権を得た。

校長は柔道部の保護者会等でDを県大会へ出場させないと発言したが、自身も柔道経験者であるAの父がDの出場を訴えた。校長は、結局Dが県大会に出場することを認め、この大会で柔道部はブロック大会への出場権を得た。校長はDのブロック大会への出場を一旦了承したが、市教育委員会は、Dに出場を辞退させるよう校長に指示した。これを受け、校長はXにブロック大会へDを出場させないように伝えた。しかし、Xは従わず、ブロック大会の団体戦に出場させた。

他方で校長は、着任当時トレーニングハウス等の存在を認識しながらXに撤去を求めることはなかったが、平成26年12月以降、撤去を複数回指示した。Xはこれに従わなかったため、市教育委員会は、11月20日付で期限を付して、物品やトレーニングハウスの撤去・原状回復を指示した結果、Xはこれらを撤去したものである。

市教育委員会は、11月20日付でXがいじめ事案の解決を最優先せず、柔道部の運営・勝利を優先し、校長の命令に従わなかったこと、学校施設を私物化するような使用を続けたことが、地方公務員法の信用失墜行為に当たるとして相応の処分を県教育委員会に内申した。

県教育委員会は、地方公務員法第29条第1項、懲戒条例第5条により6月の停職とした（処分説明書には、虚偽説明指示、職務命令違反、撤去指示違反が記載されていた）。また、県教育委員会は、平成28年4月付でXの配置換えの異動を命じた。その後、Xは、停職が満了する前の同年6月30日をもって辞職した。

Xは処分を不服として同年3月に県人事委員会に審査請求をし、10月14日に県に対して停職処分の取り消しを求め、さらに、違法な停職と配置換えにより財産的・精神的損害を被ったとして、国家賠償法第1条第1項に基づき損害賠償を求めて提訴したものである。

第一審（神戸地方裁判所判決平成30年3月27日）は、県教育委員会の停職処分等は適法であるとして、Xの請求を棄却した。しかし、第二審（大阪高等裁判所判決平成30年11月9日）は一転して、停職6月という重い処分は裁量権の範囲を逸脱したものであるとし、処分を取り消したうえで、55万円の損害賠償を県に命じた。本稿ではその上告審について述べる（最高裁判所第一小法廷判決令和2年7月6日）。

判決の要旨

1 事案の主な争点

本事案の主な争点は、被害生徒が受診する際に虚偽説明を指示したこと、校長からの職務命令に違反したこと、物品・トレーニングハウスの撤去指示に違反したこと等について、その経緯や態様等から非違行為の程度がどのようなものであるのかということにある。

2 裁判所の判断

最高裁判所は、虚偽報告の指示について、主力選手らによる不祥事が明るみに出ることを免れようとする意図が窺われ、いじめを受けている生徒の心配や不安、苦痛を取り除くことを最優先として適切かつ迅速に対処するとともに、問題解決に向けて組織として対応することを求めるいじめ防止対策推進法やいじめ防止基本方針等に反する重大な非違行為であるとし、法令等の違反は明らかで、信用失墜行為に当たるとしている。

また、職務命令違反については、まず一連のいじめ行為が重大な非行であり、教育的見地から対外試合への出場を禁止することは社会通念上相当であり（加害生徒が3年生で最後の大会であり、被害者の保護者が出場を支持していたことを考慮しても異ならないとした）、職務命令は正当であったとしたうえで、事件の重大性を踏まえた適切な対応を取ることなく、校長の職務命令に反してまで柔道部の活動や加害生徒の利益等を優先させたことについて、その非違の程度は軽視できないとした。

撤去指示違反については、学校施設の管理規律や校長の度重なる指示に反したもので、生徒の規範意識や公正な判断力等を育むべき立場にある公立学校の教職員としてふさわしくない行為であり、看過しがたいとした。

結論として停職6月の量定は、社会通念上著しく妥当を欠くとまではいえず、懲戒権者に与えられた裁量権の範囲を逸脱し、またはこれを濫用したものとはいえないとして、原審（第二審）を破棄し、Xの請求を棄却した。

事案から考える視点

1 いじめ問題の難しさ（力学の影響等）

本事案では、地方裁判所、高等裁判所、最高裁判所と、その判断が逆転を繰り返した。いじめ問題対応の難しさを痛感させられる。本事案から当事者は、次のような事情の中で判断が混乱したものと思われる。

○活動で実績のある指導者が、その行動に問題がありながら、生徒、保護者等から指導の実績について評価を得ていること
○いじめられた被害生徒の保護者が、加害生徒への配慮を求めたこと
○校長が一旦、県大会、ブロック大会への出場を認めながら、教育委員会の指示によって判断を覆したこと

深刻化するいじめ事案において、しばしば問題となるのが、関係者間の力学の問題である。部活動指導者の校内における影響力、保護者と保護者、保護者と子どもの関係、校長と教育委員会の関係など、学校や教師は、関係者間の力学を肌で感じる中で難しい判断を行っているということである。結果として、本来、重視すべき事項（いじめ事案への対応）を考慮せず、重視すべきでない事項に配慮してしまうということが、しばしば起きているように思われる。

2 判断の指針としての「いじめ防止法」

前述のように、関係者間の力学、加害生徒と被害生徒の和解を求める周囲の圧力など、従来から、学校にとっていじめ問題は判断の難しい課題であった。このような難しい問題において、いじめ防止対策推進法やいじめ防止基本方針等は、関係者に対して判断の指針を与える役割を担っている。校長、教師はこれらに依拠することで、裏付けをもって被害者の立場に立ち、問題の解決に踏み出すことが可能となった。改めて、いじめ防止対策推進法や地方自治体の定めるいじめ防止基本方針の意義を確認したい。

56

事故・事件

いじめ自殺事件において、通常損害としていじめと自殺の相当因果関係を認めた事例

いじめと自殺の因果関係に関する裁判においては、従来、因果関係が認められるためには自殺が具体的に予見できるということが求められてきた。

　本事案は、高裁レベルにおいて、個別の予見可能性を問題とせず、相当因果関係を認めた事案として大きな意味を有している。

事案の概要

　本事案は、平成23年10月11日に滋賀県大津市で、中学2年生の男子生徒がいじめを苦にして自殺したとされる事件において、自殺した生徒の両親が、自殺は同級生らによるいじめが原因であるとして、同級生A、B、C及びその保護者らに対し、不法行為に基づく損害賠償請求を行った民事裁判である。

　判決文によれば、いじめの態様は、次の通りであった。自殺した生徒Xは、2年生になって生徒A、Bと同じクラスとなり、Cは別のクラスであったが、5月中旬以降、共通の趣味であるゲームを通じ親しくなって行動を共にするようになり、休み時間にこかし合いなどに興じていたが、ことさらにXをいじめるような様子は窺われなかった。

　しかし、2学期に入ると行動がエスカレートし、Xが一方的にやられるようになった。「いじる」側と「いじられる」側という関係が、一方的なものとなり、もはや親しい友人同士のふざけ合いの域を超えるものとなっていた。

　そして、9月中旬から下旬頃になると、「いじめる」側と「いじめられる」側とい

う関係が固定化し、明らかないじめ行為を行うようになっていった。この頃Xは、友人や祖母に死にたいなど希死念慮を吐露するなどした。

10月になるとAらは、前触れなくXの自宅を訪問して傍若無人な態度で振る舞うなど、暴力行為や嫌がらせ等の行為がエスカレートする状態になった。

一方、Xの家庭においては、両親が別居するなど円満な環境にはなかった。父親は、金銭問題等でXをとがめた際に体罰を加えることがあった。また、相談機関から、Xに軽い発達障害がある可能性を告げられたのを受けて本人に病気の可能性を告知したり、Xの祖父母宅での金銭トラブルから祖父母宅への出入りを禁止したりするなどしていた。

裁判は、第一審では、被告A、Bについて、共同不法行為に基づく損害賠償を認め、連帯して原告に支払うように命じた（大津地方裁判所判決平成31年2月19日）。その一方で、被告C及び被告らの保護者らへの請求は棄却されている。

なお、第一審では、当初、大津市も被告らとともに提訴されていたが、途中で大津市と被告らへの請求を分離して裁判が進められた。大津市については、平成27年3月に、大津市が原告に総額1300万円を支払うことで和解している（本書㉙参照）。本稿は、第二審判決に関するものである（大阪高等裁判所判決令和2年2月27日）。

判決の要旨

1　事案の主な争点

本事案の主な争点は、①加害生徒の行為と自殺との因果関係の認定の在り方、②損害賠償請求額における過失相殺の適用の問題にある。特に前者は、「通常生ずべき損害」として認定されるのか、「特別の事情によって生じた損害」として認定されるのかという重要な論点を含んでいる。言葉を換えれば、加害生徒に具体的な自殺予見の可能性があったかを確認する必要があるのかどうかという論点である。

2　裁判所の判断

争点①について、裁判所は「本件各いじめ行為を受けた中学二年生の生徒が自殺に及ぶことは、本件各いじめ行為の当時、何ら意外なことではなく、むしろ、社会通念に照らしても、一般的にあり得ることというべきであり、亡Xの自殺に係る損害は、本件各いじめ行為により通常生ずべき損害に当たるということができ、控訴人らの本件各いじめ行為と亡Xの自殺に係る損害との間には相当因果関係があるものと認められる」と結論づけている。

判決は、「通常生ずべき損害にあたる」と認定した理由として、二つのことを指摘している。

一つは、いじめの行為の内容と程度である。このことについて判決は、「本件各いじめ行為は、行われた期間が1ヵ月程度と比較的短期間であるものの、亡Xを負傷させるような暴力行為や極めて陰湿・悪質な嫌がらせ行為を含むものである上、上記の間、頻回にわたり行われたものであり、その態様、頻度等は、亡Xをして自殺者に共通の心理とされる孤立感、無価値感を抱かせるとともに、控訴人らとの関係から離脱することが容易ではないとの無力感、閉塞感を抱かせる上で十分なほどに悪質・陰湿かつ執拗なものであった」と指摘している。

そして、もう一つの理由が、事件当時の子どもの自殺といじめとの関係に関する一般的知見とその社会的認識の広まりである。

このことについて判決は、「いじめによりその被害者が自殺に至る可能性があることについては学術的にも一般的知見として確立」しており、「いじめによってその被害生徒が自殺することもあり得ることは社会一般に広く認知されて」いたと指摘している。

争点②については、さらに二つの論点がある。一つは、故意の不法行為の場合において、被害者側の落ち度を理由とした過失相殺は許されないのではないかという論点である。この点について裁判所は、いじめについては故意があったが、自殺との関係についてはあくまで過失行為としての側面があるとして、過失相殺の適用や類推適用を一律には否定できないとした。

二つ目には、実際に過失相殺を基礎づける事情があったのかどうかという点である。このことについて裁判所は、亡Xについては、自らの意思で自殺を選択したものであるうえ、祖父母宅からの金銭窃取により自らを逃げ場のない状態に追い込んだ点があること、Xの両親については、家庭環境を整えることができず、Xを精神的に支えられなかった点（特に、父親については、体罰や病気の可能性の不用意な告知によりXの反発心や精神的動揺を招くなど、同居する監護親として期待される役割を適切に果たし得なかった点）が、過失相殺を基礎づける事情として認定され、4割の減額が認められた。

なお、第二審判決後、亡Xの両親の側は上告している。

事案から考える視点

1 大津市の和解と加害生徒との訴訟

本事案では、大津市の側は被害者の立場に立って早期に和解したのに対して、加害生徒の側は裁判においてもいじめの事実を否定するなど明確なコントラストを示している。この点について、大津市の対応は、いじめ問題において対立を乗り越えて、被害者の救済を図る動きとしての「修復的正義」の萌芽を示すものと評価される一方で、重大事態においていじめの当事者が相互に向き合うことの難しさを改めて突きつけている。

本事案は、マスコミ等で報道され、社会的な注目の中で対応が進められるなど、関係者が正面からいじめ問題に向き合うには難しい状況があったことが推測される。当事者間の問題というだけでなく、行政、地域などコミュニティの問題として捉えていくことの必要性を示唆しているように思われる。

2 いじめ自殺での「通常損害」認定

民法における損害賠償責任については、不法行為と債務不履行によるものが認められており、いじめ加害者に対する損害賠償請求は、基本的に前者に当たる。また、損害賠償請求における賠償については、「通常生ずべき損害」（社会通念上、一般的に生ずると考えられる損害）と「特別の事情によって生じた損害」（当事者が予見すべき範囲にある特別の事情によって発生した損害）という二つの考え方がある。

前者とされた場合、被害者は加害者側の予見可能性を主張・立証することなく、その損害の賠償を請求できるのに対して、後者の場合には特別の事情における加害者側の予見可能性を主張・立証しなければ、その損害賠償を請求できないとされている。

従来、いじめ自殺事件においては、「特別の事情によって生じた損害」の視点から加害者の側の予見可能性を問題としてきたのであるが、本事案では、裁判所は、自殺に係る損害は「通常生ずべき損害」に当たるとしている。この判断は、高裁レベルにおいて、初めて「通常生ずべき損害」とした事例であると考えられる。このような判断が定着すれば、いじめの内容や程度によっては、加害者側の具体的な予測可能性を問題とすることなく、被害者救済の認定が進められることになる。注目された最高裁の判断であるが、最高裁判所は、上告を退け、第二審判決が確定している（最高裁判所第一小法廷決定令和3年1月21日）。

57 社会

野田市児童虐待死亡事件と「子どもアドボカシー」の考え方

本事案では、虐待の態様の悪質性、量刑の厳しさ、事件を契機とした親の体罰禁止の法制化が注目されている。その一方で、助けを求める子どもの声が生かされなかったことから、「子どもアドボカシー」（子どもの声の代弁等）の重要性が指摘されている。

事案の概要

本事案は、父親であるYが、小学校4年生の長女Aに対する虐待をエスカレートさせ、凄惨な虐待の末に死亡させた事件である。第一審の判決文や「野田市児童虐待死亡事例検証報告書（公開版）」（以下「報告書」という）によれば、事案の概要は、以下のとおりである。

Yは Z と結婚し、ほどなく長女Aをもうけたが、その後、離婚した。その後、再びZと再会し、平成28年からAを含めて3人で暮らすようになり、翌年には次女Bが生まれた。次女が生まれた際にZが体調を崩して入院したため、YはAとBを連れて千葉県野田市のYの実父母（以下「祖父母」という）宅に一時身を寄せ、Zの退院後、4人で市内のアパートで暮らすようになったが、YはAに対して暴力を振るうなどの虐待を行うようになった。

Aは、平成29年11月6日に、通っていた小学校で行われた「いじめにかんするアンケート」に「お父さんにぼう力を受けています。夜中に起こされたり、起きているときにけられたりたたかれたりされています。先生、どうにかできませんか」などと書いて提出した。担任教諭は、翌日の7日に、校長の指示を受けてAから聞き取りを行ったが、母親がいないときに、Yから拳で殴られたり、背中や首を蹴られたりしたと話した（担任はアンケートに赤ボールペンで聞き取った内容をメモした）。

これを受けて、Aは児童相談所に一時保護されることとなり、児童福祉司との面談においても、暴行や夜中に立たされたりしたことを打ち明けた。

その後、Aは祖父母に預けられ、Yと離れて暮らす時期を経て、平成30年4月からYに引き取られて生活をするようになった。Yは同年7月頃から、Aに対してことさらに家族から疎外するような言動をしたり、長時間にわたり廊下や浴室や玄関に立ち続けさせ、あるいは屈伸を無理強いし、さらには、身体にあざが残るような暴力を振るうようになった。

7月30日には、Aを畏怖させ、Aに命じて、浴室でトイレの便器を用いないでした大便を右手に持たせ、Yのカメラ機能付き携帯電話で撮影するなどした。

Aは、Yと一緒に暮らしたくない旨を祖父母に訴え、あざがあることを見とがめられたことをきっかけに、平成30年9月から祖父母宅に預けられていたが、祖父母の都合により、12月30日から平成31年1月3日までY宅で引き取られることになった。

その間、YはAの両手首をつかんで引きずり、その身体を両手首をつかんで引っ張り上げた後に離して床に打ち付けたほか、その顔面や胸部を圧迫、打撃するなどの暴行を加え、全治約1カ月の顔面打撲及び肋骨骨折の傷害を負わせた。

Yはその後、Aを祖父母宅に帰さず、また、小学校にも登校させないままY宅で生活させていたが、1月22日～24日までの間Aに対し食事を与えず、長時間、リビングや浴室に立たせ続けたり、肌着のみの状態で暖房のない浴室に放置したりするなどして十分な睡眠を取らせなかった。その間、浴室において水に濡れた肌着のみを着用させ、頭部や身体にボウルに入れた冷水を数回にわたり浴びせかけ、シャワーで冷水を浴びせるなどした。

また、リビングの床にうつ伏せにしたAの背中に座り、両足をつかんでその身体を反らせるなどし、さらにその後、寝室に入ろうしたAに「寝るのはだめだから」ともうしつけて、浴室に連れ込み、顔面に冷水を浴びせ続けるなどの暴行を加えた。

この結果、Aは、一連の行為により飢餓状態と強度のストレス状態に起因するケトアシドーシス等に陥り、24日午後11時頃に、ショック及び致死性不整脈または溺水により死亡したものである。

裁判所の判断

Yは、障害致死罪等により起訴された。公判においてYは、公訴事実の多くを否認して争ったが、第一審は、「尋常では考えられないほどに凄惨で陰湿な虐待であった」「一連の虐待は、Aに肉体的苦痛を与えるだけでなく、強い恐怖心を与えるとともに、既に自我を持つ年齢となっていたAの人格と尊厳を全否定するものであった」「犯行態様の異常なほどの陰惨さとむごたらしさ、固着したとも評すべきAへの虐待意思が浮かび上がっている」と判じている。

裁判所は、量刑傾向を大きく超える極めて悪質性の高い事案であるとし、また、死者1人の障害致死罪全体の最も重い部類に位置づけられるべきであるとして、懲役16年の刑を言い渡している（千葉地方裁判所判決令和2年3月19日）。

なお、母親Zは、Yに迎合する形で行政機関や警察に通報せずに放置したり、Yの指示を受けて食事を与えなかったなど傷害幇助行為に及んだが、Zには精神の脆弱さがみられ、Yの高圧的、支配的言動に逆らうのが困難な状況に陥っていたことなどにより、懲役2年6月、保護観察付き執行猶予5年の判決を受けている（千葉地方裁判所判決令和元年6月26日）。

事案から考える視点

1　教委による父へのアンケート開示

報道によれば、父親は小学校、教育委員会に対し、「訴訟を起こすぞ」「アンケートの実物を見せろ」などと執拗に迫ったとされる。また、報告書によれば、教育委員会の学校教育課が「保護者への情報開示を即座に実施し」と記載した念書を父親に渡している。そして、父親はAが書いたという同意書を持ってAが書いたアンケートを渡すように教育委員会指導課を訪ねたが、その同意書がどのように書かれたものであるのかについて検討することもなく、アンケートを父親に渡している。

報告書は「アンケートを父に渡したことは子どもへの裏切りであり、子どもの意見表明権の封じ込みである」と断じている。その後、アンケートの写し提示に関わった職員（12名）は、地方公務員法、野田市個人情報保護条例に違反するとして懲戒処分に付されている。

市は「本事件においては、教育委員会、児童家庭部、千葉県柏児童相談所等の関係機関の連携が取れていなかったこと、教育委員会及び児童家庭部内における報告や連絡も不十分であり情報共有が足りなかったこと、更には、本事件に対する重篤性及び緊急性の認識が欠けていたことが一因である」（野田市ホームページ）としている。

2　「子どもアドボカシー」の実践へ

学校が実施したアンケートには「ひみつをまもりますので、しょうじきにこたえてください」と記載されていたにもかかわらず、アンケートは父に渡ってしまった。報告書は、父がいじめアンケートを知っている事実が判明した時点で、父が本人から聞き出している可能性や父が母親を通して本児に圧力をかけて聞き出した可能性が考えられることを指摘している。さらに、アンケートの開示に対するAの同意書を父親が持参したときに、それを見た者たちは、「『この同意書は、無理に書かされたものであろう』と推察していた」ことが記載されていた。

また、報告書は、児童相談所が祖父母宅を訪問した際、祖父の電話を受けて駆け付けた父が、Aが書いたとして児童相談所職員に見せた「手紙」（「お父さんにたたかれたというのはうそです」などと記載）の内容について、これが本児の本心でないことは容易に推察が付いたであろうと指摘している（その後、本児は、児童心理司の聞き取りに対し、手紙に書くべき文面の指示があり、それを書き写したことを打ち明けている）。

これらのことは、大人と子どもの圧倒的な支配、力関係の下では、子どもの意見表明権が、実質的に保障されることは難しいことを示している。

「アドボカシー」という考え方がある。「子どもアドボカシー」とは、大人に比べて立場が弱く、十分に意思を表現できない状態にある子どもの声を聴き、その意見表明を支援したり、代弁したりする活動を意味する。「アドボカシー」の概念は、それを保障するシステムを指す場合も、関係者の実践を意味する場合もある。日本においては、システムとしてのアドボカシーは、一部の自治体やNPOで展開されるにとどまっている（例えば、オンブズパーソン制度）。

まずは、子どもの身近にいる親、家族、地域住民、教師や、学校、教育委員会、児童相談所、警察等の職員がアドボカシーの自覚的実践を積み重ねていくことが求められているように思われる。

〈補録〉第二審では懲役16年とした原判決が支持され、被告人の控訴が棄却された（東京高等裁判所判決令和3年3月4日、確定）。

58

事故・事件

プール水の流出事故により学校関係者が水道代を請求された事例

近年、住民監査請求、住民訴訟として、教職員個人の責任を追及する動きが顕在化している。
本事案は、教職員個人の責任追及の際の賠償責任や求償の範囲（信義上の相当性）を考えるうえで参考となる視点を提供している。

事案の概要

本事案は、東京都立K高校の校長、教員、事務職員らが、プールの管理ミスにより、水を流出させ、東京都に損害を生じさせたとして、東京都の住民である原告が、関係教職員に損害額の全額を連帯して支払うべき旨の損害賠償請求をすることを求めた住民訴訟である。

東京都教育庁は、都立高校に対して「プール水等の適正な管理について」と題する通知をたびたび発出していた（平成24年9月10日、平成27年5月7日等）。K高校の校長Aは、これらの通知を全教職員に周知し、また、事故防止策の実施状況の点検を行うべきであったが、適正に行われていなかった。

K高校においてプールへの給水は、武道場棟の外にある給水バルブを手動で開け、さらに機械室内のろ過装置制御盤のスイッチを操作して補給水弁を開けることによって行われる。その一方で、排水については、機械室入口の階段下にある排水バルブを手動で開け、さらに制御盤のスイッチを操作して緊急遮断弁を開けることにより行われる。そして、給水バルブと排水バルブが開いており、補給水弁及び緊急遮断弁が「自動」に設定されている場合には、ろ過装置が稼働している間、プール水は排出され続けることになるなど複雑な仕組みであった。

本件事故は、プール管理責任者であった主任教諭B、保健体育科主任教諭であったC、D、E、経営企画室長であったF、主事（光熱水費担当）であったGが、プール清掃などに際し給水、排水等を行ったときに、通知等で求められた適切な対応を行わず、また、定められた確認や報告を怠ったことによりプール水を流出させたものである。

平成27年6月1日に、ろ過装置の管理会社の従業員が装置の点検を行った際に、装置を運転させるため、プールの緊急遮断弁を開けた。なお、このとき、B、E、Gらは、同従業員から緊急遮断弁を含む制御盤のスイッチはすべて「自動」にしておいてよい旨の指導を受け、また、この時点で制御盤のスイッチはすべて「自動」に設定されていた。

この結果、6月1日から同月8日まで、給水バルブと排水バルブが開いており、補給水弁と緊急遮断弁が「自動」に設定されたため、ろ過装置が稼働している間、下がった水位の分だけ給水されていたことになり、給排水が継続されることになった。同月8日に水が出ていることに気づき、排水バルブが閉められるまで多量の水が流出したものである。

住民Xは、平成28年4月1日に、都監査委員に対して、地方自治法第242条第1項に基づき監査請求を行った。一方、都教育庁は、通知が求める確認や報告等を適切に行わなかった結果、多額の損失が生じたことから、民法第709条（不法行為による損害賠償）及び第719条（共同不法行為者の責任）に基づき、注意義務違反の度合いが大きいと判断し、本件事故により流出した水量に相当する水道料は116万円と認定したうえで、4月15日、関係教職員に対し、信義則上相当と認める5割にあたる58万円について損害賠償請求を行った。その後、指定期日（4月28日）までに対象教職員から全額の納付を受けた。都監査委員は、5月19日、監査請求は理由がないとして棄却し、Xに通知した。

その後、平成28年6月16日にXは、都教育庁の積算は不十分であり197万円余の損害が生じたとして、地方自治法第242条の2第1項4号に基づき、関係教職員に対して、全額について連帯して支払うべき旨の損害賠償請求をすることを求めて住民訴訟を提訴したものである（東京地方裁判所判決平成29年6月28日）。

判決の要旨

1 事案の主な争点

本裁判の主な争点は、事故によって生じた損害額と関係教職員らが負うべき賠償責任の範囲（負担割合）であるが、本稿では、特に後者について述べていく。

2 裁判所の判断

裁判所の判断では、本件事故は関係教職員が、通知等に定められた給排水バルブの開閉等に係る点検、確認、報告等を怠ったことに端を発するものであるが、①プールの構造として、自動給水システムが導入されている一方で、給排水の状況を確認できるランプ等の設備がなく、吸水口や排水バルブも周囲から外観により給排水の状況を確認することが困難な場所に設置されていること、②K高校のプールの管理体制については、プールの管理や監視を主たる業務とする職員が配置されていないため、ろ過装置管理会社の従業員から受けた説明を基に保健体育科教員らで給排水の操作方法の説明・確認を行っている等の諸事情があったことを考慮し、損害の発生・拡大について必ずしも損害の全額を負担させるのは相当とはいえないとした。裁判所は、信義則上、裁判所の算定した損害額の5割である

51万円余を認めるのが相当としている。

事案から考える視点

1　民法を根拠とした損害賠償請求

本事案では、都教育庁が、民法を根拠として内部的に公務員個人への損害賠償の請求を行っている（平成28年5月20日東京都監査事務局「プール水の流出事故において原因者に損害の賠償を求める請求権の行使を怠っているとしてその行使を求める住民監査請求の監査結果について」参照）。

不法行為による損害賠償を規定した民法第709条は「故意又は過失」があることを要件としている。本事案では、教育庁からの通知によってプール水管理の徹底が求められていたにもかかわらず確認や報告を適正に行わなかったことから、注意義務違反の度合いが大きいとされたのである。

2　「信義則上相当と認められる限度」

被用者が仕事上のミスによって組織に損害を発生させた場合、使用者は、どの程度の賠償を求めることができるのか。

被用者個人が負うべき損害賠償請求の範囲について、判例（最高裁判所第一小法廷判決昭和51年7月8日）は、「使用者は、その事業の性格、規模、施設の状況、被用者の業務の内容、労働条件、勤務態度、加害行為の態様、加害行為の予防若しくは損失の分散についての使用者の配慮の程度その他諸般の事情に照らし、損害の公平な分担という見地から信義則上相当と認められる限度において」賠償または求償の請求を行うことができるとしている。

平成31年1月に発生した綾瀬市の市立小学校でのプール給水栓閉め忘れ事故においても、関係者に対し損失額の5割を損害賠償請求するとともに厳重注意処分を行っている。また、令和3年2月には、兵庫県は、職員のミスによる水道料の損失について当該職員に対し5割の損害賠償をさせるとともに訓告処分としている。損害賠償の負担割合は、判例の基準を踏まえて個別に判断することになるが、教員のミスによるプール水の流出事故については、一定の基準が形成されているように思われる。

なお、平成7年5月に発生した小金井市のプール水流出事故では給水管理を職務とする施設管理員については8割の賠償請求を認めている（東京地方裁判所判決平成9年3月13日）。

3　教員個人への責任追及の動き

東京都教育庁においては、本事案の以前に、プール水の流出事故について、関係した教職員に対して損害賠償請求を行った事例はなかった。しかし、平成22年度に発生したプール水の流出事故を契機として、都民からの厳しい声を反映し、プールの管理業務の徹底を求める通知を発出するようになっており、今回は、そのような前提の下に損害賠償を請求するに至っている。

従来、裁判所においても、個人を対象とした民法、国家賠償法上の損害賠償や求償について慎重な判断が行われてきた。しかし、近年、教職員個人の責任を問う動きが顕著となっている。その背景には、地方自治体自身が、住民の厳しい声を背景にして、民法の規定等を根拠として教職員個人に損害賠償を求めるようになってきているなど、地方自治体の姿勢の変化がある。また、住民としての地位に基づいて行われる地方自治法上の「住民監査請求」や「住民訴訟」の動向も、このような自治体の変化の背景になっているように思われる。

59 社会

音楽教室における著作権と楽曲使用にかかる使用料徴収

本事案は、音楽教室という営利事業における楽曲使用について著作権が問題となった事例である。学校における著作権対応においても、近年、教育の情報化に伴い、「授業目的公衆送信補償金制度」が創設されるなど、改めて著作権が注目を集めている。

事案の概要

本事案の原告は、楽器演奏の技術や歌唱の仕方を教える音楽教室等を運営している250余りの法人や個人の事業者である。

JASRAC(ジャスラック)(一般社団法人日本音楽著作権協会)は、文化庁長官の登録を受けた著作権管理事業者として、作詞者、作曲者などの権利者から著作権の管理委託を受け、管理する著作物の演奏等について、使用料の徴収等を行っている団体である。

JASRACは、音楽教室や歌唱教室等からの著作権の使用料の徴収を、平成30年1月1日から開始することとし、平成29年6月7日に、文化庁長官に対して、使用料規程の届出を行った。

なお、JASRACが文化庁に提出した使用料規程によれば、その算定方法は複数あるが、例えば、年間の包括的利用許諾契約を結ぶ場合、1施設あたりの年額使用料は、受講料収入算定基準額の2・5%の額とされた。

これに対して、音楽教室を運営する原告の側は、音楽教室における楽曲の使用(教師や生徒の演奏、CD等録音物の再生)は、「公衆に直接見せ又は聞かせることを目的として(以下「公に」という。)上演し、又は演奏する権利を専有する」（著作権法第22条）にあたらないから、ＪＡＳＲＡＣは、原告らの音楽教室における楽曲の使用に関わる請求権を有しないと主張して、これらの請求権の不存在を求めて提訴したものである。

第一審において、裁判所は、原告らの音楽教室における楽曲の使用にかかる請求権が存在しないとする請求については、いずれも理由がないとして棄却した（東京地方裁判所判決令和2年2月28日）。原告らは、この判決を不服として、控訴したものである。本稿は、その第二審（知的財産高等裁判所判決令和3年3月18日）に関するものである。

判決の要旨

1　事案の主な争点

本事案における主な争点は、①音楽教室における演奏が「公衆」に対するものであるのか、②音楽教室における演奏が「聞かせることを目的」とするものであるのか、③音楽教室における二小節以内の演奏について演奏権が及ぶのか、という点にある。

なお、著作権法第2条第5項は、「『公衆』には、特定かつ多数の者を含むものとする」と規定している。

2　裁判所の判断

第一審は、①教室内にいる生徒は「公衆」である、②教師は、著作権法第22条にいう「公衆」にあたる生徒に対し、生徒は、「公衆」である他の生徒又は演奏している自分自身に対して「直接（中略）聞かせることを目的として」演奏をしたものである、③二小節以内の演奏であっても音楽著作物の利用である、との判断を示した。

これに対して、第二審は、まず、「演奏」には録音物の再生や電気通信設備を用いた伝達を含むこと、「公衆」とは「特定かつ少数」以外の者（不特定又は多数の者）をいうこと、「特定」とは演奏者と演奏を聞かせる目的の相手方との間に個人的な結合関係があることをいうこと（音楽教室事業者にとって、生徒はその人数にかかわらず、「不特定」の者にあたり、「公衆」になる）、「直接」とは面前にいる相手方に聞かせることを目的として演奏することであることを確認している（なお、通説はライブだけでなく、録画物によるもの、電気通信による伝達も「直接」に含まれるとしている）。

そのうえで、第二審は、音楽教室における教師の演奏行為については、1名の教師による演奏行為であっても、1曲を通して演奏することがあるか否か、1回に行う演奏が楽曲の二小節以内であるか否かにかかわらず、1名であっても「公衆」といえる生徒に対して「聞かせる目的」でされたものであれば、演奏権の行使に該当する等として、事業者側の請求を退けている。

その一方で、教師や生徒、保護者以外の者の入室が許されない教室や生徒の居宅で行われるレッスンにおいて、生徒がする演奏行為については、「公衆に直接（中略）聞かせる目的」で演奏するものではないから、ＣＤ等の録音物の再生を行わない形で行われる楽曲の演奏は、著作権の侵害にあたらないとして、ＪＡＳＲＡＣ側の請求権を否定している。

なお、第二審は、「公衆」とは演奏主体とは別の者を指すとし、生徒の演奏の「聞かせる目的」となる相手は教師（公衆でない者）であるとした。「教師のみならず他の生徒又は自らにも向けられている」とした第一審の判断と大きく異なっている。

ＪＡＳＲＡＣ側は判決を不服として上告しており、最高裁の判断が注目される。

事案から考える視点

1　音楽教室と学校教育の違い

本事案のように、営利を目的とする音楽教室のような事業においては、楽曲等の著作物の利用に著作権が及ぶかどうかは著作権法第22条の要件を充足するかどうかによって判断される。

それでは、学校等の教育機関における楽曲の演奏等の取扱いはどうなっているのであろうか。この点については、二つの対応があり得る。

一つは、本事案で問題となった著作権第22条を根拠として対応することである。学校の授業における使用かどうかを問わず、演奏を聞かせる目的とした対象が、「公衆」にあたらないと整理できるのであれば、学校等における演奏等は、同法第22条を根拠として対応できると考えられる。

もう一つは、著作権法第38条第1項（営利を目的としない上演等）を根拠として対応する方法であり、こちらのほうが一般的な対応であると考えられる。同条によれば、すでに公表されている著作物であること、営利を目的としないこと、聴衆や観衆から料金を徴収しないこと、実演家等に報酬が支払われないことを条件に、楽曲の利用が認められることになる。なお、行事での演奏を録画したDVDを頒布したり、ホームページに掲載したりするなどの場合には、許諾手続きが必要となる場合があることを付け加えておきたい。

2　教育情報化と平成30年著作権法改正

従来、学校等の教育機関においては、授業等を担当する者が、その授業において、著作権者の許可を得ることなく、著作物を無償利用することが認められてきたが、より円滑にICTを活用した教育を推進するため、平成30年の著作権法改正により「授業目的公衆送信補償金制度」が整備された。

従来から、著作権者の許諾を得ずに、①対面授業のために公表された著作物を、必要とされる限度で、複製すること、②対面授業において使用した資料や講義映像を同時中継の遠隔合同授業等のために他の会場に公衆送信すること、は可能であった。平成30年の改正では、これらに加えて、③対面授業での予習・復習の資料のメールの送信、対面授業で使用する資料の外部サーバ経由の送信、オンデマンド授業での講義映像や資料の送信、スタジオ型のリアルタイムでの授業同時中継での活用など、従来、著作権者の許諾が必要とされた行為についても、許諾なしで活用できるようになった。

このことについて、著作物の利用と許諾の必要・不要の視点から説明する。著作物の利用については、(A)著作権者の許諾が必要な場合、(B)著作権者の許諾が不要な場合に大別される。さらに、(B)（許諾が不要な場合）については、(a)著作権者等に補償金を払う必要がない場合（無償）と、(b)著作権者等に補償金を支払う必要がある場合（有償）に区別される。

学校等の著作物の利用については、同法第35条が改正され、①「複製」、②「公の伝達」に加えて、③「公衆送信」が規定された。①「複製」は従来どおり許諾不要・無償とされ、②「公の伝達」も許諾不要・無償とされたが、その一方、新たに対象となった「公衆送信」は許諾不要であるものの、補償金の支払い義務が課されたのである。「授業目的公衆送信補償金規程」（一般社団法人授業目的公衆送信補償金等管理協会）によれば1人あたり年額120円（小学校）、180円（中学校）、420円（高校）となっている。

なお、教員ではなく、教育委員会等の組織が主体となって、教材、動画を配信する場合には本制度の対象外とされている。

60

生徒指導

公立中学校の「校則」を違憲として提訴した事例

頭髪や下着の在り方まで細かく規定する、いわゆる「ブラック校則」が話題となっている。現在は、教育委員会が所管の学校に対し、子どもの実態や社会の変化に沿ったものとなっているか、校則の見直しを求める動きも見られる。

本事案は公立中学校の生徒心得に対し、最高裁がその訴訟要件（処分性）の判断を示したものである。

事案の概要

本事案は、提訴当時、兵庫県A市に居住する市立小学校5年生の男子児童である原告X及び参加原告であるその弟、同じく参加原告であるその父母が、地域のB中学校の学校規則において、男子生徒の丸刈りと学校外での私服禁止を定めている行為が違憲であるとして、当該行為の無効確認及び取消しを求めて提訴した事案である。

市立B中学校では、学校規別である生徒心得において、男子生徒は「頭髪……丸刈りとする。指の間から出るまでに刈る」と規定し、さらに「外出のときは、制服及び体操服を着用し（公共施設又は大型店舗等を除く校区内は私服でもよい）、行き先・目的・時間等を保護者に告げてから外出し、帰宅したら保護者に報告する」と定めている。なお、これに違反した場合の処分等の定めは置かれていない。

原告らは、頭髪や服装に係る規定は、生徒の憲法上の基本的人権及び親権に係る規定であり、裁量権の行使に当たっては、その範囲を逸脱したり、濫用したりしないように十分な検討や慎重な対応が必要であるとしている。

本規則の制定目的や効果は曖昧であり、

得られる利益の合理性・重要性に疑問があるのに、侵害される利益は重大であるとし、学校側の規則に至る認識には重大明白な誤認があり、規則の制定は、裁量権を濫用・逸脱した重大明白な瑕疵（かし）がある行為であるから無効であり、そうでないとしても取り消されるべきであるとして、提訴したものである。

第一審（神戸地方裁判所判決平成6年4月27日）は、本件の訴えを不適法として却下した。第二審（大阪高等裁判所判決平成6年11月29日）は、生徒心得にこれらの規定を定める行為は抗告訴訟の対象となる処分に当たらないなどとして、控訴を棄却した。

なお、第一審、第二審とも、原告は学区内に居住し、将来B中学校への進学の可能性があるとして訴訟を提起しているが、自己の権利や法律上の利益が必然的に侵害されるおそれがあるとまではいえないとして法律上の利益を否定している。

原告らは、この判決を不服として上告した。本稿では、その上告審（最高裁判所第一小法廷判決平成8年2月22日）について述べる。

判決の要旨

1 事案の主な争点

本事案における主な争点は、生徒心得を置く行為が抗告訴訟の対象となるのか（行政事件訴訟法第3条に定める無効確認の訴え、取消しの訴えの対象である行政庁の処分に該当するのかどうか）という点にある。

2 裁判所の判断

行政事件訴訟法における処分の取消訴訟や無効確認訴訟の対象となるのは「行政庁の処分その他公権力の行使に当たる行為」（同法第3条第2項）とされている。裁判所は、頭髪や外出時の制服に関する定めは置かれているが、違反した場合の処分等の定めは置かれていないという場合には、「右事実関係の下において、これらの定めは、生徒の守るべき一般的な心得を示すにとどまり、それ以上に、個々の生徒に対する具体的な権利義務を形成するなどの法的効果を生ずるものではないとした原審の判断は、首肯するに足りる」とした。結論として、生徒心得にこのような定めを置く行為の処分性を否定し抗告訴訟の対象とならないとした。

最高裁判所の判断は、罰則等の制裁規定がないことを理由にして生徒心得の処分性を否定しているように見える。しかし、法的義務を課していると判断される場合でも、現在及び将来の不特定多数の生徒に対し、一般的、抽象的な規範を提示しているに過ぎないとして処分性を否定しているのか、といった点などは明らかではない。

なお、第一審判決では部分社会論（校則等は、学校という特殊な部分社会における自律的な法規範としての性格を有しており、内部規律の問題にとどまる限り、当該部分社会の自律的措置について任せるのが適当であり、裁判所の審査の対象とならないという考え方）を取り上げ、訴訟対象とならないことを論拠づけていることを付言しておきたい（『判例タイムズ』９４５号、３５０頁参照）。

事案から考える視点

1 校則の違法性の判断基準

本裁判は、校則の内容の是非の議論というよりは、抗告訴訟の要件（入口）の判断にとどまっている。高校の場合には、退学、停学などの懲戒処分が可能であり、懲戒処分に伴って訴訟となるケースが多いのと異なり、公立中学校の場合には、そのほとんどが懲罰規定を置かない校則となっていることでその処分性があまり明確とならないからである。

そこで、次に校則の中身の判断基準について述べる。判例（最高裁判所第三小法廷判決昭和49年7月19日など）によれば、校則について定めた法令は特にないが、学校（校長）は、法律上の格別の定めがない場合でも、学校の教育目的を達成するために必要かつ合理的な範囲内において校則を制定する包括的な権能を有するとされている。

その際には、学校側の対応の違法性を判断する基準としては、校則等が学校教育に係る正当な目的のために定められたものであって、その内容が社会通念に照らして合理的なものであるのかということが基準とされている。つまり、教育目的を達成するための必要性があるのかどうか、その内容が社会通念から見て合理的な範囲内にあるのかどうかという視点から判断されることになる。

最近注目された大阪府立高校の頭髪の黒染め指導の校則をめぐる裁判（大阪地方裁判所判決令和3年2月16日）では、髪の染髪や脱色を禁止した校則は、その目的、その内容の社会的合理性から違法とはされなかったが、当該生徒の名前を名簿から削除したり、教室から机を撤去したりした対応は違法とされ、一部の賠償を命じている。

2 「校則」の見直しの動き

裁判例を見ると、頭髪や服装等については、学校側の裁量権を幅広く認める傾向にある。このことは、校則の見直しは基本的に、学校の管理機関である教育委員会、校則を制定する学校自らが、自律的に取り組むべきものであることを示唆している。前述の大阪府立高校の事案において、大阪府教育庁は提訴を受けて、府立高校に校則の点検を指示している。文部科学省は、すでに平成22年3月の「生徒指導提要」等において、校則が児童生徒の実情、保護者の考え方、社会の常識等を踏まえたものとなっているのか、絶えず積極的に見直すべきことを指摘しているのであるが、令和3年6月8日付で改めて、「校則の見直し等に関する取組事例について」を発出している。資料として、教育委員会の取組事例（岐阜県教育委員会、長崎県教育委員会、鹿児島県教育委員会）を示しながら、その点検、見直しの必要性を指摘し、校則の内容と運用について、校則の運用の在り方、校則の見直しの留意点を示している。

校則の問題を考えるときには、生徒指導などの学校の教育目的の実現という視点だけでなく、児童生徒の「人権保障」という視点から点検することも必要である。服装や頭髪に関する規制は、憲法の保障する自己決定権（幸福追求権）に係るものであることにも留意する必要がある。

3 校則の見直しの視点（18歳成人）

学校は、学校としての規律を維持するために、校則等によって包括的に生活を規制する権限を有している。管理的な意味での校則の規定、例えば、通学・欠席等の手続きなどの規定、定期考査や評定など学務に関する事項などは、学校側がその責任において内容を包括的に規制する権能が与えられていると考えられる。

しかし、その一方で校則の規定の内容やその性質は多様である。児童会・生徒会活動に係って児童生徒の自律的な取組みに委ねることで教育機能を果たすことが期待されるような規定もある。また現在、特に高校段階において喫緊の課題となっているのが、公職選挙法や民法等の改正によって選挙権年齢や成年年齢が18歳に引き下げられたことに伴う校則の見直しである。一般社会人には認められている市民的自由を、「未成熟」を理由に制約するという論理が通用しにくくなっていくからである。

61

経営

社会的コミュニケーションの契機としての「合理的配慮」

平成28年に施行された障害者差別解消法は障害者への「合理的配慮」を定めている。本事案は、教育委員会、学校が、「社会的障壁の除去を必要としている」という障害者からの意思の表明に、どのように対応すべきか参考となる視点を提供している。

事案の概要

原告Xは、平成25年4月から公立小学校に通学し、平成31年4月には公立中学校に進学した。Xは、生後まもなく気管切開を受けて気管カニューレ等を挿管しているため、日常生活上、必要に応じ喀痰（かくたん）吸引を行う必要があり、また、挿管が外れた場合には呼吸ができなくなるため、外れないように注意を要する。さらに、気管切開部から水を吸い込んだ場合には直接肺に水が入ることになり、生命に関わる危険な状態となる。以下に、本事案の主な状況について述べる。

小学校入学に至る経緯として、Xの父母は、保護者の付添い等を求めることなく普通学級に入学させることを求める要望書を教育長宛に提出した。教育委員会は、就学にあたって保護者の付添い及び医療ケアの対応が条件となるとしたうえで、就学時健康診断を受けるように求めた。

これに対して、Xの父母は就学時健康診断を受診しないとし、それによる就学通知の遅れ等の不利益がないことを求めた。その後、教育委員会はXを小学校に就学させることとし、医療的ケアに対応するために医療的ケアの実施要綱等を定めた。要綱等は、保護者の責務として児童の健康状態を連絡票で登校時に学校に知らせること、医療的ケアに必要な医療器具等を準備し、学校に持参すること等を規定した。これに対し父母は、支援員（1人）の不在の際に交代要員等を配置し、保護者の付添い等を求めることなく、安心して通学できるよう求める要望書を提出した。

教育委員会は、平成25年4月に父からの申請を受け、支援員1名により喀痰吸引を医療的ケアとして実施することを決定した。母は要綱等に従い、登校日に喀痰吸引器具と連絡票を小学校に持参し、帰宅時に持ち帰ることを続けた。

Xの父母は、平成29年9月、要綱等を改訂し、器具を学校側で準備、保管、保守管理を行うこと、連絡票を児童本人が持ち帰る方法でよいとするよう求める要望書を提出した。これに対し、教育委員会は、喀痰吸引器具は個人が専用で使用するものであり、学校が器具を用意することは適切でないこと、連絡票の持参はXの成長に合わせて検討する旨回答し、その後、器具の洗浄、保管は小学校で行い、連絡票は児童が登校時に提出することとなった。

次にXの校外学習の状況について説明する。学校側は、当初、小学校の校外学習については、喀痰吸引のため保護者の付添いを依頼したが、父母は要請を拒否し、保護者の付添いを求めることなく校外学習に参加させるように要望した。結果として、学校側は支援員、町教育委員会職員、校長の同行等により父母の付添いなしで実施した。

次にXの水泳の授業への参加について述べる。Xの父母は、Xの水泳の授業への参加を要望したのに対し、学校側は気管に水が入ると生命の危険に直結すること等を理由として、水泳の授業に参加させないこととした。Xの父母は、平成29年5月に、他校で気管切開を受けた児童がプールに入っている事例があることや、障害者差別解消法を根拠として水泳の授業に参加させることを求めた。

学校側は、安全面を確認するためにXの主治医の意見を求めることとし、主治医は、学校側が普段の様子を見て安全が確保できないと考えるのであれば、少しでも危険があることをするのはどうかと思う旨の意見を述べた。

その後、小学校は、父母と協議のうえ、気管切開を受けた児童の学校の水泳の授業を見学するとともに、Xのプールでの活動の試行を実施するなどし、また、水泳指導に関する計画書を策定した。

Xの父母は、平成28年2月に、小学校に対して、障害者差別解消法等を根拠に、プールでの授業における合理的な配慮を求める要望書を提出し、小学校側はその後、指導者・補助者の2人で安全を確保し、低学年用プールを使用してXの水泳授業を行った（一部高学年プールを使用）。これに対し、父母は最初から最後まで高学年用プールで行うように要求した。小学校側は工夫により安全が確保できると考え、すべての授業を高学年用プールで行った。

本事案は、Xとその父母が、平成30年7月、障害者差別解消法第7条第2項等を根拠として、中学校において器具を使用に供し得る状態で維持、保管、整備することを請求するとともに、町教育委員会がXの登校の条件として器具の準備、費用を父母の負担とし持参を求めたこと、校外学習に父母の付添いを要求したこと、水泳の授業に参加させず、高学年用プールを使用しなかったこと等が、障害者基本法第4条、障害者差別解消法第7条に違反するなどとして、国家賠償法第1条第1項に基づいて損害賠償を求めて提訴したものである（名古屋地方裁判所判決令和2年8月19日）。

判決の要旨

1　事案の主な争点

本事案における主な争点は、①障害者差別解消法第7条第2項に基づいて学校側に器具の取得、維持、保管、整備を請求し得るのか、②父母に器具の準備や費用の負担、校外学習に付添いを求め、水泳の授業の参加させなかったこと等は、国家賠償法上違法となるのか、という点にある。

2　裁判所の判断

裁判所は、①の障害者差別解消法第7条第2項について「障害者に対して合理的配慮を行うことを公法上の義務として定めたものであって、個々の障害者に対して合理的配慮を求める請求権を付与する趣旨の規定ではない」とし、また、合理的配慮は個別の事案に応じた多種多様なものであり、その内容は一義的に定まるものではないとし、原告らが、同項に基づき器具の取得等を請求することはできないとした。

②については、教育委員会が医療的ケア等を実施する場合には一定の裁量が認められており、その内容が障害者基本法、障害者差別解消法に違反するものであるときには、裁量権の範囲を逸脱し、またこれを濫用したものとして違法となるとした。

結論として、本事案で問題とされた学校や教育委員会の行為は、障害者基本法第4条や障害者差別解消法第7条の不当な差別取扱いや合理的配慮の不提供にあたるということはできないとして、裁量権の範囲の逸脱、濫用にあたらないとした。

事案から考える視点

1　合理的配慮の具体的権利性について

本判決が注目されるのは、障害者差別解消法第7条第2項は「個々の障害者に対して合理的配慮を求める請求権を付与する趣旨の規定ではない」とした点である。つまり、合理的配慮とは教育委員会や学校など「行政機関等」（同条同項）に対して公法上の義務として定めたものであり、個々の障害者に対して、具体的に対応を請求する権利を与えたものではないとしているのである。

しかし、法律の規定が直接、障害者に対して具体的な権利を付与するものでないという裁判所の解釈は、障害者に異論を提起する権利がないということを意味するものではない。事例のように、障害者の側は、学校等の対応が法の課す義務に違反し、また、裁量権の逸脱・濫用にあたるものであると考える場合には、国家賠償法や民法等を根拠として損害賠償請求を行うことができるのである。

2　社会的コミュニケーションの契機としての合理的配慮

本事案が最も参考となるのは、障害者の側の要求を受けて、教育委員会、学校が対応を徐々に変容させていくプロセスである。当初、学校側の対応は、保護者の負担を教育活動の条件にしたり、危険が予想される水泳の授業を避けたりするというものであった。それが、保護者の側からたびたび発せられる要望、そして、それに応えようとする学校や教育委員会の努力があって、徐々にAの教育機会が拡充されている。

障害者差別解消法第7条の合理的な配慮の規定は、共生社会の実現をその基本的な趣旨としている。障害者の意思表明と、それに対する学校、教育委員会の真摯な応答、いわば関係者間の社会的コミュニケーションが、障害のある人とない人の相互理解を深めながら共生社会を実現していく。「合理的配慮」は、そのための契機として機能することが期待されているといえる。

〈補録〉第二審審では、控訴人の請求を棄却した原審を支持し、控訴が棄却された（名古屋高等裁判所判決令和3年9月3日）。

初出一覧

本書で取り上げた1から61の裁判事例は，『週刊　教育資料』（編集／日本教育新聞，発行／教育公論社）の以下の各号に掲載した記事を再録したものである。

1　No.1029，2009年10月26日号
2　No.1101，2010年１月４日号
3　No.1106，2010年２月15日号
4　No.1113，2010年４月12日号
5　No.1122，2010年６月28日号
6　No.1129，2010年８月23日号
7　No.1136，2010年10月18日号
8　No.1140，2010年11月15日号
9　No.1149，2011年２月７日号
10　No.1156，2011年３月28日号
11　No.1167，2011年６月27日号
12　No.1172，2011年８月１日号
13　No.1185，2011年11月21日号
14　No.1194，2012年２月６日号
15　No.1205，2012年４月23日号
16　No.1217，2012年８月６日号
17　No.1226，2012年10月15日号
18　No.1237，2013年１月21日号
19　No.1247，2013年４月１日号
20　No.1260，2013年７月15日号
21　No.1271，2013年10月21日号
22　No.1282，2014年１月20日号
23　No.1294，2014年４月21日号
24　No.1303，2014年７月７日号
25　No.1314，2014年10月６日号
26　No.1326，2015年１月５日・12日号
27　No.1339，2015年４月20日号
28　No.1348，2015年７月６日号
29　No.1358，2015年９月28日号
30　No.1365，2015年11月16日号
31　No.1372，2016年１月18日号
32　No.1384，2016年４月18日号
33　No.1393，2016年７月４日号
34　No.1403，2016年９月26日号
35　No.1412，2016年12月５日号
36　No.1422，2017年２月27日号
37　No.1428，2017年４月10日号
38　No.1437，2017年６月26日号
39　No.1446，2017年９月11日号
40　No.1455，2017年11月20日号
41　No.1463，2018年１月22日号
42　No.1474，2018年４月16日号
43　No.1489，2018年８月27日号
44　No.1501，2018年11月26日号
45　No.1515，2019年３月18日号
46　No.1523，2019年５月27日号
47　No.1530，2019年７月15日号
48　No.1539，2019年10月７日号
49　No.1544，2019年11月11日号
50　No.1551，2020年１月６日号
51　No.1558，2020年３月２日号
52　No.1565，2020年４月27日号
53　No.1572，2020年６月22日号
54　No.1579，2020年８月24日号
55　No.1586，2020年10月19日号
56　No.1593，2020年12月14日号
57　No.1600，2021年２月８日号
58　No.1607，2021年４月５日号
59　No.1614，2021年６月７日号
60　No.1621，2021年７月26日号
61　No.1628，2021年９月27日号

著者紹介

佐々木幸寿（ささき・こうじゅ）

1960年岩手県奥州市生まれ。

東北大学大学院教育学研究科博士課程修了。博士（教育学）。

専攻：学校法学、教育行政学。

主な経歴：公立学校教員、岩手県教育委員会指導主事・主任管理主事、信州大学准教授、東京学芸大学准教授、東京学芸大学教授。日本学校教育学会・2016～2019年期会長。

現在：東京学芸大学理事・副学長、教職大学院長。

【主著】

『指導主事の仕事大全』（教育開発研究所、2022年）

『国際バカロレア教育と教員養成―未来をつくる教師教育―』（学文社、2020年）

『学校法〔第二版〕』（学文社、2019年）

『教職総論〔改訂版〕―教師のための教育理論―』（学文社、2019年）

『改正教育基本法―制定過程と政府解釈の論点―』（日本文教出版、2009年）

『憲法と教育〔第二版〕』（学文社、2009年）

『市町村教育長の専門性に関する研究』（風間書房、2006年）

【研究領域】 学校法、学校法務、教育行政（地方教育行政システム）、教師教育

教育裁判事例集
―裁判が投げかける学校経営・教育行政へのメッセージ―

2022年4月10日　第1版第1刷発行

著者　佐々木 幸寿

発行者　田中　千津子
〒153-0064　東京都目黒区下目黒3-6-1
電話　03（3715）1501（代）
FAX　03（3715）2012
発行所　株式会社　学文社
https://www.gakubunsha.com

印刷　新灯印刷

ISBN978-4-7620-3157-1